ŒUVRES COMPLÈTES

DE

SIR WALTER SCOTT.

Traduction Nouvelle.

PARIS,

A. SAUTELET ET C° ET CHARLES GOSSELIN

LIBRAIRES-ÉDITEURS.

M DCCC XXVII.

OEUVRES COMPLÈTES

DE

SIR WALTER SCOTT.

TOME VINGT-SEPTIÈME.

IMPRIMERIE DE H. FOURNIER,
RUE DE SEINE, N° 14.

CONTES DE MON HÔTE.

(𝕿𝖆𝖑𝖊𝖘 𝖔𝖋 𝖒𝖞 𝕷𝖆𝖓𝖉𝖑𝖔𝖗𝖉.)

SECONDE SÉRIE.

TOME CINQUIÈME.

———

Gens du pays fameux par ses gâteaux,
S'il est des trous à vos manteaux
Cachez-les bien : votre compatriote
Vous observe, et de tout prend note,
Et puis, ma foi, le jour viendra
Où tout s'imprimera.
                              Burns.

𝕷𝖆 𝕻𝖗𝖎𝖘𝖔𝖓 𝖉'𝕰𝖉𝖎𝖒𝖇𝖔𝖚𝖗𝖌.

Ahora bien, dixo el cura, traedme, señor huésped, aqueses libros, que los quiero ver. — Que me place, respondió El; y entrando en su aposento sacó de una maletilla vieja cerrada con una cadenilla, y abriéndola, halló en ella tres libros grandes y unos papeles de muy buena letra escritos de mano.

DON QUIJOTE, *parte primera, capitulo 32.*

Allons, dit le curé, je vous prie, seigneur hôte, d'aller me chercher ces livres; j'ai envie de les voir. — De tout mon cœur, répondit l'hôte, et il monta à sa chambre. Il en rapporta une petite et vieille valise, fermée par un cadenas, qu'il ouvrit, et il en tira trois gros volumes et quelques manuscrits en beaux caractères.

LA PRISON D'ÉDIMBOURG.

(The Heart of Mid-Lothian.)

CHAPITRE XVIII.

» Vous vous êtes acquitté de vos fonctions envers
» le ciel, et du devoir de votre ministère envers le
» prisonnier. »

SHAKSPEARE. *Mesure pour mesure.*

JEANIE DEANS, — car son histoire se rattache à cette partie de notre récit qui se termine avec le quatorzième chapitre, — attendait avec terreur et scrupule les trois ou quatre hommes qui s'avançaient rapidement vers elle; mais elle fut encore plus étonnée de les voir tout à coup se séparer et poursuivre dans différentes directions celui qui tout à l'heure causait seul sa peur, et qui, en ce moment, sans qu'elle pût bien expliquer pourquoi, était devenu plutôt l'objet de son intérêt. Un de ces hommes (c'était Sharpitlaw) vint droit à elle, et lui dit : — Vous vous nommez Jeanie Deans, vous êtes ma prisonnière, mais si vous me dites de quel côté il s'est enfui, je vous remettrai en liberté.

— Je n'en sais rien, monsieur, — fut tout ce que put répondre la pauvre fille : telle est en effet la réponse qui se présente naturellement à ceux qui veulent éviter de répondre à une question qui les embarrasse ; aussi le procureur fiscal crut-il qu'elle voulait le tromper.

— Mais vous savez du moins à qui vous parliez il n'y a qu'un moment, lui dit-il, près de cette butte, et au clair de la lune; vous savez au moins cela, ma jolie fille?

— Je n'en sais rien, répéta Jeanie, qui réellement, dans sa terreur, ne comprenait pas les questions qu'on lui faisait l'une sur l'autre en ce moment de surprise.

— Nous tâcherons de vous rendre la mémoire, ma poulette, dit Sharpitlaw. Et il cria, comme nous l'avons dit, à Ratcliffe de venir garder la prisonnière, pendant que lui-même se mit à la tête de ses gens pour diriger leurs recherches, se flattant encore qu'elles ne seraient pas infructueuses. Ils se séparèrent, marchant deux à deux de différens côtés, et en peu d'instans on les perdit de vue. Jeanie tremblait en se trouvant seule sous la garde d'un homme qu'elle ne connaissait pas, mais elle aurait tremblé bien davantage encore, si elle l'avait connu.

Après quelques minutes de silence, Ratcliffe s'approcha d'elle, et voulant lui passer le bras sur l'épaule : —

Eh bien jeune fille, lui dit-il, voilà une bien belle nuit pour être sur la verte colline avec votre amoureux.

Jeanie recula sans lui répondre.

— Allons, allons, lui dit-il avec ce ton de froid sarcasme familier à l'homme dépravé, croyez-vous que je m'imagine que les jeunes filles viennent trouver les jeunes garçons à minuit sur la butte de Muschat pour casser des noisettes ; et il voulut encore la saisir.

— Si vous êtes un officier de police, monsieur, dit Jeanie en le repoussant encore, vous méritez d'être dépouillé de votre habit.

— Très-vrai, poulette ! dit Ratcliffe, qui réussit enfin à la saisir ; supposez que je commence par vous dépouiller d'abord de votre mante...

— Vous êtes trop honnête homme, j'en suis sûr, pour me faire mal, monsieur, dit Jeanie ; pour l'amour de Dieu, ayez pitié d'une malheureuse créature qui a presque perdu la raison.

— Allons, allons, dit Ratcliffe, vous êtes une jolie fille, et vous ne voulez pas être prise de force : j'allais devenir honnête homme, mais il faut que le diable mette aujourd'hui sur mon chemin, d'abord un procureur, ensuite une femme. Écoutez-moi, Jeanie ; je connais un recoin où tous les procureurs de l'Écosse ne seraient pas en état de nous déterrer. Je vais vous y conduire. J'avertirai Robertson de venir nous y joindre ; nous passerons tous ensemble dans le Yorkshire, où je connais une troupe de bons vivans avec lesquels j'ai travaillé plus d'une fois ; et nous laisserons Sharpitlaw souffler sur son pouce.

Il fut heureux pour Jeanie de reprendre sa présence d'esprit et de retrouver son courage, dans un moment si critique. Aussitôt qu'elle fut revenue de sa première surprise, elle vit tout ce qu'elle avait à redouter d'un bandit qui non-seulement était sans scrupule par profession, mais qui encore avait, ce soir-là, cherché à s'étourdir par la boisson sur la répugnance que lui causait la commission dont Sharpitlaw avait résolu de le charger.

— Ne parlez pas si haut, dit-elle à Ratcliffe; il y a quelqu'un là-bas.

— Qui? Roberston? dit Ratcliffe.

— Oui, là-bas. — Elle lui montrait du doigt les ruines de la chapelle et de l'ermitage.

— Par Dieu! il faut que je m'en assure. Attendez-moi!

Jeanie ne le vit pas plus tôt s'éloigner, qu'elle reprit le chemin de Saint-Léonard, et elle le parcourut avec une telle rapidité, qu'aucun des limiers de justice qui étaient aux champs n'aurait été capable de la joindre. Dès qu'elle arriva à la ferme, ouvrir le loquet, entrer, fermer la porte, pousser les verrous, baisser une grosse barre de fer, tout cela fut l'ouvrage d'un instant, et cependant exécuté sans bruit. Elle s'approcha doucement de la porte de la chambre de son père, afin de s'assurer qu'il ne s'était aperçu ni de son départ, ni de son retour. Il n'était pas endormi, et elle l'entendit qui faisait cette prière :

— « Quant à l'autre fille que tu m'as donnée, ô mon Dieu ! disait-il, pour être le soutien et la consolation de ma vieillesse, accorde-lui de longs jours sur la terre, comme tu l'as promis aux enfans qui honoreraient leurs père et mère; veille sur elle dans l'ombre de la nuit, comme dans la clarté du jour, et fais voir que tu n'as pas tout-à-fait appesanti ton bras sur ceux qui te cherchent dans la droiture et dans la vérité. »

Il se tut à ces mots; mais probablement il continua sa prière en esprit et avec ferveur.

Jeanie se retira dans sa chambre, consolée par l'idée que, pendant qu'elle s'était exposée au danger, sa tête avait été protégée par les prières du juste comme par un bouclier. Sa confiance lui persuada que tant qu'elle serait digne de la bienveillance du ciel, elle s'apercevrait de cette protection; une voix intérieure sembla lui dire ce moment qu'elle était destinée à sauver la vie de sa sœur, maintenant qu'elle était sûre qu'elle était innocente du meurtre dont on l'accusait, et elle éprouva un calme auquel son cœur avait été étranger depuis l'arrestation d'Effie. Elle se mit donc au lit, sans oublier ses prières de chaque soir, qu'elle prononça avec une double ferveur à cause de sa récente délivrance, et elle dormit profondément malgré l'agitation de son cœur.

Mais retournons à Ratcliffe, qui était parti comme un lévrier excité par le cri du chasseur, aussitôt que Jeanie lui avait montré les ruines. Le motif de sa course était-il d'aider ceux qui cherchaient Robertson à l'arrêter, ou de faciliter son évasion, c'est ce que nous ignorons; peut-être ne le savait-il pas trop lui-même, et se réservait-il d'agir suivant les circonstances. Au surplus, il n'eut l'occasion d'exécuter ni l'un ni l'autre projet, car il ne fut pas plus tôt à la chapelle, qu'au détour d'un mur, il se vit appuyer un pistolet sur la poitrine, tandis qu'une voix aigre lui ordonnait, au nom du roi, de se rendre prisonnier.

— Eh quoi! c'est Votre Honneur, M. Sharpitlaw, dit Ratcliffe étonné.

— N'est-ce que vous? Dieu vous damne! dit le procureur fiscal encore plus mécontent : et qu'avez-vous fait de la prisonnière?

— Elle m'a dit qu'elle avait vu Robertson près de la chapelle, et j'étais accouru à toutes jambes pour l'arrêter.

— Oh! la chasse est finie! Nous ne le verrons plus cette nuit. Mais, s'il reste en Écosse, il faudra qu'il soit caché dans le terrier d'un lapin, si je ne le trouve pas... Rappelez nos gens, Ratcliffe.

Ratcliffe les appela à grands cris, et tous s'empressèrent d'obéir à ce signal, car aucun d'eux ne souhaitait de rencontrer celui qu'ils cherchaient, et d'être obligé de se mesurer corps à corps avec un gaillard vigoureux et déterminé comme Robertson.

— Et que sont devenues les deux femmes? demanda Sharpitlaw.

— Elles ont pris leurs jambes à leur cou, je soupçonne, répondit Ratcliffe, et il fredonna cette fin de la vieille chanson :

> — « Ah! jouer-lui : Décampez, ma fillette :
> La voilà de mauvaise humeur. »

— C'est assez d'une femme, dit Sharpitlaw ; car, comme tous les coquins, c'était un grand calomniateur du beau sexe; — c'est assez d'une femme pour faire avorter le plus sage de tous les projets : comment pouvais-je être assez fou pour espérer que je réussirais dans le mien, en ayant deux femelles sur mes talons?... Heureusement je sais où les retrouver si j'en ai besoin, c'est toujours cela!

Comme un général battu, ayant rallié ses troupes défaites, il les reconduisit à la capitale, et les congédia pour la nuit.

LA PRISON D'ÉDIMBOURG. 7

Le lendemain matin, il fut obligé de faire le rapport de son expédition malencontreuse. Or, celui qui occupait le fauteuil d'office, car les baillis en Écosse (comme les aldermen en Angleterre, exercent à tour de rôle) était le même qui avait interrogé Butler. C'était un homme respectable et respecté. Il avait une tournure d'esprit singulière, n'avait pas reçu une éducation très-soignée, était zélé pour la justice, aimait à découvrir un coupable, mais encore plus à découvrir un innocent. Il avait acquis par une industrie honnête une fortune qui le rendait indépendant, et il tenait dans l'opinion publique la première place parmi ses confrères.

M. Middleburgh, après avoir entendu le rapport du procureur fiscal, et s'être occupé de quelques affaires peu importantes, était sur le point de lever la séance, quand on lui apporta une lettre avec cette adresse : Au Bailli Middleburgh, pour lui être remise à l'instant. Elle contenait ce qui suit :

« MONSIEUR,

« Je sais que vous êtes un magistrat sensé et prudent, un homme qui, comme tel, consentiriez à adorer encore Dieu, quand ce serait le diable qui vous dirait de le faire. J'espère donc que, malgré la signature de cette lettre, qui constate la part que j'ai prise à une action qu'en temps et lieu convenables je n'hésiterais pas à avouer, et que je pourrais justifier, vous ne rejetterez pas le témoignage que je vous offre en ce moment. L'ecclésiastique Butler est innocent de ce dont on l'accuse. Il a été forcé d'être présent à un acte de justice qu'il n'avait pas assez d'énergie pour approuver, et dont il a tâché de nous détourner par de belles phrases. Mais ce n'est pas de lui que j'ai principalement à vous parler. Il existe dans votre prison une femme sous le coup d'une loi si cruelle, qu'elle est restée sans effet pendant vingt ans, comme une vieille armure rongée par la rouille, suspendue à une muraille; et maintenant on aiguise le tranchant de cette arme pour répandre le sang de la plus belle, de la plus innocente créature que les murs d'une prison aient jamais renfermée. Sa sœur connait son innocence, puisque Effie lui avait confié qu'elle était la victime d'un traître : ô que le ciel ne peut-il

> *Would put in every honest hand a whip*
> *To scourge me such a villain through the World* (1).
>
> D'un fouet vengeur armer tout homme honnête,
> Pour châtier un lâche tel que moi.

« J'écris en insensé, — mais cette fille, — cette Jeanie Deans est une puritaine entêtée, superstitieuse et scrupuleuse comme on l'est dans sa secte. Je prie donc Votre Honneur (puisqu'il faut que je le dise) de lui faire bien comprendre que la vie de sa sœur dépend de son témoignage. Mais quand elle garderait le silence, n'allez pas croire qu'Effie soit coupable, ne permettez pas qu'elle soit punie de mort. Songez que celle de Wilson a été vengée, que je suis au désespoir; qu'il existe encore des gens qui vous feraient boire la lie de votre coupe empoisonnée. — Je ne vous dis plus qu'un mot, souvenez-vous de Porteous, et dites que vous avez reçu un bon avis de

« L'UN DE SES MEURTRIERS. »

(1) Shakspeare — Éd.

Le magistrat lut deux ou trois fois cette lettre extraordinaire. D'abord il fut tenté de la regarder comme l'œuvre d'un insensé; mais à la seconde lecture, il crut y démêler un air de vérité à travers l'incohérence et les menaces auxquelles la passion avait entraîné celui qui l'avait écrite, surtout à cause des deux vers cités, qu'il appela des lambeaux d'un recueil de comédies.

— C'est une loi véritablement cruelle, dit-il à son clerc, et je voudrais bien qu'on pût mettre en jugement cette pauvre fille sous un autre chef d'accusation. Son enfant peut lui avoir été enlevé pendant ses souffrances, pendant qu'elle était privée de ses sens; il peut être mort en naissant; elle peut ignorer qui le lui a ravi, ce qu'il est devenu; — en un mot, son crime n'est pas prouvé; et cependant, si elle n'a confié à personne sa situation, il faut qu'elle périsse! le crime a été trop fréquent; il faut un exemple.

—Mais si elle en a parlé à sa sœur, dit le clerc de la ville, elle ne doit plus être jugée d'après ce statut.

—Cela est vrai. J'irai moi-même un de ces jours à Saint-Léonard, et j'interrogerai cette Jeanie. Je connais un peu le vieux Deans. C'est un vrai bleu caméronien (1). Il verrait mourir toute sa famille plutôt que de renoncer à un de ses principes, et il défendra peut-être à sa fille de prêter serment devant un magistrat civil. Si ces sectaires continuent à montrer tant d'obstination, il faudra qu'on se contente de leur affirmation, comme

---

(1) Vrai bleu caméronien, un caméronien renforcé. Les Têtes-Rondes étaient aussi appelés les *bleus* tout court, comme nos républicains étaient distingués par le même nom des *brigands* (*malignants*) de la Vendée. — Éd.

de celle des quakers. Cependant un père, une sœur, dans un cas semblable, ne doivent pas être arrêtés par de tels scrupules. Au surplus, comme je le disais, j'irai chez eux, quand cette affaire de Porteous sera un peu éclaircie; cela vaudra mieux que de les faire comparaître tout d'un coup devant une cour de justice.

— Et je suppose que Butler restera en prison? dit le clerc de la ville.

— Certainement, quant à présent; mais j'espère pouvoir lui rendre bientôt la liberté sous caution.

— Croyez-vous au témoignage que rend en sa faveur la lettre que vous venez de recevoir?

— Pas tout-à-fait. Et cependant j'y trouve quelque chose de frappant. Elle semble écrite par un homme hors de lui par l'effet d'une grande passion ou d'un remords cuisant. Mais, pour en revenir à Butler, il jouit d'une excellente réputation. J'ai pris ce matin des renseignemens sur lui, et j'ai su qu'il n'était arrivé à Édimbourg que la veille de l'insurrection : il n'a donc pu tremper dans les complots des séditieux, et il n'est pas vraisemblable qu'il se soit joint à eux spontanément.

— Il ne faut pas dire cela.... Le zèle prend feu à la moindre étincelle comme une mèche de soufre, observa le secrétaire; j'ai vu un ministre rester maint jour et mainte nuit dans sa paroisse, aussi tranquille qu'une fusée au bout d'un bâton, jusqu'à ce que vous mentionniez les mots serment,— abjuration,— patronage (1)

---

(1) Nous avons déjà eu occasion de dire qu'on entend par *patronage* le don d'un bénéfice, ou le droit seul de présentation. Le patronage répugnait donc au républicanisme religieux des caméroniens. — Éd.

ou autres : alors crac ! le voilà parti, et volant dans les airs à cent milles du sens commun et de la décence.

—Je ne crois pas que le zèle du jeune Butler soit d'une nature si inflammable, dit le bourgmestre (1). Mais je prendrai de nouvelles informations. Avons-nous d'autres affaires ? Ils procédèrent alors à une information minutieuse sur la mort de Porteous, et autres affaires qui sont étrangères au sujet de cette histoire.

Au bout de quelque temps ils furent interrompus par une vieille femme de la dernière classe du peuple, qui entra précipitamment dans la salle du conseil.

— Qui êtes-vous, bonne femme ? lui dit M. Middleburgh. Que voulez-vous ?

— Ce que je veux ! dit-elle avec humeur : je veux ma fille, je ne veux rien de plus de vous autres, tout grands que vous êtes ; — et marmottant entre ses dents, avec l'air chagrin de la vieillesse, elle ajouta : — il faut sans doute leur donner du *milord* et du *Votre Honneur,* — les exalter ces gens de rien ! du diable s'il y a un gentilhomme parmi eux (2) ! — Puis, s'adressant au magistrat :

— Eh bien ! *Votre Honneur* me rendra-t-il mon cerveau fêlé de fille ? *Son* Honneur ! ajouta-t-elle en grommelant;

---

(1) *Burghen-master.* On conçoit que ce synonyme hollandais n'est employé ici qu'à cause de son analogie avec le mot local.
Éd.

(2) La bonne femme ne se trompait peut-être pas ; le titre de lord appartient à la place et non à l'homme, qui quitte à la fois ses fonctions et son titre, qu'il ait été lord-prévôt d'Édimbourg ou lord-maire de Londres. Quant au titre de *Votre Honneur,* c'est un titre de courtoisie, que nous avons comparé au *vuestra merced* des Espagnols. — Éd.

j'ai vu un temps où il se serait contenté d'un moindre titre, — le petit-fils d'un patron de paquebot!

— Bonne femme, dit le magistrat, expliquez-vous clairement, et ne nous interrompez pas plus longtemps.

—Autant vaut dire, Aboie, Bawtie (1), et va-t'en. Ne vous ai-je pas dit que je veux ma fille? n'est-ce pas du bon écossais?

— Qui êtes-vous? qui est votre fille?

— Et qui serais-je, sinon Meg Murdockson? Qui serait ma fille, sinon Madge Murdockson? Vos constables, vos gardes, vos officiers de police nous connaissent bien quand ils viennent nous arracher les habits du corps pour les impositions, et quand ils nous conduisent à la maison de correction de Leith-Wynd, pour nous y mettre au pain et à l'eau et autre pitance de même sorte.

— Qui est-elle donc? demanda M. Middleburgh à un des officiers de police qui était derrière lui.

— Rien de bon, monsieur, répondit celui-ci en haussant les épaules et en souriant.

— Qu'osez-vous dire? s'écria la furie, l'œil étincelant d'une rage impuissante. Si je vous tenais à dix pas d'ici, je vous imprimerais mes dix ongles sur votre figure d'épouvantail. Et en parlant ainsi elle étendait ses deux mains qui ressemblaient aux griffes du dragon de saint Georges sur une enseigne de cabaret de village.

— Mais que veut-elle enfin? dit le magistrat impatienté. Qu'elle s'explique, ou qu'on la fasse retirer.

(1) Nom de chienne : Aboie, chienne. — Éd.

— Je veux ma fille, Madge Murdockson, s'écria la commère en mettant son aigre voix à son plus haut diapason; n'y a-t-il pas une demi-heure que je vous le dis! — Si vous êtes sourd, qu'est-ce que vous faites ici? Est-on obligé de s'égosiller pour se faire entendre?

— Monsieur, dit l'officier qui s'était déjà attiré son animadversion, elle demande sa fille qui avait été arrêtée comme suspecte d'avoir pris une part active dans l'affaire de Porteous. On l'a retrouvée la nuit dernière dans les rues d'Édimbourg, chantant des ballades à une heure indue et troublant le repos public; et comme on ignorait si sa mise en liberté avait été ordonnée, et qu'il était trop tard pour déranger M. le procureur fiscal, on l'a reconduite en prison. C'est cette fille qu'on nomme Madge Wildfire.

— Madge HELL-FIRE (1)! s'écria la mère : et qui êtes-vous donc pour donner des sobriquets à la fille d'une honnête femme!

— La fille d'une *honnête* femme, Madge ! répéta l'officier de paix en appuyant sur l'épithète avec un accent ironique et un sang-froid propre à exciter au plus haut degré la fureur de la vieille mégère.

— Si je ne le suis plus, je l'ai été, répliqua-t-elle, et c'est plus que vous n'en pourriez dire, vous qui, né voleur, n'avez jamais su distinguer le bien d'autrui du

(1) *Wildfire;* littéralement, feu étrange. On appelle *wildfire* toute composition inflammable; en poésie toute flamme extraordinaire, mais toujours dans un sens défini; c'est aussi quelquefois le synonyme de feu follet : on a surnommé Madge Wildfire, pour désigner *sa folie*. Sa mère, pour prouver combien ce surnom lui déplaît dans la bouche des officiers de justice, le traduit par un nom plus hostile encore : *Madge feu d'enfer.* — ÉD.

vôtre, depuis le jour que vous êtes sorti de votre œuf.

— *Honnête!* vous n'aviez que cinq ans quand vous avez volé douze sous d'Écosse dans la poche de votre mère, disant adieu à votre père, au pied de la potence.

— Attrape, Georges! s'écrièrent ses camarades, et le rire fut général, car le sarcasme était approprié au lieu où il était prononcé. Cet applaudissement général satisfit un moment la vieille sorcière : ses traits renfrognés se déridèrent; elle sourit même; mais ce fut le sourire d'un amer dédain; apaisée cependant par le succès de sa saillie, elle condescendit à expliquer son affaire un peu plus clairement, quand le magistrat, commandant le silence, daigna encore une fois l'inviter à parler de manière à être entendue, ou à se retirer.

— Ma fille est ma fille, dit-elle, et si elle n'a pas autant d'esprit que les autres, c'est que les autres n'ont pas souffert ce qu'elle a souffert. Mais ce n'est pas une raison pour qu'on la retienne entre les quatre murs d'une prison. Je 'puis prouver par cinquante témoins, et cinquante autres s'il le faut, qu'elle n'a jamais vu Jean Porteous mort ou vif, depuis qu'il lui a donné un coup de canne pour avoir jeté un chat mort sur la perruque du lord-prévôt, le jour de la naissance de l'électeur de Hanovre.

Malgré l'air misérable et le ton grossier de cette femme, le magistrat sentit que sa demande était juste et qu'elle pouvait aimer sa fille autant qu'une mère riche et mieux élevée aimerait la sienne. Il se fit donc représenter toutes les pièces relatives à l'affaire de Porteous, et voyant qu'il était constant que Madge Murdockson, ou Wildfire, n'avait pris aucune part à l'insurrection, et que c'était un autre qui avait paru sous son nom et ses habits, il ordonna qu'on la rendît à sa mère, et il se contenta de recommander aux officiers de police d'avoir les yeux ouverts sur leur conduite.

Pendant qu'on était allé chercher Madge dans la prison, M. Middleburgh tâcha de découvrir si la mère était pour quelque chose dans le prêt que la fille avait fait de ses habits à Robertson. Mais il ne put en obtenir aucun éclaircissement. Elle persista à déclarer qu'elle n'avait pas vu Robertson depuis le jour où il s'était échappé, grace à Wilson, à la fin du service divin, et que si sa fille lui avait donné ses habits, ce ne pouvait être que pendant qu'elle était au hameau de Duddingstone, où elle prouverait qu'elle avait passé toute la nuit de l'insurrection.

Un officier de police attesta la vérité de cette déclaration. Ayant fait, cette nuit, des visites domiciliaires à Duddingstone, pour y retrouver du linge volé, il avait rencontré Meg Murdockson chez une blanchisseuse, et sa présence lui avait rendu la maison d'autant plus suspecte, que Madge ne jouissait pas d'une bonne réputation.

— Là! dit la sorcière, vous voyez que c'est quelque chose que d'avoir une réputation, bonne ou mauvaise! Eh bien, si vous le voulez, je vous dirai, à propos de Porteous, quelque chose qu'à vous tous vous ne trouveriez jamais, vous autres corps du conseil municipal, malgré tout le mouvement que vous vous donnez.

Tous les yeux se tournèrent vers elle, toutes les oreilles furent attentives : — Allons, parlez! lui dit le magistrat.

— Vous vous en trouverez bien, ajouta le clerc d'un ton insinuant.

— Ne faites pas attendre le bailli ! s'écria un des officiers de police.

Elle garda le silence deux ou trois minutes, jetant sur les spectateurs des regards qui peignaient le malin plaisir dont elle jouissait en les tenant dans l'incertitude de ce qu'elle avait à leur dire.

— Eh bien, reprit-elle enfin, ce que j'ai à vous apprendre, c'est que c'était un fripon et un vaurien comme la plupart de vous. Il aurait servi long-temps cette bonne ville, avant que le prévôt ou le bailli eussent trouvé cela, mon brave ! Qu'est-ce que vous me donnerez pour cette nouvelle ?

Pendant cette discussion, Madge Wildfire survint, et sa première exclamation fut : — Eh ! ne voilà-t-il pas ma vieille diablesse de mère ! Eh, messieurs ! vous en prenez deux d'un coup de filet ! Nous sommes une belle famille, j'espère ! Mais nous avons vu des temps plus heureux, n'est-ce pas, ma mère ?

Les yeux de la vieille Meg avaient brillé d'une sorte de plaisir en voyant sa fille en liberté ; mais soit que son affection naturelle, comme celle de la tigresse, ne pût se montrer sans quelque mélange de férocité, soit que les paroles de Madge eussent éveillé en elle des idées qui avaient irrité de nouveau son caractère farouche, elle la poussa rudement en la regardant de travers. — Qu'importe ce que nous étions, coureuse, s'écria-t-elle ; je vous dirai ce que vous êtes, une enragée vagabonde, une échappée de Bedlam que je mettrai pour quinze jours au pain et à l'eau pour récompense de tout l'embarras que vous me donnez, coureuse !

Madge échappa pourtant à sa mère, et accourant vers le juge, elle lui fit une révérence tronquée, et lui dit avec un grand éclat de rire :—Notre mère a de l'humeur suivant son usage, monsieur ; elle a sans doute eu querelle avec son bon ami.... avec Satan.... vous savez? — Elle prononça ces mots à voix basse, et d'un ton confidentiel qui fit frémir les auditeurs de cette génération crédule et superstitieuse. — Le bon ami et elle, ajouta-t-elle, ne dansent pas toujours d'accord, et alors c'est moi qui paie les violons; mais j'ai bon dos après tout.... Ici elle répéta sa révérence.

— Madge! cria la mère d'une voix aigre, s'il faut que j'aille vous chercher!

— Vous l'entendez! Mais cela ne m'empêchera pas de m'enfuir cette nuit pour aller danser au clair de la lune sur les montagnes, quand elle sera partie par la fenêtre sur un manche à balai pour aller voir Jeanne Jap qu'on a enfermée dans la prison de Kirkaldy. Oh! il y aura un joli vaisseau par-dessus Inch-Keith (1), et par-dessus les vagues qui se brisent contre les rochers, où la lune laisse tomber ses rayons d'argent. — Je viens, ma mère, je viens. — Et voyant sa mère se disputer avec les officiers de police qui l'empêchaient de s'avancer, Madge leva la main vers le plafond, et se mit à chanter aussi haut qu'elle put,

> Là haut dans les airs,
> Sur ma bonne jument grise
> Je la vois, je la vois, je la vois dans les airs.

Puis, avec trois sauts, elle s'échappa de la salle, comme les sorcières de Macbeth, dans des temps moins avancés pour les représentations dramatiques, faisaient semblant de s'envoler du théâtre.

(1) Ile du golfe d'Édimbourg. — Éd

Quelques semaines se passèrent avant que M. Middleburgh pût exécuter son projet inspiré par la bienveillance d'aller à Saint-Léonard pour voir s'il pourrait obtenir le témoignage indiqué dans la lettre anonyme au sujet d'Effie Deans.

Les recherches dont on s'occupait toujours pour découvrir les meurtriers de Porteous absorbaient tout le temps et toute l'attention de ceux que concernait l'administration de la justice.

Il arriva pendant ce temps deux événemens qui sont essentiels pour notre histoire. Butler, après un nouvel examen de sa conduite, fut déclaré innocent et mis en liberté; mais, comme il avait été présent à tout ce qui s'était passé la nuit de la mort de Porteous, on exigea de lui sous cautionnement qu'il ne s'absenterait pas de Libberton, sa résidence ordinaire, afin qu'il pût paraître comme témoin toutes les fois qu'on croirait sa présence nécessaire. Le second incident fut la disparition de Meg et de Madge Murdockson; elles trouvèrent le moyen de se soustraire à la vigilance de la police; et M. Sharpitlaw ayant voulu leur faire subir un nouvel interrogatoire, il fut impossible de découvrir leur retraite.

Cependant le désir d'assurer la punition de ceux qui s'étaient rendus coupables de la mort de Porteous dicta au conseil de régence des mesures dans lesquelles on consulta le désir de la vengeance plus que le caractère du peuple et surtout celui des ministres de la religion. Un acte du parlement promit une récompense de deux cents livres sterling à quiconque découvrirait un des auteurs ou complices du meurtre de Porteous; et, par une disposition sévère et inusitée, la peine de mort fut prononcée contre quiconque cacherait les coupables. Mais ce qui souleva tous les esprits, ce fut une clause qui ordonnait que cet acte serait lu par le ministre dans chaque église le premier dimanche de chaque mois, avant le sermon. Les ministres qui refuseraient d'obéir à cet ordre seraient déclarés pour une première fois inhabiles à occuper en Écosse aucune fonction ou à donner aucun vote dans les tribunaux ecclésiastiques, et, pour la seconde, incapables d'obtenir aucun grade ecclésiastique en Écosse.

Ce dernier ordre réunissait dans une même cause ceux qui pouvaient se réjouir seulement de la mort de Porteous sans oser en approuver la forme illégale, et ces presbytériens plus scrupuleux qui estimaient que prononcer même le nom de lords spirituels dans une chaire écossaise, c'était en quelque sorte reconnaître l'épiscopat, et que l'injonction de la législature était un empiètement du gouvernement civil sur le *droit divin* du Presbytère, puisqu'à l'Assemblée Générale seule, représentant le chef invisible de l'Église, appartenait le droit unique et exclusif de régler tout ce qui concernait le culte public. Plusieurs personnes, encore de différentes opinions politiques ou religieuses, peu touchées, par conséquent, de ces considérations, croyaient voir dans un acte si violent du parlement un esprit de vengeance indigne de la législature d'un grand État, et comme un dessein prémédité de fouler aux pieds les droits et les privilèges de l'Écosse. Les diverses mesures adoptées contre les chartes et les libertés d'Édimbourg pour punir cette ville du tumulte d'une populace violente et désordonnée furent regardées par bien des gens comme un prétexte qu'on avait saisi pour humilier l'antique métropole de l'Écosse. En un mot, on avait excité généralement le mécontentement et la désaffection par ces mesures inconsidérées.

Ce fut dans ces entrefaites qu'on fixa le jour où devait avoir lieu le jugement d'Effie Deans, qui était en prison depuis plusieurs semaines. Peu de jours auparavant, M. Middleburgh se rendit chez le père de la pauvre fille. Il choisit un beau jour pour cette promenade.

L'excursion paraissait assez longue dans ce temps-là pour un digne bourgeois de cette ville, quoique aujourd'hui la plupart d'entre eux aient des maisons de campagne à une distance plus considérable. Une promenade de trois quarts d'heure, faite du pas convenable à la gravité d'un magistrat, suffit pourtant pour conduire le bienveillant bailli aux rochers de Saint-Léonard et à l'humble demeure de David Deans.

Le vieillard était assis à sa porte sur un banc de gazon et s'occupait à raccommoder un harnais de ses propres mains ; car à cette époque tous les ouvrages qui demandaient un degré de soin et d'adresse un peu plus qu'ordinaire étaient le partage du chef de famille, même quand il jouissait d'une certaine aisance. Il leva la tête en voyant un étranger s'approcher, et n'interrompit pas son travail. Il était impossible de découvrir sur son visage ou dans son maintien aucun signe des angoisses intérieures qui l'agitaient ; M. Middleburgh espéra un instant que Deans lui prouverait de quelque manière qu'il s'était aperçu de sa présence et qu'il ouvrirait la conversation ; mais, comme il semblait déterminé à garder le silence, il fut obligé de parler le premier.

— Mon nom est Middleburgh, James Middleburgh, l'un des magistrats actuels de la ville d'Édimbourg.

— Cela peut être, répondit Deans laconiquement en continuant son ouvrage.

— Vous devez savoir que les devoirs d'un magistrat ne sont pas toujours très-agréables à remplir.

— Cela est possible, répliqua David sans lever les yeux de son harnois, je n'ai rien à dire à cela ; et il garda de nouveau un silence bourru.

— Vous savez aussi que nos fonctions nous obligent souvent à faire des questions aussi pénibles pour ceux qui les font que pour ceux qui ont à y répondre.

— Cela peut être, reprit encore Deans ; je n'ai rien à dire là-dessus, ni d'une manière ni d'une autre ; mais je sais qu'il fut un temps où il y avait dans votre ville d'Édimbourg une magistrature juste et craignant Dieu, qui ne portait pas le glaive en vain, mais qui était la terreur des malfaisans et l'orgueil de ceux qui suivaient le droit sentier. On a vu, au temps glorieux du fidèle prévôt Dick, une véritable Assemblée Générale marcher d'accord avec des Barons, vrais Écossais et vraiment nobles, et avec les magistrats des diverses villes ; gentilshommes, bourgeois et peuple, ne voyaient que du même œil, n'entendaient que d'une même oreille, et soutenaient l'arche en réunissant leurs forces ; — alors on voyait les hommes livrer leurs pièces d'argent pour les besoins de l'État, comme si c'étaient de viles ardoises. Mon père vit descendre des sacs de dollars de la fenêtre du prévôt Dick, pour être déposées dans les voitures qui devaient les porter à l'armée campée à Dunselaw (1) ; et, si vous ne croyez pas le témoignage de mon père, il y a la fenêtre elle-même qui existe encore dans le quartier de

(1) Dans le Berwick-Shire. — Éd.

Luckenbooth ; — je crois que c'est aujourd'hui celle d'un marchand de draps, — là où il y a des barreaux de fer, cinq portes au-dessus de la cour de Gossfort.—Mais maintenant il n'y a plus un semblable esprit parmi nous ; nous nous occupons plus du dernier veau de notre étable que de la bénédiction donnée par l'ange du Covenant à Pemel et à Manahaïna, ou de l'obligation de nos vœux nationaux ; et nous achèterions plus volontiers, au prix d'une livre d'Écosse, l'onguent pour délivrer nos vieilles poutres et nos lits des punaises anglaises, comme on les appelle, que nous ne donnerions un plack (1) pour délivrer le pays de l'essaim des chenilles Arminiennes, des fourmis Sociniennes et des miss Katies (2) déistes, qui sont sorties de l'abîme sans fond pour être le fléau de cette génération perverse, insidieuse et tiède (3).

Il arriva à David Deans, en cette occasion, comme il est arrivé à maint autre orateur. Quand une fois il s'était embarqué dans son sujet favori, le cours de son enthousiasme l'entrainait en dépit de ses peines morales, et sa mémoire lui fournissait amplement tous les tropes de rhétorique particuliers à sa secte et à sa cause.

M. Middleburgh se contenta de lui répondre :

— Tout cela peut être, comme vous le disiez tout à l'heure, M. Deans. Mais il faut que je vous informe du sujet de ma visite. Vous avez deux filles, je crois ?

(1) La livre d'Ecosse vaut un franc ; le plack, environ un sou. — Éd.

(2) Allusion à quelque sectaire de ce nom. — Éd.

(3) Il est inutile de faire remarquer que l'auteur ne prête ici à David que le langage des sectaires tel que nous le retrouvons dans leurs prédications et leurs œuvres. — Éd.

Le vieillard parut souffrir les tourmens d'un homme dont on sonde la blessure. Mais il recueillit bientôt toutes ses forces, et répondit d'un air calme, quoique sombre : — Je n'ai qu'une fille, monsieur, qu'une seule fille !

— Je vous comprends : vous n'avez qu'une fille avec vous ; mais cette jeune infortunée qui est en prison..... n'est-elle pas aussi votre fille ?

— Ma fille ! oui, selon la chair, selon le monde ; mais, quand elle est devenue celle de Bélial, qu'elle s'est écartée des voies de la grace pour entrer dans celles de la perdition, elle a cessé d'être ma fille.

— Hélas ! M. Deans, dit Middleburgh en s'asseyant près de lui et en tâchant de prendre sa main que le vieillard retira avec fierté, — nous sommes tous pécheurs, et les fautes de nos enfans ne doivent pas être une cause pour les bannir de notre cœur, puisqu'elles sont une suite de la corruption de notre nature.

— Monsieur ! s'écria Deans avec impatience, je sais aussi bien que... je veux dire, reprit-il en contraignant la colère qu'il éprouvait en se voyant donner une leçon que reçoivent toujours mal ceux qui sont les plus prêts à en donner aux autres : je veux dire que votre observation peut être juste et raisonnable, mais je ne suis pas libre de parler de mes affaires particulières avec des étrangers. Et d'ailleurs, dans le moment où nous nous trouvons, quand l'acte sur l'affaire de Porteous vient d'arriver de Londres, et inflige à ce pauvre royaume pécheur, et à l'Église souffrante, des plaies plus cruelles qu'aucune de celles dont on a entendu parler depuis l'acte funeste du Test ; c'est dans un temps comme celui-là.....

— Mais, mon brave homme, dit le magistrat en l'interrompant, il faut d'abord songer à vos propres enfans, où vous êtes pire que les infidèles.

— Je *vous* dis, bailli Middleburgh, répondit Deans, je vous dis, si vous êtes bailli, ce qui n'est pas un grand honneur dans ce temps déplorable, je vous dis que j'ai entendu le gracieux Saunders Peden, — je ne dis pas à quelle époque; — mais c'était dans ce temps de mort où les laboureurs traçaient leurs sillons sur l'église d'Écosse; — je l'entendis dire à ses auditeurs, et c'étaient de bons et pieux chrétiens, qu'il y en avait quelques-uns d'entre eux qui verseraient plus de larmes sur la perte d'un veau ou d'un bœuf noyés, que sur les défections et les oppressions du jour; — et qu'il y en avait quelques-uns qui pensaient à ceci ou à cela; et qu'il y avait lady Hundlestone qui pensait à pleurer Jean auprès du feu! et j'entendis cette dame avouer qu'en effet une larme d'inquiétude avait été répandue par elle sur son fils, qu'elle avait laissé à la maison à peine relevé d'une maladie. — Et qu'aurait-il dit de moi si j'avais cessé de penser à la bonne cause pour une réprouvée?... Ah! cela me tue de songer à ce qu'elle est (1).....

— Mais la vie de votre fille, brave homme, la vie de votre fille! s'il était possible de lui sauver la vie, dit Middleburgh.

— Sa vie! s'écria Deans; — je ne donnerais pas un de mes cheveux blancs pour la lui sauver, si sa bonne

---

(1) Le traducteur a dû tenter de reproduire ici le style de Deans, qui s'identifie avec la manière du prédicateur qu'il cite, en copiant ses tours de phrases et son continuel emploi de la particule *et*, à l'imitation de la Bible. — Éd.

réputation est perdue. — Mais je me trompe, je les donnerais tous, je donnerais ma vie pour qu'elle eût le temps de se repentir et de faire pénitence; car, que reste-t-il aux méchans, si ce n'est le souffle de leurs narines?... Mais je ne la verrai plus, j'y suis déterminé, je ne la verrai plus ! — Ses lèvres continuèrent à remuer encore quelques instans quoiqu'il ne parlât plus, comme s'il eût répété intérieuremeut le même vœu.

— Bien, M. Deans, dit M. Middleburgh, je vous parle comme un homme de sens, et je vous dis que si vous voulez sauver la vie de votre fille, il faut avoir recours aux moyens humains.

— J'entends ce que vous voulez dire. — M. Novit, qui est avocat d'un digne seigneur, le laird de Dumbiedikes, fera ce que la prudence humaine peut faire en pareil cas. Quant à moi, je ne puis m'en mêler. Je n'ai rien de commun avec vos juges et vos cours de justice, constituées comme elles le sont aujourd'hui. J'ai une délicatesse et un scrupule dans mon ame à leur sujet.

— C'est-à-dire que vous êtes un Caméronien, et que vous ne reconnaissez pas l'autorité de nos cours de justice, ni celle du gouvernement actuel?

— Monsieur, avec votre permission, reprit David, qui était trop fier de sa propre science polémique pour se dire le sectateur de personne; monsieur, vous me relevez avant que je sois tombé. Je ne sais trop pourquoi on m'appellerait caméronien, surtout maintenant que vous avez donné le nom de ce fameux et précieux martyr à un corps régulier de soldats, dont on dit que plusieurs blasphèment, jurent, et emploient un langage profane avec autant d'assurance que Richard Cameron en avait pour prêcher ou prier (1). Bien plus encore, n'avez-vous pas, autant que vous avez pu, rendu le nom de ce martyr vain et méprisable, en jouant avec les cornemuses, les tambours et les fifres, l'air charnel appelé le *rigodon caméronien*, que dansent trop de fidèles. Pratique bien indigne d'un fidèle, que de danser n'importe sur quel air, surtout pêle-mêle, c'est-à-dire avec le sexe. C'est là une mode brutale, qui est le commencement de la défection pour plusieurs, comme j'ai autant de motifs que personne pour l'attester.

— Fort bien. Mais, M. Deans, répondit M. Middleburgh, je voulais dire seulement que vous étiez un Caméronien, ou Mac Millanite, un membre de cette secte enfin qui croit contraire à ses principes de prononcer aucun serment sous un gouvernement par lequel le Covenant n'a pas été ratifié.

— Monsieur, reprit le controversiste, qui oubliait même sa douleur récente dans une semblable discussion, vous ne pouvez me faire prendre le change aussi aisément que vous vous l'imaginez. Je ne suis ni un Mac Millanite, ni un Russelite, ni un Hamiltonien, ni un Harleyite, ni un Howdenite. — Je ne veux que personne me mène par le bout du nez. — Je n'emprunte mon nom à aucun vase d'argile. J'ai mes principes et ma pratique dont je dois répondre, et je suis un humble plaideur pour la vieille bonne cause, dans les formes légales.

— C'est-à-dire, M. Deans, que vous êtes un *Deanite*, et avez une opinion particulière à vous.

(1) Ce fut après les guerres civiles de 1689 que deux bataillons de Caméroniens furent organisés en un régiment qui retint ce nom pendant long-temps, et se distingua également par sa bravoure et sa morale, selon le colonel Stewart. — Ed.

— Il peut vous être agréable de le dire, continua David Deans ; mais j'ai soutenu mon témoignage devant de grands noms et dans des temps bien amers. Je ne veux ni m'exalter ni abaisser personne ; mais je désire que tout homme et toute femme de ce royaume d'Écosse conserve le vrai témoignage, et suive le sentier droit sur le revers d'une montagne exposée au vent et à la pluie, évitant les pièges et les embûches de droite, et les détours de gauche aussi fidèlement que Johnny Dodds de Farthing's Acre, et un autre que je ne nommerai pas.

— Je suppose, reprit le magistrat, que c'est comme si vous disiez que Johnny Dodds, de Farthung's Acre, et David Deans, de Saint-Léonard, composent à eux deux les seuls membres de la véritable, réelle et pure église d'Écosse?

— Dieu me préserve de tenir un propos si vain, quand il y a tant de fidèles chrétiens ; mais je dois dire que tous les hommes agissant d'après les dons du ciel et la grace, il n'est pas merveilleux que.....

— Tout cela est fort beau, interrompit M. Middleburgh ; mais je n'ai pas de temps à perdre pour l'écouter. — Voici l'affaire en question : — J'ai fait remettre une citation entre les mains de votre fille ; si elle paraît le jour du jugement pour témoigner, il y a des motifs d'espérer qu'elle peut sauver la vie de sa sœur ; — si, d'après vos idées étroites sur la légalité de la conduite qu'elle doit tenir comme bonne sœur et fidèle sujette, vous l'empêchez de comparaître dans une cour ouverte sous les auspices de la loi et du gouvernement, je dois vous dire, quelque dure que soit la vérité pour votre oreille, que vous qui donnâtes la vie à cette infortunée, vous deviendrez la cause de sa mort violente et prématurée.

En parlant ainsi, M. Middleburgh se leva pour partir.

— Un moment, un moment, arrêtez! s'écria Deans d'un air d'embarras et de perplexité. Mais le bailli, prévoyant qu'une discussion prolongée ne pourrait qu'affaiblir l'effet qu'il voyait que son argument avait produit, lui dit qu'il ne pouvait rester plus long-temps, et reprit le chemin d'Édimbourg.

Deans retomba sur son siège, comme étourdi du coup qu'il venait de recevoir. C'était une grande matière de controverse que de savoir jusqu'à quel point les vrais presbytériens pouvaient, sans péché, reconnaître le gouvernement qui avait succédé à la révolution; Presbytériens, Anti-Papistes, Anti-Épiscopaux, Anti-Érastiens et Anti-Sectaires, se divisaient entre eux plusieurs petites sectes au sujet du degré de soumission qu'on pouvait accorder sans péché aux lois existantes et au gouvernement établi.

Dans une orageuse et tumultueuse assemblée tenue en 1682 pour discuter ces points importans et délicats, les témoignages du petit nombre de fidèles se trouvèrent complètement contradictoires les uns avec les autres. Le lieu où se fit cette conférence était singulièrement adapté à la convocation d'une telle assemblée. C'était un vallon séquestré du Tweeddale, entouré de montagnes, et loin de toute habitation humaine. Une petite rivière, ou plutôt un torrent appelé le Talla, se précipite dans le vallon avec furie, formant une suite de petites cascades qui ont retenu le nom de Talla-Linns. Ce fut là que se réunirent les chefs des partisans dispersés du Covenant, hommes que l'éloignement de toute société humaine et le souvenir des persécutions avaient rendus à la fois sombres par caractère et extravagans dans leurs opinions religieuses. Ils se réunirent, les armes à la main, et ils discutèrent auprès du torrent, avec un tumulte que le bruit de son onde ne put couvrir, des points de controverse aussi vides que son écume.

Ce fut le jugement arrêté de la plupart des membres de l'assemblée, que tout paiement d'impôt ou de tribut direct au gouvernement, était un acte illégitime et un sacrifice aux idoles. Quant aux autres taxes et aux autres degrés de soumission, les opinions furent divisées : et peut-être rien ne fait mieux connaître l'esprit de ces pères armés du presbytérianisme, que cette violente controverse sur la question de savoir si on pouvait légitimement payer aux barrières et aux ponts les droits destinés à l'entretien des routes et autres dépenses nécessaires ; tandis que tous déclaraient impie la taxe levée pour l'entretien de l'armée et de la milice. Il y en avait quelques-uns qui, quoique répugnant à ces impôts de barrières et de routes, se croyaient encore exemptés en conscience de payer le passage ordinaire des bacs publics ; ainsi un des plus scrupuleux de ces enthousiastes, James Russel, un des assassins de l'archevêque de Saint-André, avait donné son témoignage même contre cette dernière ombre de soumission à l'autorité constituée. Cet homme éclairé d'en-haut et ses adhérens avaient eu aussi de grands scrupules sur la coutume de donner les noms ordinaires aux jours de la semaine et aux mois de l'année, qui sentaient pour eux le paganisme à un tel point, qu'ils en vinrent enfin à cette conclusion, que ceux qui reconnaissaient les noms de lundi, mardi, janvier, février, etc., héritaient pour le moins des châtimens dénoncés contre les anciens idolâtres (1).

David Deans avait été présent à cette mémorable assemblée, quoique trop jeune encore pour porter la parole parmi les combattans de cette polémique. Toutefois sa tête avait été complètement échauffée par le bruit, les clameurs et la subtile métaphysique de la discussion. C'était une controverse à laquelle son esprit se reportait souvent. Quoiqu'il déguisât soigneusement en quoi il s'était écarté des opinions des autres, et peut-être des siennes, depuis ce temps, il n'avait jamais pu parvenir à rien décider sur ce sujet. Dans le fait, son bon sens naturel avait servi de contre-poids à son enthousiasme de controverse. Il n'était nullement satisfait de l'indifférence avec laquelle le gouvernement du roi Guillaume tolérait les erreurs du temps, lorsque loin de rendre à l'église presbytérienne son ancienne suprématie, on fit passer un acte d'oubli en faveur de ceux qui avaient été ses persécuteurs, et plusieurs d'entre eux obtinrent même des titres de grace et des emplois. Lorsque dans la première assemblée générale qui fut tenue après la révolution de 1688, une proposition fut faite pour renouveler la ligue et le Covenant, ce fut avec horreur que David Deans entendit des hommes dont l'esprit et la politique étaient selon la chair, disait-il, éluder cette proposition sous prétexte qu'elle était

(1) Quel singulier rapprochement entre ces ultra-chrétiens et les ultra-démocrates de notre révolution, que des principes si opposés conduisirent à renouveler le calendrier comme le gouvernement! — ÉD.

inapplicable au temps présent, et contraire au type moderne de l'Église. Le règne de la reine Anne l'avait convaincu de plus en plus que le gouvernement de la révolution n'était pas de la véritable trempe presbytérienne. Mais, plus sensé que les exaltés de sa secte, il ne confondit pas la modération et la tolérance de ces deux règnes avec la tyrannie et l'oppression active de Charles II et de Jacques II. Le culte presbytérien, quoique dépouillé de l'importance attachée naguère à ses sentences d'excommunication, et forcé de tolérer la coexistence de l'épiscopat et des autres sectes dissidentes, était encore le culte de l'Église nationale; et quoique la gloire du second temple fût bien inférieure à celle qui avait brillé depuis 1639 jusqu'à la bataille de Dunbar, c'était encore un édifice qui, avec sa force et ses terreurs de moins, conservait encore la forme et la symétrie du modèle primitif. Vint ensuite l'insurrection de 1715, et la peur qu'eut David du retour de la faction *papiste* et *prélatiste*, le réconcilia beaucoup au gouvernement du roi Georges, quoiqu'il s'affligeât que ce monarque pût être soupçonné d'un penchant pour l'Érastianisme. En un mot, sous l'influence de tant de considérations, il avait modifié plusieurs fois le degré d'opposition qu'il pouvait se permettre contre le gouvernement établi, qui, quoique doux et paternel, n'était pas cependant selon le Covenant. Et maintenant il se sentait appelé par l'intérêt le plus puissant qu'on puisse supposer, à autoriser le témoignage de sa fille devant une cour de justice, démarche que les Caméroniens traitaient de défection directe et déplorable. La voix de la nature cependant s'élevait dans son cœur contre celle du fanatisme, et son imagination féconde dans la solution des difficultés de la polémique, cherchait un expédient pour se tirer de cet effrayant dilemme qui lui présentait d'un côté une déviation à ses principes, et de l'autre une scène de douleur à laquelle un père ne peut penser sans frémir.

— J'ai été ferme et constant dans mon témoignage, disait David Deans; mais qui a jamais dit de moi que j'ai jugé mon prochain trop rigoureusement, parce qu'il s'est donné plus de latitude dans sa voie que moi dans la mienne? Je ne fus jamais un *Séparatiste* (1) ni un censeur sévère des ames timides qui croyaient pouvoir se soumettre aux impôts et aux taxes de seconde classe. Ma fille Jeanie peut avoir sur ce sujet une lumière qui est inaperçue par mes yeux plus vieux : cela regarde sa conscience et non la mienne. Si elle se sent libre de paraître devant cette cour de justice et d'y lever la main, pourquoi lui dirais-je qu'elle dépasse les limites qui lui sont imposées; mais si sa conscience le lui défend!... Il s'arrêta un instant : une angoisse inexprimable resserra son cœur, et lui ôta même le pouvoir de la réflexion; mais sa force d'esprit l'emporta bientôt. — Si elle le lui défend! à Dieu ne plaise que je l'empêche d'écouter cette voix. Non, je ne chercherai pas à détruire les scrupules religieux d'une de mes filles, pas même pour sauver la vie de l'autre.

D'autres motifs et d'autres sentimens auraient déterminé un Romain à dévouer sa fille à la mort; mais il n'aurait pas mis plus d'héroïsme à exécuter ce qu'il aurait regardé comme un devoir.

---

(1) Un exclusif Caméronien, se séparant des autres comme moins purs dans leur foi. — ED.

CHAPITRE XIX.

> « Dans les epreuves de la vie,
> » Comme sur des flots orageux,
> » L'homme du moins peut dans les cieux
> » Jeter enfin une ancre amie. »
>
> *Les Hymnes de* WATU.

Ce fut d'un pas ferme que Deans se rendit auprès de sa fille, résolu de la laisser à sa propre conscience pour se guider dans le doute critique où il la supposait placée.

La petite chambre de Jeanie avait été celle des deux filles de David, et il y restait un petit lit qui avait servi à Effie, lorsque, se plaignant d'être malade, elle avait refusé de partager celui de sa sœur, comme dans des jours plus heureux. Les yeux de Deans s'arrêtèrent involontairement sur cette petite couche, ornée de rideaux verts ; et les idées qu'elle fit naître en lui accablèrent tellement son ame, qu'il se sentit presque incapable de parler à sa fille de l'objet qui l'amenait. Heureusement il la trouva dans une occupation qui lui fit rompre la glace. Elle était à lire une assignation qu'elle venait de recevoir pour comparaître comme témoin dans le procès de sa sœur. Le digne magistrat, M. Middleburgh, déterminé à ouvrir à Effie toutes les portes de salut que la loi n'avait pas fermées, et à ne laisser à sa sœur aucun prétexte pour ne pas rendre témoignage, en sa faveur, si sa conscience ne le lui défendait pas absolument, avait, avant de partir d'Édimbourg, fait préparer la citation ordinaire, ou *la subpœna* (1) de la cour criminelle d'Écosse, et ordonné qu'elle fût portée à Jeanie pendant qu'il s'entretenait avec son père. Cette précaution fut heureuse pour Deans, puisqu'elle lui épargna la peine d'entrer en explication avec sa fille ; il se contenta de dire d'une voix sourde et tremblante : — Je vois que vous êtes instruite de ce dont il s'agit.

— Oh, mon père! nous sommes cruellement placés entre les lois de Dieu et celles de la nature! Que faire? que faire?

Ce n'est pas que Jeanie se fît aucun scrupule de comparaître devant une cour de justice. Elle pouvait avoir entendu son père discuter ce point plus d'une fois ; mais nous avons remarqué déjà qu'elle était accoutumée à écouter avec respect beaucoup de choses qu'elle ne comprenait pas, et que les argumens subtils et casuistiques de David Deans trouvaient en elle un auditeur patient plutôt qu'édifié. Quand elle avait reçu la citation, sa pensée ne s'était pas arrêtée aux scrupules chimériques qui alarmaient l'esprit de son père, mais à ce qui lui avait été dit par l'inconnu au Cairn de Muschat.

(1) C'est un des premiers mots du protocole latin, devenu le synonyme de *citation*. — Éd.

En un mot, elle ne doutait pas qu'elle allait être traînée devant la cour de justice pour y être placée dans la cruelle alternative de sacrifier sa sœur en disant la vérité, ou de commettre un parjure pour lui sauver la vie : c'était tellement là l'idée qui l'occupait qu'elle appliqua les mots : — *Vous savez ce dont il s'agit* à la recommandation qui lui avait été faite avec une force et une chaleur si effrayantes. Elle leva les yeux avec une surprise inquiète, non sans quelque mélange de terreur, qui ne pouvait être calmée par l'interprétation qu'elle donna à ce qu'ajouta son père : — Ma fille, lui dit-il, j'ai toujours pensé qu'en matière de doute et de controverse, un chrétien ne doit prendre que sa conscience pour guide : consultez la vôtre, après vous y être préparée dévotement, et ce qu'elle vous inspirera....

— Mais, mon père, dit Jeanie, dont l'esprit se révoltait contre ce qu'elle croyait comprendre, peut-il y avoir ici le moindre doute ? rappelez-vous le neuvième commandement : — Tu ne porteras point de faux témoignage contre ton prochain. —

Deans fut un instant sans répondre, car appliquant toujours les paroles de Jeanie à ses objections préconçues, il lui semblait qu'*elle*, femme et sœur, ne devait peut-être pas se montrer trop scrupuleuse quand *lui*, homme, et qui avait rendu tant de témoignages dans un temps d'épreuves, il l'avait presque encouragée indirectement à suivre les inspirations naturelles de son cœur. Mais il se tint ferme dans sa résolution jusqu'à ce que ses yeux se fixassent involontairement sur le petit lit qui lui rappela l'enfant de sa vieillesse ; il se la figura pâle, malade et désolée : cette image prêta à ses paroles un accent bien différent de sa précision dogmatique accoutumée; lorsqu'il essaya de dicter à Jeanie des argumens propres à sauver la vie de sa malheureuse sœur.

— Ma fille, lui dit-il, je ne dis pas que votre sentier soit sans pierres d'achoppement;—et sans doute cet acte aux yeux de quelques-uns peut paraître une transgression coupable, puisque celui qui sert de témoin illégitimement et contre sa conscience, porte en quelque sorte faux témoignage contre son voisin. Cependant, quand il s'agit d'une affaire de condescendance, le péché est moins dans la condescendance que dans la conscience de celui qui condescend. C'est pourquoi, quoique mon témoignage (1) n'ait point été épargné dans les défections publiques, je ne me suis pas senti libre de me séparer de la communion de plusieurs qui ont pu aller entendre les ministres soumis à la fatale tolérance du gouvernement, parce qu'ils pouvaient extraire quelque bien de leurs discours, ce que je ne pouvais pas... Mais David à cet endroit de son discours sentit que sa conscience lui reprochait de chercher à ébranler indirectement la foi de sa fille et sa sévérité de principes. Il s'arrêta donc tout à coup et changea de ton : — Jeanie, je m'aperçois que nos viles affections, — c'est ainsi que je les appelle, relativement à notre soumission à la volonté de Dieu notre père; — je m'aperçois que nos viles affections émeuvent trop mon cœur en cette heure d'épreuve douloureuse, pour que je puisse ne pas perdre de vue mon devoir et vous éclairer sur le vôtre. — Je ne dirai plus rien sur ce trop pénible sujet. Jeanie, si vous pouvez,

(1) Il ne faut pas perdre de vue dans le dogmatisme de Deans qu'il fait une grande différence entre le glorieux témoignage rendu par les saints comme lui, au pilori ou sur l'échafaud, et le témoignage coupable rendu devant un tribunal judiciaire. — Éd.

selon Dieu et votre bonne conscience, parler en faveur de cette pauvre infortunée... Ici la voix lui manqua un instant. — Elle est votre sœur, suivant la chair, Jeanie ; toute indigne qu'elle est aujourd'hui, elle est fille d'une sainte qui, dans le ciel, vous tint lieu de mère quand vous eûtes perdu la vôtre. Mais si votre conscience ne vous permet pas de parler pour elle dans une cour de justice, ne le faites point, Jeanie, et que la volonté du ciel soit accomplie ! — Après cette adjuration il quitta l'appartement, et sa fille resta livrée à une douloureuse perplexité.

Le chagrin de Deans aurait été bien plus cuisant encore, s'il avait su que sa fille interprétait ses paroles, non comme ayant rapport à un point de forme sur lequel les presbytériens même n'étaient pas d'accord entre eux ; mais comme une sorte d'encouragement à contrevenir à un commandement divin que les chrétiens de toutes les sectes regardent comme sacré.

— Est-il possible que ce soit mon père qui m'ait parlé ainsi ? pensa Jeanie quand Deans se fut retiré. N'est-ce pas l'Ennemi qui a pris sa voix et ses traits pour me conduire à ma perte éternelle ? Une sœur prête à périr, et un père qui me montre le moyen de la sauver ! — O mon Dieu, — délivrez-moi d'une si terrible tentation !

Dans l'incertitude de ses pensées, elle s'imagina un instant que son père s'attachait au sens littéral du neuvième commandement, comme défendant le faux témoignage *contre* son prochain, mais non pour le sauver. Son bon sens lui fit rejeter bien vite une interprétation si bornée, et si indigne de l'Auteur de la loi. Elle resta donc dans une agitation pleine de terreur, n'osant communiquer franchement ses idées à son père, de peur de lui entendre exprimer un avis qu'elle ne pourrait suivre; — déchirée surtout de douleur en pensant à Effie, qu'elle avait le pouvoir de sauver, mais par un moyen que réprouvait sa conscience. Elle était comme un vaisseau battu par une mer orageuse, et n'ayant plus qu'un seul câble, une seule ancre, — sa confiance en la Providence et sa résolution de faire son devoir.

L'affection de Butler, ses sentimens religieux, auraient été son soutien et sa consolation dans la circonstance pénible où elle se trouvait; mais depuis sa mise en liberté il ne venait plus à Saint-Léonard, ayant promis de ne pas quitter la paroisse de Libberton. Elle fut donc réduite à n'avoir d'autre guide que sa propre conscience pour distinguer ce qui était bien de ce qui était mal.

Elle espérait, elle croyait que sa sœur était innocente; mais elle n'avait pu en recevoir l'assurance de sa propre bouche, et ce n'était pas le moindre de ses chagrins.

L'hypocrite conduite de Ratcliffe à propos de Robertson n'avait pas empêché qu'il fût récompensé comme le sont souvent les fourbes. Sharpitlaw lui trouvait un génie qui avait quelque rapport avec le sien. Aussi était-ce lui qui avait intercédé en sa faveur auprès des magistrats. Il fit valoir qu'il serait dur d'ôter la vie à un homme qui aurait pu si facilement se sauver s'il l'avait voulu, lorsque la populace avait forcé les portes de la prison. Un pardon sans réserve lui fut donc accordé, et bientôt après James Ratcliffe, le plus grand voleur et le plus grand escroc de l'Écosse fut choisi, peut-être sur la foi d'un ancien proverbe, pour garder les autres habitans de la prison.

Depuis que Ratcliffe était ainsi placé dans un poste de confiance, le savant Saddletree et d'autres personnes qui prenaient quelque intérêt à la famille Deans, le sollicitaient souvent de procurer une entrevue aux deux sœurs ; mais les magistrats avaient donné des ordres contraires, parce qu'ils espéraient qu'en les tenant séparées ils pourraient en obtenir quelques renseignemens sur Robertson, dont l'arrestation était toujours le principal objet de leurs désirs. Jeanie fut interrogée sur le fugitif par M. Middleburgh ; mais que pouvait-elle lui dire ? Elle lui déclara qu'elle ne le connaissait nullement, qu'il était possible que ce fût avec lui qu'elle avait eu un entretien près de la butte de Muschat ; qu'il lui avait demandé ce rendez-vous pour lui donner quelques avis relativement à sa sœur, ce qui, dit-elle, ne regardait que Dieu et sa conscience ; qu'enfin, elle ne savait ni ce qu'il avait été, ni où il était, ni quels étaient ses projets.

Effie garda le même silence, quoique par une cause différente. On lui offrit inutilement une commutation de peine et même sa grace, si elle voulait indiquer les moyens de le découvrir, elle ne répondait que par ses larmes, et quand, à force de persécutions, ceux par qui elle était interrogée l'obligeaient à parler, ils n'en obtenaient que des réponses peu respectueuses.

On différa plusieurs semaines à la mettre en jugement, dans l'espoir qu'on pourrait la déterminer à s'expliquer sur un sujet bien plus intéressant pour les magistrats que son crime ou son innocence ; mais, trouvant qu'il était impossible de lui arracher le moindre renseignement, les juges perdirent patience, et fixèrent le jour où elle comparaîtrait devant la cour.

Ce ne fut qu'alors que M. Sharpitlaw, se rappelant enfin la promesse qu'il avait faite à Effie, et peut-être fatigué des instances perpétuelles de mistress Saddletree, qui était sa voisine, et qui ne cessait de lui répéter que c'était une cruauté indigne d'un chrétien, que d'empêcher ces deux pauvres sœurs de se voir, se décida à donner au geôlier l'ordre de permettre à Jeanie Deans d'entrer dans la prison.

Ce fut la veille du jour redoutable où le sort d'Effie devait se décider, que Jeanie obtint enfin la permission de voir sa sœur. Pénible entrevue, et qui avait lieu dans un moment qui la rendait encore plus déchirante! Elle faisait partie de la coupe amère réservée à Jeanie en expiation d'un crime auquel elle n'avait pris aucune part. Midi étant l'heure fixée pour entrer dans la prison, elle se rendit à cette heure dans ce séjour du crime et du désespoir, pour y voir sa sœur pour la première fois depuis plusieurs mois.

CHAPITRE XX.

> « Bonne sœur, je vous en supplie,
> » Quel crime trouvez-vous à me sauver la vie ?
> » Ou, si c'en était un, il est si naturel,
> » Qu'il deviendrait vertu.
>
> SHAKSPEARE. *Mesure pour mesure.*

JEANIE DEANS fut introduite dans la prison par Ratcliffe. Ce drôle, aussi déhonté que scélérat, lui demanda, en ouvrant la triple serrure de la porte, si elle se souvenait de lui.

Un *non* timide et prononcé à demi-voix fut la réponse qu'il obtint.

— Quoi! vous ne vous souvenez pas du clair de lune et de la butte de Muschat, de Robertson et de Ratcliffe? Votre mémoire a donc besoin d'être aidée, ma bonne amie!

Si quelque chose avait pu augmenter les chagrins de

Jeanie, c'eût été de trouver sa sœur sous la garde d'un tel homme. Ce n'était pourtant pas qu'il n'y eût dans son caractère quelque chose qui pût balancer tant de mauvaises qualités et d'habitudes vicieuses. Dans la carrière criminelle qu'il avait parcourue, jamais sa main n'avait été souillée de sang, jamais il ne s'était montré cruel, et il n'était même pas inaccessible à l'humanité dans la nouvelle fonction qu'il exerçait. Mais Jeanie ne connaissait pas ses bonnes qualités : elle ne se rappelait que la scène qui s'était passée entre elle et lui à la butte de Muschat, et elle eut à peine la force de lui dire qu'elle avait obtenu du bailli Middleburgh la permission de voir sa sœur.

— Je le sais, je le sais, la jeune fille ! à telles enseignes que j'ai ordre de ne pas vous perdre de vue tout le temps que vous serez avec elle.

— Est-il possible ? s'écria Jeanie d'un ton suppliant.

— Très-possible. Et quel malheur, s'il vous plaît, que James Ratcliffe entende ce que vous avez à vous dire ? Du diable si vous dites un mot qui lui fasse connaître les malices de votre sexe mieux qu'il ne les connaît déjà ? Et pourvu que vous ne complotiez pas les moyens de forcer la prison, le diable m'emporte si je répète un mot de tout ce que vous pourrez dire en bien ou en mal !

En parlant ainsi, ils arrivèrent à la porte de la chambre dans laquelle Effie était enfermée.

La pauvre prisonnière avait été prévenue de cette visite, et pendant toute la matinée, la honte, la crainte et le chagrin s'étaient disputé la possession de son cœur. Tous ces sentimens se confondirent ensemble, non sans quelque mélange de joie, quand elle aperçut sa sœur. Elle se précipita dans ses bras : — Ma chère Jeanie ! s'écria-t-elle, ma chère Jeanie ! qu'il y a long-temps que je ne vous ai vue ! Jeanie lui rendit ses embrassemens avec une tendresse qui allait presque jusqu'aux transports. Mais c'était une émotion semblable à un rayon du soleil qui se fait jour entre d'épais nuages, et qui disparaît au même instant. Elles s'assirent sur le bord du lit en se tenant par la main et sans pouvoir se parler pendant quelques minutes. Leurs traits, sur lesquels la joie avait brillé un moment, prirent peu à peu l'expression plus sombre de la mélancolie, et puis celle de la douleur. Enfin, se jetant dans les bras l'une de l'autre, elles élevèrent la voix, pour me servir des paroles de l'Écriture, et pleurèrent amèrement.

Ratcliffe lui-même, dont le cœur s'était naturellement endurci par suite de la vie qu'il avait menée pendant près de quarante ans, ne put voir cette scène sans une sorte d'attendrissement. Il en donna la preuve par une action qui n'est en elle-même qu'insignifiante, mais qui annonçait plus de délicatesse qu'on ne devait en attendre de son caractère et du poste qu'il remplissait. La fenêtre de cette misérable chambre était ouverte, et les rayons du soleil tombaient en plein sur le lit où les deux sœurs étaient assises. Il s'approcha de la croisée avec une attention respectueuse, en poussa doucement le contre-vent, et sembla ainsi jeter un voile sur cette scène de douleur.

— Vous êtes malade, Effie, bien malade ! Tels furent les premiers mots que Jeanie put prononcer.

— Que ne le suis-je cent fois davantage, Jeanie ! répondit sa sœur ! Que ne donnerais-je pas pour être morte demain avant dix heures du matin! — Et notre père... mais non, je ne suis plus sa fille, je n'ai plus d'ami dans le monde. — Oh! que ne suis-je déjà morte à côté de ma mère dans le cimetière de New-battle.

— Allons, allons, jeune fille, dit Ratcliffe, qui voulut montrer l'intérêt qu'elles lui inspiraient réellement; il ne faut pas vous décourager. On ne tue pas tous les renards qu'on chasse. Nicol Novit est un fameux avocat : il a tiré plus d'un accusé d'affaires aussi glissantes que la vôtre. — Et puis, pendu ou non, c'est une satisfaction de savoir qu'on a été bien défendu. Vous êtes jolie fille d'ailleurs; il faudra relever un peu vos cheveux, et une jolie fille trouve toujours quelque faveur auprès des juges et des jurés qui condamneraient à la déportation un vieux coquin comme moi, pour avoir volé la quinzième partie de la peau d'une puce; Dieu les damne!

Les deux sœurs ne firent aucune réponse à cette grossière consolation; elles étaient tellement absorbées dans leur douleur, qu'elles oublièrent même la présence de Ratcliffe.

— O Effie! dit Jeanie, pourquoi m'avez-vous caché votre situation? Avais-je mérité cela de votre part? — Si vous aviez seulement dit un mot, — nous nous serions affligées ensemble, nous n'aurions pas évité la honte, mais cette cruelle extrémité nous eût été épargnée.

— Eh! quel bien en pouvait-il résulter? répondit la prisonnière. Non, non, Jeanie, tout fut fini quand une fois j'eus oublié ce que j'avais promis en faisant un pli au feuillet de ma Bible. Voyez, dit-elle en lui montrant le livre saint, elle s'ouvre d'elle-même à cet endroit. O! voyez, Jeanie, quelle effrayante menace!

Jeanie prit la Bible de sa sœur, et trouva que la marque fatale était faite sur ce texte frappant du livre de Job :

— « Il m'a dépouillé de ma gloire, et m'a ôté la couronne qui ornait ma tête : il m'a détruit de toutes parts, et je suis perdu. Et mon espérance a été arrachée comme un arbre. »

— Tout n'a-t-il pas été vérifié ? dit la prisonnière ; ne m'a-t-on pas enlevé *ma* couronne, *mon* honneur ? Et que suis-je, si ce n'est un arbre déraciné et jeté sur la grande route, afin que l'homme et les animaux me foulent aux pieds ? Vous rappelez-vous l'aubépine que mon père arracha au dernier mois de mai, au moment où elle était en fleurs. Elle fut abandonnée dans la cour, où le troupeau l'eut bientôt mise en pièces. Je pensais peu, quand je regrettais sa verdure et ses blanches fleurs, que le même sort m'attendait !

— Oh ! si vous aviez dit un seul mot ! répéta Jeanie en sanglotant, si je pouvais jurer que vous m'aviez dit un seul mot de votre état, votre vie ne courrait aucun danger.

— Ne courrait aucun danger ! répéta Effie avec émotion, tant l'amour de la vie est naturel même à ceux qui la regardent comme un fardeau : qui vous a dit cela, Jeanie ?

— Quelqu'un qui savait probablement bien ce qu'il me disait, répondit Jeanie, ne pouvant se résoudre à prononcer le nom du séducteur de sa sœur.

— Dites-moi son nom, s'écria Effie ; je vous en conjure, dites-le-moi. Qui pouvait prendre intérêt à une malheureuse comme moi ? Était-ce... était-ce *lui ?*

— Eh ! allons donc, dit Ratcliffe, pourquoi laisser cette pauvre fille dans le doute ? Je réponds bien que c'est Robertson qui vous a appris cela quand vous l'avez vu à la butte de Muschat.

— Était-ce lui, Jeanie? s'écria Effie, était-ce bien lui?... Oh! je vois que c'était lui! Pauvre Georges! quand je l'accusais de m'avoir oubliée! Dans un moment où il courait tant de dangers! Pauvre Georges!

— Comment pouvez-vous parler ainsi d'un tel homme, ma sœur! dit Jeanie, peu satisfaite de cet élan de tendresse pour celui qui avait causé tous les malheurs de sa sœur.

— Vous savez que nous devons pardonner à ceux qui nous ont offensés, répondit Effie, mais en baissant les yeux et d'un air timide, car sa conscience lui disait que le sentiment qu'elle éprouvait encore pour celui qui l'avait séduite n'avait rien de commun avec la charité chrétienne dont elle tâchait de le couvrir.

— Et après avoir tant souffert à cause de lui, il est possible que vous l'aimiez encore? lui dit Jeanie, d'un ton mêlé de reproche et de compassion.

— L'aimer? — Si je ne l'avais pas aimé comme une femme aime rarement, je ne serais pas en ce moment entre les murs de cette prison; et croyez-vous qu'un amour comme le mien puisse aisément s'oublier? Non, non; vous pouvez couper l'arbre, mais vous ne pouvez changer la courbure de son tronc. — Jeanie, si vous voulez me faire du bien en ce moment, répétez-moi tout ce qu'il vous a dit, et apprenez-moi s'il a été bien affligé ou non pour la pauvre Effie!

— Et quel besoin ai-je de vous parler de cela? dit Jeanie; vous pouvez être bien sûre qu'il avait assez de ses affaires, pour parler longuement de celles des autres.

— Cela n'est pas possible, Jeanie, quoiqu'une sainte

le dise, reprit Effie avec un retour de cette susceptibilité de caractère qui lui était si naturelle.... Vous ne savez pas jusqu'à quel point il a hasardé sa vie pour sauver la mienne!... Mais elle jeta les yeux sur Ratcliffe, et se tut.

— Je crois, dit Ratcliffe en ricanant, que la jeune fille pense être la seule qui ait des yeux. N'ai-je pas vu que Jean Porteous n'était pas la seule personne que Robertson voulût faire sortir de prison? Mais vous avez pensé, comme moi, mieux vaut attendre et se repentir, que courir et se repentir (1). — Vous n'avez pas besoin de me regarder avec de grands yeux ouverts. — Je sais peut-être encore plus de choses que vous ne pensez.

— O mon Dieu, mon Dieu! s'écria Effie en se levant comme en sursaut et se jetant à genoux devant lui, sauriez-vous où l'on a mis mon enfant. — O mon enfant! mon enfant! le pauvre petit innocent!—Os de mes os! chair de ma chair!— Oh! si vous voulez jamais mériter une place dans le ciel ou la bénédiction d'une créature au désespoir sur la terre, dites-moi où ils ont mis mon enfant? — Le signe de ma honte, l'associé de mes douleurs, dites-moi qui me l'a enlevé, ou ce qu'on en a fait?

— Allons, laissez donc, laissez donc, dit le porte-clefs en cherchant à dégager son habit qu'elle tenait avec force, c'est me prendre par mes paroles..... et devant un témoin! Son enfant! et comment diable saurais-je

(1) Espèce de dicton proverbial : *Better sit and rue, than flit and rue.* Ce sont de ces phrases que le peuple cite volontiers à cause de la rime ou de l'allitération, qui leur prêtent une certaine emphase. — Éd.

quelque chose de votre enfant? Il faut le demander à la vieille Meg Murdockson, si vous ne le savez pas vous-même.

Cette réponse détruisant l'espérance qui s'était présentée à elle, la malheureuse prisonnière tomba la face contre terre, saisie d'un violent accès convulsif.

Jeanie Deans avait, dans la plus extrême infortune, autant de force d'esprit que de jugement. Elle ne se laissa point abattre par ses sentimens douloureux, et ne songea qu'à prodiguer à sa sœur les secours qu'il était possible de lui procurer dans le triste lieu où elle se trouvait. Il faut même rendre cette justice à Ratcliffe, qu'il se montra empressé à donner ses indications et alerte à les remplir; et même, lorsque Effie fut revenue à elle, il eut la délicatesse de se retirer dans un coin de la chambre, de manière que sa présence officielle gênât le moins possible les deux sœurs dans ce qu'elles avaient à se dire.

Effie alors conjura de nouveau Jeanie, dans les termes les plus pressans, de lui faire part de tous les détails de l'entrevue qu'elle avait eue avec Robertson, et celle-ci sentit qu'il était impossible de lui refuser cette satisfaction.

— Vous souvenez-vous, lui dit-elle, qu'un jour vous aviez la fièvre avant que nous eussions quitté Woodend, et que votre mère, qui est aujourd'hui dans un meilleur monde, me gronda de vous avoir donné de l'eau et du lait, parce que vous pleuriez pour en avoir? Vous n'étiez qu'un enfant alors, aujourd'hui vous êtes une femme, et vous ne devriez pas me demander ce qui ne peut vous faire que du mal. — Mais, allons, bien ou mal, je ne puis vous refuser une chose que vous me demandez avec des larmes.

Effie se jeta de nouveau à son cou, l'embrassa et pleura :

— Si vous saviez, lui dit-elle, combien il y a long-temps que je n'ai entendu parler de lui ! Combien cela me ferait de plaisir d'apprendre de lui quelque chose de doux et de tendre ! vous ne seriez pas surprise de ma demande.

Jeanie soupira, et elle lui raconta, en abrégeant autant que possible, tout ce qui s'était passé entre elle et Robertson. Effie l'écoutait avec inquiétude, presque sans oser respirer; elle tenait une main de sa sœur entre les siennes, semblait la dévorer des yeux, et ne l'interrompait que pour s'écrier de temps en temps avec des soupirs et des demi-mots : — Pauvre ami ! pauvre Georges.

Quand Jeanie eut fini, il y eut un long intervalle de silence.

— Et voilà l'avis qu'il vous donna? telles furent les premières paroles d'Effie.

— Comme je viens de vous le dire, reprit la sœur.

— Et il voulait que vous parlassiez à ces gens-là pour sauver ma jeune vie?

— Il voulait, répondit Jeanie, que je me parjurasse.

— Et vous lui dîtes que vous ne vous placeriez pas entre moi et la mort qui me menace lorsque je n'ai que dix-huit ans ?

— Je lui dis, répliqua Jeanie qui tremblait de la tournure que semblaient prendre en ce moment les réflexions de sa sœur, que je ne pouvais me résoudre à jurer un mensonge.

—Qu'appelez-vous un mensonge? s'écria Effie se laissant aller à son ancien caractère; vous êtes bien blâmable, ma fille, si vous pensez qu'une mère voudrait ou pourrait faire périr son propre enfant. Faire périr!

—J'aurais donné ma vie seulement pour le voir un instant.

—Je suis bien convaincue que vous êtes aussi incapable, aussi innocente de ce crime, que le nouveau-né lui-même.

—Je suis vraiment ravie, continua Effie sur le même ton, que vous vouliez bien me rendre cette justice! les personnes qui, comme vous, n'ont rien à se reprocher, ne sont souvent que trop portées à soupçonner les autres de ce dont elles n'ont pas même eu la tentation d'être coupables.

—Je ne mérite pas cela de vous, Effie! lui dit Jeanie en pleurant, émue par l'injustice de ce reproche, et le pardonnant cependant à sa sœur dans la situation où elle se trouvait.

—Cela est possible, ma sœur, mais vous trouvez mauvais que j'aime Robertson, et comment n'aimerais-je pas celui qui m'aime mieux que son corps et son ame tout ensemble? N'a-t-il pas risqué sa vie pour forcer la prison et m'en faire sortir? Et je suis bien convaincue que, s'il dépendait de lui comme de vous...

A ces mots, elle s'arrêta.

—Ah! s'il ne fallait que risquer ma vie pour vous sauver! s'écria Jeanie.

—Holà! ma fille, cela est facile à dire, mais moins facile à croire, puisque vous n'avez qu'un mot à dire pour me sauver; et, si c'était un mot coupable, vous auriez tout le temps de vous en repentir.

— Mais ce mot, ma sœur, est un grand péché, et le péché n'en est que plus grand quand on le commet volontairement et avec présomption.

— Fort bien, fort bien, Jeanie! Je penserai à tous les péchés de présomption, n'en parlons plus! et vous pouvez conserver votre langue pour dire votre catéchisme; et, quant à moi, je n'aurai bientôt plus rien à dire sur personne.

— Je dois dire, s'écria Ratcliffe, qu'il est diablement dur, quand trois mots de votre bouche pourraient donner à la jeune fille la chance de faire la nique à Moll-Blood (1), de vous faire tant de scrupule pour les jurer! Que Dieu me damne si je n'en jurerais pas un millier pour lui sauver la vie, si l'on voulait m'admettre au serment. — J'y suis accoutumé pour de moindres affaires. — Oh! j'ai baisé la peau de veau (2) plus de cinquante fois en Angleterre pour un tonneau d'eau-de-vie.

— N'en parlez plus, dit la prisonnière; et il vaut autant que je..... Adieu, ma sœur, nous retenons trop long-temps M. Ratcliffe; j'espère que je vous reverrai avant que... Elle ne put achever, et son visage se couvrit d'une pâleur mortelle.

— Est-ce donc ainsi que nous nous séparerons! s'écria Jeanie : dites, ma sœur, dites ce que vous voulez que je fasse, et je crois que je trouverai dans mon cœur assez de force pour vous le promettre.

—Non, ma sœur, non, ma chère Jeanie! s'écria Effie après un effort. J'y ai réfléchi : vous avez toujours valu

---

(1) *Marie Sang*, le gibet; mot d'argot. — Éd.
(2) Le livre, l'évangile. — Éd

deux fois mieux que moi ; et pourquoi commenceriez-vous à être moins bonne pour me sauver, moi qui ne mérite pas de l'être. Dieu sait que, lorsque j'ai ma présence d'esprit, je ne voudrais pas que qui que ce soit me sauvât la vie aux dépens de sa conscience. J'aurais pu fuir de cette prison dans cette terrible nuit où la porte fut forcée, j'aurais fui avec quelqu'un qui m'eût emmenée avec lui, qui m'eût aimée et protégée ; mais je dis : A quoi bon conserver la vie, puisque mon honneur est perdu ? Hélas ! il a fallu ce long emprisonnement pour abattre mon ame, et il y a des momens où, livrée tristement à moi seule, j'achèterais volontiers le seul don de la vie au prix de toutes les mines d'or et de diamans des Indes ; car je crois, Jeanie, que je suis en proie au même délire qui m'agitait quand j'avais la fièvre, — excepté qu'au lieu des loups et du taureau furieux de la veuve Butler que je me figurais voir s'élancer sur moi dans mon lit, je ne rêve plus que d'un gibet bien élevé, où je me vois debout, entourée de figures étranges qui regardent la pauvre Effie Deans, et se demandent si c'est bien elle que Georges Robertson appelait le Lis de Saint-Léonard ; — et puis ces figures-là fixent sur moi des regards moqueurs, et je vois une femme au sourire méchant comme la Meg Murdockson quand elle me dit que je ne verrais plus mon pauvre enfant. Dieu nous protège, Jeanie ! cette vieille a un visage affreux.

Elle se mit les mains devant les yeux après cette exclamation, comme si elle eût craint de voir apparaître l'objet hideux auquel elle faisait allusion.

Jeanie Deans resta encore deux heures avec sa sœur. Pendant ce temps, elle chercha à en tirer quelque aveu qui pût servir à sa justification ; mais elle ne lui dit que ce qu'elle avait déclaré lors de son premier interrogatoire, que nos lecteurs connaîtront en temps et lieu. — Ils n'ont pas voulu me croire, ajouta-elle, je n'ai rien de plus à leur dire.

Enfin Ratcliffe, quoique à regret, fut obligé d'annoncer aux deux sœurs qu'il était temps de se séparer : — M. Novit, dit-il, devait visiter la prisonnière, et peut-être M. Langlate aussi. Langlate aime à voir une jolie fille, en prison ou hors de prison.

Ce ne fut donc qu'à contre-cœur et lentement, après avoir versé bien des larmes, et après s'être embrassées bien des fois, qu'elles se firent leurs adieux. Jeanie en sortant entendit de gros verrous se fermer sur sa malheureuse sœur. S'étant un peu familiarisée avec son conducteur, elle lui offrit une pièce d'argent, en le priant de faire ce qui dépendrait de lui pour qu'il ne manquât rien à Effie. A sa grande surprise, il refusa ce présent.

— Je n'ai jamais répandu de sang quand je travaillais sur le grand chemin, lui dit-il; maintenant que je travaille dans une prison, je ne prends pas d'argent, c'est-à-dire au-delà de ce qui est juste et raisonnable. Gardez le vôtre, et votre sœur ne manquera de rien de ce qui sera en mon pouvoir. Mais j'espère que vous réfléchirez encore à son affaire. Qu'est-ce qu'un serment? le diable m'emporte si cela vaut un cheveu. J'ai connu un digne ministre, un homme qui parlait aussi bien que pas un de ceux que vous avez pu entendre en chaire, qui en a fait un pour un boucaut de tabac, de quoi remplir sa poche. Mais peut-être vous ne dites pas ce que vous avez envie de faire..... Bien, bien! il n'y a pas de mal à cela. Quant à votre sœur, j'aurai soin qu'on lui serve son diner bien chaud, et je tâcherai de l'engager à faire un somme après dîner, car du diable si elle ferme l'œil cette nuit. J'ai de l'expérience. La première nuit est la pire de toutes. Je n'ai jamais connu personne qui ait dormi la nuit d'avant son jugement. Mais celle d'après, même celle qui précède l'exécution, on peut dormir d'un bon somme. C'est tout simple : le plus grand des maux, c'est l'incertitude. Mieux vaut un doigt coupé qu'un doigt pendant.

CHAPITRE XXI.

« S'il faut qu'à l'échafaud une loi trop cruelle,
» En flétrissant ton nom te traîne en criminelle,
» Ma fidèle amitié, mes soins toujours constans
» Adouciront l'horreur de tes derniers instans. »

JEMMY DAWSON.

Après avoir consacré à la prière une grande partie de la matinée, car ses bons voisins avaient voulu se charger de ses occupations journalières pour cette fois, David Deans descendit dans la chambre où le déjeuner était préparé. Il y entra les yeux baissés, n'osant les lever sur Jeanie, et ne sachant encore si sa conscience lui avait permis de comparaître devant la cour de justice criminelle pour y porter le témoignage qu'il savait bien qu'elle possédait pour disculper sa sœur. Enfin, après une longue hésitation, il regarda ses vêtemens, pour voir s'ils annonçaient l'intention d'aller à la ville. Elle avait quitté le costume qu'elle mettait pour ses travaux du matin ; mais elle n'avait pas pris celui qu'elle portait les jours de fête pour se rendre à l'église ou dans quelque réunion. Son bon sens naturel lui avait fait sentir que, s'il eût été peu respectueux de paraître devant un tribunal avec un extérieur trop négligé, il ne serait pas moins inconvenant d'avoir une parure recherchée dans une occasion où il ne s'agissait de rien moins que de la vie de sa sœur. Son père ne trouva donc rien dans sa mise qui pût lui faire deviner ses intentions.

Les préparatifs pour le déjeuner frugal furent faits en pure perte ce jour-là. Le père et la fille se mirent à table, l'un et l'autre faisant semblant de manger quand leurs yeux se rencontraient, et la main qui se dirigeait vers la bouche retombant sur la table dès que cet effort occasioné par l'affection n'était plus nécessaire.

Ce moment de contrainte ne fut pas long ; l'horloge de Saint-Giles fit entendre l'heure qui précédait celle où la séance de la cour devait commencer. Jeanie se leva de table, et avec un calme dont elle était surprise elle-même, prit son plaid et se disposa à partir. Sa fermeté offrait un contraste étrange avec l'incertitude et la vacillation qu'annonçaient tous les gestes de son père ; quelqu'un qui ne les aurait pas connus aurait eu peine à croire que l'une fût une fille docile, douce, tranquille et même timide, et l'autre un homme d'un caractère ferme, stoïque, incapable de plier, religieux jusqu'au fanatisme, et qui, dans sa jeunesse, avait couru bien des dangers et souffert bien des persécutions sans dévier un instant de ses principes. La cause de cette différence était que Jeanie, déjà décidée sur la démarche qu'elle devait faire, se résignait à toutes les conséquences qui pouvaient en résulter, tandis que son père, n'ayant osé interroger sa fille sur rien, de peur d'exercer la moindre influence sur elle, épuisait son imagination à chercher ce qu'elle pourrait dire au tribunal, et à conjecturer l'effet que produirait sa déclaration.

Enfin, quand il la vit prête à partir : — Ma chère fille, lui dit-il, je vais vous..... il ne put finir sa phrase, mais Jeanie le voyant mettre ses gants de laine tricotée et prendre son bâton, devina qu'il avait dessein de l'accompagner.

— Mon père, lui dit-elle, vous feriez mieux de rester ici.

— Non, répondit le vieillard! Dieu me donnera de la force : j'irai.

Il prit le bras de sa fille sous le sien et sortit avec elle, marchant à si grands pas, qu'elle avait peine à le suivre.

— Et votre toque, mon père? lui dit Jeanie qui s'aperçut qu'il était sorti la tête découverte ; circonstance minutieuse sans doute, mais qui prouve combien son esprit était troublé. Il rentra chez lui, rougissant presque d'avoir laissé échapper une preuve de l'agitation de son ame; et ayant mis sa grande toque bleue écossaise, d'un pas plus lent et mesuré, comme si cet incident l'avait forcé de rassembler toute sa résolution, il prit de nouveau le bras de sa fille, et reprit avec elle le chemin d'Édimbourg.

Les cours de justice étaient alors tenues, comme elles le sont encore aujourd'hui, dans ce qu'on appelait le clos du Parlement (1), ou, selon l'expression moderne, Parliament-Square (2). Elles occupaient le bâtiment

(1) *Parliament-close.* — Éd.
(2) *Square* est le mot anglais. — Éd.

destiné dans l'origine aux États écossais. Cet édifice, quoique d'un style imparfait d'architecture et de mauvais goût, avait du moins un aspect grave, décent, et pour ainsi dire judiciaire, que son antiquité au moins rendait respectable. Lors de mon dernier voyage à la métropole, j'ai observé que le goût moderne lui a substitué, à grands frais sans doute, un édifice si peu en harmonie avec les antiques monumens qui l'entourent, et d'ailleurs si bizarre et si lourd en lui-même, qu'on pourrait le comparer aux décorations de Tom Errand le Porteur, dans la pièce : *Un Tour au Jubilé* (1), quand il se montre attifé de la parure pimpante de Beau Clincher (2). *Sed transeat cum cæteris erroribus.*

L'annonce du fatal spectacle dont ce jour devait être témoin se voyait déjà dans la petite cour quadrangulaire, ou le Clos, si nous pouvons nous permettre de lui donner ce nom suranné qu'à Litchfield, à Salisbury et ailleurs, on emploie avec raison pour désigner la place adjacente d'une cathédrale.

Les soldats de la Garde de la Ville étaient rangés en haie, repoussant avec les crosses de leurs fusils le peuple qui se pressait en foule pour jeter un coup d'œil sur l'infortunée qui allait être mise en jugement. Il n'est personne qui n'ait eu occasion de remarquer avec dégoût l'apathie avec laquelle la populace regarde les scènes de cette nature, et combien il est rare, à moins que sa compassion ne soit excitée par quelque circonstance frappante et extraordinaire, qu'elle montre un autre intérêt que celui d'une curiosité brutale et irréfléchie.

(1) Pièce de Farquhar — Éd.
(2) *Clincher*, le petit-maître — Éd.

On rit, on plaisante, on se querelle, on se pousse, on se heurte avec autant d'indifférence et d'insensibilité que s'il s'agissait de voir passer un cortège, ou d'assister à quelque divertissement. Cependant cette conduite si naturelle à la population dégradée d'une grande ville fait place quelquefois à un accès momentané de compassion et d'humanité, et c'est ce qui arriva en cette occasion.

Plus Deans et sa fille approchaient de la place du parlement où se trouvait le local de séances de la cour, plus la foule augmentait, et quand ils cherchèrent à s'y faire faire place pour avancer vers la porte, le costume et la figure du vieux Deans attirèrent sur eux maints brocards.

La canaille a un singulier instinct pour deviner le caractère des gens sur leur extérieur.

> Vous êtes, whigs, les bienvenus.
> Du pont de Bothwell sur la Clyde,

chanta un homme (car la populace d'Édimbourg était alors jacobite, probablement parce que c'était l'opinion la plus diamétralement opposée à l'autorité existante).

> Maître David Williamson
> Est choisi sur vingt, monte en chaire;
> Et là chante en haussant le ton
> De Killycranky l'air de guerre.

Ainsi chanta une syrène dont la profession était annoncée par son costume. Un cadie (1), ou commision-

---

(1) Presque tous ces cadies sont originaires des montagnes. Voyez une note sur ce mot dans le 1er vol. de *Waverley*. — Éd.

naire que David avait coudoyé en passant, s'écria avec un accent du nord très-prononcé : — Au diable ce caméronien! — quel droit a-t-il de pousser les gentilshommes? — Faites place à l'Ancien (1)! il vient voir une précieuse sœur glorifier Dieu dans Grassmarket.

— Paix donc! s'écria quelqu'un : c'est une honte! et il ajouta d'un ton plus bas, mais distinct : c'est le père et la sœur.

Tous reculèrent à l'instant pour leur faire place ; les plus grossiers et les plus dissolus gardèrent, comme le reste, le silence de la honte.

David, demeuré seul avec sa fille dans la place que la foule venait de leur faire, prit la main de Jeanie, et lui dit avec une expression de regard austère qui révélait toute l'émotion intérieure de son ame : — Vous entendez de vos oreilles, et vous voyez de vos yeux à qui sont attribuées par les moqueurs les erreurs et les défections des fidèles ; non pas à eux seuls, mais à l'Église dont ils sont membres et à son chef invincible et sacré. Nous pouvons donc bien prendre en patience notre part d'un reproche qui porte si haut.

L'homme qui avait parlé n'était autre que notre ancien ami le laird de Dumbiedikes, dont la bouche, comme celle de l'âne du prophète, s'était ouverte par l'urgence du cas. Il se joignit aux autres avec sa taciturnité ordinaire, et les suivit au tribunal. Personne n'apporta le moindre obstacle. On prétend même qu'un des gardes qui étaient à la porte refusa un shelling que lui offrit généreusement le laird, qui pensait que l'argent rend tout facile. Mais ce fait mérite confirmation.

(1) Membre du presbytère. — Éd.

En entrant dans l'enceinte de la cour, ils la trouvèrent remplie, suivant l'usage, de la foule ordinaire des hommes de loi et des oisifs qui assistent à un procès, les uns par devoir, les autres par goût. Des bourgeois regardaient d'un air curieux sans rien dire ; de jeunes avocats allaient et venaient, riaient et plaisantaient, comme s'ils eussent été au parterre d'un théâtre ; d'autres assis sur un banc à part, discutaient gravement la doctrine du crime par interprétation (1), et sur le sens précis du statut. Le banc du tribunal était prêt pour les juges. Les jurés étaient déjà à leur place ; les conseillers de la couronne (2) feuilletaient leurs *brefs* (3) et leurs notes de la déposition des témoins, avaient l'air grave et se parlaient à l'oreille ; ils occupaient un côté d'une large table placée sous le banc des juges. De l'autre étaient assis les avocats à qui l'humanité de la loi écossaise (plus libérale ici que celle d'Angleterre) non-seulement permet, mais encore enjoint d'assister de leurs conseils tous les accusés. Nicol Novit avait l'air affairé et important ; il ne cessait de parler au conseil du *panel* (c'est ainsi qu'on appelle le prévenu, style de palais en Écosse).

— Où sera-t-elle placée ? demanda au laird le malheureux père d'une voix basse et tremblante lorsqu'ils entrèrent dans la salle.

Dumbiedikes fit un signe à Novit, qui s'approcha

---

(1) *Constructive crime*, crime dont toutes les circonstances ne sont pas bien prouvées, mais suffisantes pour convaincre le prévenu. — Éd.

(2) *Crown-coupsel*, les gens du roi, le ministère public. — Éd.

(3) Assignations, et aussi résumé d'une cause : en général, *pièce de procédure*. — Éd.

d'eux, et qui leur montra un espace vacant à la barre, en face des sièges des juges. Il offrit de les y conduire.

— Non! s'écria Deans, non! je ne puis me placer près d'elle. Je ne veux pas qu'elle me voie; je veux pouvoir en détourner mes yeux. Cela vaudra mieux pour tous deux.

Saddletree qui, en voulant dire son mot au conseil de l'accusée, avait reçu plus d'une fois l'avis de se mêler de ses affaires, vit avec plaisir qu'il avait une occasion de montrer son importance; et, grace à son crédit près des huissiers, il obtint pour Deans et sa fille une place dans un coin où ils étaient presque entièrement cachés par la protection du banc des juges.

— Il est bon d'avoir des amis en cour, dit-il au vieillard, qui n'était en état ni de l'écouter ni de lui répondre. — Sans moi, vous n'auriez pu vous procurer une place comme celle-ci. Les lords vont arriver incontinent, et ouvrir *instanter* la séance; ils n'ont pas besoin de clore la cour d'une barrière comme dans les circuits (1) : la haute cour criminelle est toujours close. — Et mais! pour l'amour du Seigneur, qu'est-ce que cela! — Jeanie, vous êtes un témoin cité. — Huissier, cette fille est témoin; — il faut qu'on l'enferme; — elle ne saurait rester avec tout le monde. — N'est-il pas vrai, M. Novit, qu'il faut enfermer Jeanie Deans?

Novit fit un signe de tête affirmatif, et offrit à Jeanie de la conduire dans la chambre des témoins : suivant l'usage scrupuleux des cours d'Écosse, ils y restent,

---

(1) Deux fois l'année les juges de la cour criminelle vont présider les assises dans les divers *circuits* ou divisions judiciaires du royaume d'Écosse. — Éd.

jusqu'à ce qu'on les appelle pour faire leur déposition, séparés de tous ceux qui pourraient exercer quelque influence sur la déclaration qu'ils ont à faire, ou les informer de ce qui se passe au tribunal pendant l'instruction du procès.

— Cela est-il absolument nécessaire? demanda Jeanie, qui éprouvait beaucoup de répugnance à quitter son père.

— Indispensable! dit Saddletree. Qui a jamais vu un témoin rester dans la salle des séances?

— C'est réellement une chose nécessaire, dit M. Novit; — et Jeanie bien à contre-cœur se rendit dans la chambre des témoins, à la suite de l'huissier.

— C'est là ce qu'on appelle séquestrer un témoin, M. Deans, dit Saddletree, ce qui n'est pas la même chose que de séquestrer les biens. J'ai été souvent moi-même séquestré comme témoin, car le shériff est dans l'usage de m'appeler pour attester les déclarations par révélation anticipée, M. Sharpitlaw de même; mais je n'ai jamais eu mes biens séquestrés qu'une fois, et il y a long-temps, avant mon mariage. Mais chut! chut! voici la cour qui arrive.

En ce moment les cinq lords de la cour de justice, revêtus de leurs robes écarlates bordées de blanc, entrèrent dans la salle précédés de leur massier, et prirent séance.

Tout l'auditoire se leva par respect à leur arrivée; et le bruit que ce mouvement avait occasioné cessait à peine, qu'il s'en éleva un bien plus considérable, causé par la multitude qui s'empressait d'entrer par les portes de la salle et des galeries, ce qui annonçait que l'accusée allait paraître à la barre. Les portes ne sont ouvertes d'avance qu'aux personnes qui ont droit d'être présentes, ou à celles qui occupent un rang dans la société ; et le tumulte a lieu lorsqu'on laisse entrer tous ceux que la curiosité fait accourir à l'audience. La multitude de ces derniers se précipita, le visage enflammé, les habits en désordre, se coudoyant avec rudesse, ou tombant les uns sur les autres, tandis que quelques soldats, formant comme le centre de ce flux et reflux, pouvaient à peine procurer un passage libre à l'accusée jusqu'à la place qui lui était assignée. Enfin le désordre fut apaisé par l'autorité de la cour et les efforts des huissiers, et la malheureuse fille fut placée à la barre du tribunal entre deux soldats qui avaient la baïonnette au bout du fusil pour y entendre la sentence qui devait décider de sa vie ou de sa mort.

CHAPITRE XXII.

> « Nous avons des statuts et des lois rigides
> — (frein nécessaire à des passions fougueuses)
> « que nous avons laissé dormir depuis dix-neuf
> « ans, comme un vieux lion qui ne sort plus
> « de sa caverne pour aller chercher sa proie. »
>
> SHAKSPEARE.

— Euphémie Deans, dit le juge président d'un ton de dignité où l'on remarquait un mélange de compassion, levez-vous, et écoutez l'accusation criminelle intentée contre vous.

L'infortunée, qui avait été comme étourdie par le tumulte du peuple, à travers les flots duquel les gardes avaient eu peine à lui frayer un passage, jeta des regards égarés sur la multitude de têtes dont elle était environnée, et qui semblait former, pour ainsi dire, sur les murs, depuis le plafond jusqu'en bas, une tapisserie vivante. Elle obéit comme par instinct à l'ordre que lui donnait une voix qui lui parut aussi formidable que le son de la trompette du jugement dernier.

— Relevez vos cheveux, Effie, lui dit un des huissiers; car ses longs cheveux noirs, que, suivant la coutume d'Écosse, les femmes non mariées ne couvrent jamais d'un chapeau ni d'un bonnet, et qu'elle n'osait plus retenir avec le *snood* ou ruban blanc, symbole de la virginité, tombaient sur son visage et cachaient presque entièrement ses traits. En recevant cette espèce d'avertissement, la pauvre fille, avec un geste empressé, mais presque mécanique, sépara les belles tresses qui ombrageaient son front, et montra un visage qui, quoique pâle et maigre, était si beau encore, malgré sa profonde affliction, qu'il excita un murmure universel de compassion et de sympathie. Cette expression d'attendrissement la fit sortir de cette stupeur de la crainte qui, dans le premier moment, avait fait taire en elle toute autre sensation, et réveilla dans son cœur le sentiment non moins pénible de la honte attachée à la situation où elle se trouvait. Ses yeux, qu'elle avait d'abord portés de toutes parts d'un air égaré, se baissèrent vers la terre, et ses joues, naguère pâles comme la mort, se couvrirent d'une telle rougeur, que lorsque, dans l'angoisse de la honte, elle voulut se cacher le visage, son cou, son front, tout ce que ses mains délicates ne pouvaient voiler était écarlate.

Chacun remarqua ce changement, chacun en fut ému; excepté un seul homme, c'était le vieux Deans, qui, immobile à sa place, où il ne pouvait ni voir ni être vu sans se lever, n'en restait pas moins les yeux fixés à terre, comme s'il eût craint d'être témoin oculaire de la honte de sa maison.

— Ichabod! se dit-il à lui-même, Ichabod, ma gloire est éclipsée!

Pendant qu'il se livrait à ces réflexions, on fit la lecture de l'acte d'accusation, et le président, suivant l'usage, demanda à l'accusée si elle se déclarait *coupable* ou *non coupable* (1).

— Non coupable de la mort de mon pauvre enfant, répondit-elle d'une voix dont les accens doux et plaintifs, ajoutant à l'intérêt que ses traits avaient déjà inspiré, firent naître une nouvelle émotion dans le cœur de tous les auditeurs.

La cour invita ensuite l'avocat de la couronne (2) à plaider la *relevance* (3), c'est-à-dire à exposer les argumens en point de droit et l'*évidence* en point de fait contre la prévenue et en sa faveur. Après quoi, c'est une coutume de la cour de prononcer un jugement préliminaire, en renvoyant la cause à la connaissance du jury, ou des assises.

L'avocat de la couronne parla, en peu de mots, de la fréquence du crime d'infanticide, qui avait fait porter le statut spécial sous la menace duquel l'accusée se trouvait. Il cita les divers exemples, dont quelques-uns étaient accompagnés de circonstances atroces, qui avaient forcé, malgré lui, l'Avocat du Roi à essayer si, en donnant à l'acte du parlement porté pour prévenir ce crime, toute

(1) *Guilty or not guilty.* — Éd.

(2) Le titre et les fonctions de *lord advocate* ou avocat de la couronne, répondent au titre et aux fonctions de nos avocats généraux et procureurs généraux. — Éd.

(3) *Plead to relevancy.* Nous respectons la plupart de ces termes de lois écossais, dont nos lecteurs jurisconsultes reconnaîtront souvent l'origine française. — Éd.

l'extension et la force dont il était susceptible, il ne pourrait pas le rendre plus rare.

— « Je crois, dit-il, pouvoir prouver, par les déclarations des témoins et celles de l'accusée elle-même, qu'elle est dans le cas prévu par le statut. L'accusée n'avait communiqué sa grossesse à personne ; elle en a elle-même fait l'aveu. Ce secret est le premier point sur lequel se fonde la prévention. Il conste de la même déclaration qu'elle a mis au monde un enfant mâle, et dans des circonstances qui ne donnent que trop de raisons de croire qu'il est mort par les mains, ou du consentement de la malheuseuse mère. » — Il n'était cependant pas nécessaire à l'avocat du roi de donner des preuves positives que l'accusée était complice du meurtre, ni même d'établir que l'enfant avait péri ; il lui suffisait pour soutenir l'accusation qu'il eût disparu. D'après la sévérité nécessaire de la loi, celle qui cachait sa grossesse, et se passait des secours presque indispensables lors de l'accouchement, était supposée avoir médité la mort de son fruit. A moins qu'elle ne parvînt à prouver que l'enfant était mort naturellement, ou à le produire en vie, elle devait être déclarée coupable, et condamnée à mort en conséquence.

L'avocat de l'accusée, homme renommé dans sa profession, ne prétendit pas réfuter directement les argumens de l'avocat du roi.

— « Il suffit à Vos Seigneuries, observa-t-il, de savoir que telle est la loi, et le ministère public a eu le droit de réclamer le cas de *relevance* ; mais j'espère atténuer l'accusation. L'histoire de ma cliente est courte, mais bien triste. Elle a été élevée dans les plus austères principes de la religion et de la vertu ; c'est la fille d'un homme estimable, qui, dans les temps critiques, s'est fait connaître par son courage en souffrant la persécution pour sa conscience. »

David Deans se leva par une sorte de mouvement convulsif, en entendant parler de lui de cette manière, et se rassit au même instant en s'appuyant la tête sur les deux mains. Les avocats whigs présens à la séance firent entendre un léger murmure d'approbation, tandis que les Torys au contraire se mordaient les lèvres.

— « Quelque opinion que nous puissions avoir des dogmes religieux de cette secte, continua l'avocat, qui sentait la nécessité de se concilier la faveur des deux partis, personne ne peut nier que la morale n'en soit pure, et que les enfans n'y soient élevés dans la crainte de Dieu. C'est pourtant la fille d'un tel homme qu'on citerait devant un jury pour la convaincre d'un crime appartenant plutôt à un pays païen ou aux nations sauvages qu'à un royaume chrétien et civilisé. Je ne nierai pas que, malgré les excellens principes qu'elle avait reçus, la malheureuse fille n'ait cédé, dans un moment de faiblesse, aux artifices d'un séducteur qui cache sous un extérieur prévenant une ame capable de tous les crimes, qui lui avait promis de l'épouser, et qui aurait peut-être exécuté cette promesse, si son emprisonnement, sa condamnation à mort, sa fuite et la nécessité de se cacher, n'y eussent mis obstacle. En un mot, messieurs, l'auteur des malheurs de ma cliente, le père de l'enfant dont la disparition est un mystère, est le trop célèbre Georges Robertson, le complice de Wilson, et le principal auteur de l'insurrection qui se termina par la mort de Porteous. »

— Je suis fâché d'interrompre l'avocat dans une telle

cause, dit le président, mais je dois lui rappeler que tous ces faits sont étrangers à l'affaire dont il s'agit.

L'avocat répondit au président par un salut.—Il avait cru nécessaire, reprit-il, de parler de Robertson, parce que la position où se trouvait cet homme rendait assez raison du silence sur lequel l'avocat du roi s'était appuyé pour prouver que sa cliente méditait le meurtre de son enfant. Elle n'avait pas déclaré à ses amies qu'elle avait été séduite; — et pourquoi ne l'avait-elle pas fait? — Parce qu'elle espérait tous les jours que son honneur lui serait rendu par celui qui le lui avait ravi, et qu'elle croyait en état et dans l'intention de réparer, en l'épousant, les torts dont il était coupable envers elle. Était-il naturel, était-il raisonnable de vouloir qu'elle devînt *felo de se* (1), c'est-à-dire qu'elle rendît sa honte publique, lorsqu'elle pouvait espérer qu'en la cachant pour un temps elle la voilait à jamais? N'était-il pas au contraire pardonnable que, dans une telle extrémité, une jeune femme fût éloignée de faire sa confidente de chaque commère curieuse qui venait lui demander l'explication d'un changement suspect survenu en elle, et que les femmes de la basse classe, les femmes de tous les rangs, dit même l'avocat, sont si promptes à remarquer, et qu'elles découvrent même là où la chose n'existe pas? Était-il étrange qu'Effie eût repoussé leurs importunes questions par de brusques dénégations? Le sens commun devait faire dire non. — Mais quoique ma cliente eût gardé le silence envers celles qui n'avaient aucun droit d'exiger qu'elle leur fît part de sa grossesse, à qui même, dit le savant avocat, il eût été

---

(1) Coupable contre soi-même. — Éd.

imprudent de se confier, cependant j'espère écarter cette difficulté, j'espère obtenir le renvoi honorable de la pauvre fille, en prouvant qu'en effet en temps et lieu elle révéla sa malheureuse situation à une personne plus digne de cette confiance. C'est ce qui arriva après la condamnation de Robertson, et lorsqu'il était en prison dans l'attente du sort auquel il échappa d'une manière si étrange. Ce fut alors que, n'espérant plus la réparation de sa faute, et qu'une union avec son séducteur, si elle eût été probable, aurait pu être regardée comme un surcroît de honte; — ce fut alors, j'espère le prouver, que l'accusée s'ouvrit sur ses dangers et son malheur à sa sœur, jeune femme plus âgée qu'elle, et fille d'un premier lit, si je ne me trompe.

— Si en effet vous pouvez nous prouver ce point, M. Fairbrother, dit le président. —

— Si je puis le prouver, milord! reprit Fairbrother, j'espère non-seulement servir ma cliente, mais dispenser Vos Seigneuries de ce qui serait pour vous un pénible devoir, et donner à tous ceux qui m'entendent la douce satisfaction de voir une personne si jeune, si ingénue, et si belle, renvoyée d'une accusation qui compromet à la fois son honneur et sa vie.

Cette apostrophe parut affecter la plupart des auditeurs, et fut accueillie par un léger murmure d'approbation.

Deans, en entendant citer la beauté et l'innocence présumable de sa fille, allait involontairement tourner les yeux sur elle; mais, se contraignant, il les reporta vers la terre.

— « Mon savant confrère, l'avocat du roi, continua Fairbrother, ne partagerait-il pas la joie générale, lui

qui concilie si bien l'humanité avec l'accomplissement de
ses devoirs? Je le vois secouer la tête d'un air de doute,
et montrer du doigt la déclaration de l'accusée. Je le
comprends parfaitement : — il voudrait insinuer que le
fait que j'avance ne s'accorde pas avec les aveux d'Euphémie Deans elle-même. Je n'ai pas besoin de rappeler
à Vos Seigneuries que sa défense actuelle ne doit nullement être restreinte dans les bornes de ses premières
déclarations. Son jugement doit dépendre de ce qui sera
prouvé ultérieurement pour elle ou contre elle. Je ne
suis point obligé de dire pourquoi elle n'a point parlé,
dans sa déclaration, de la confidence qu'elle avait faite à
sa sœur. Elle peut n'avoir pas connu l'importance de ce
fait; elle peut avoir craint d'impliquer sa sœur; elle peut
avoir oublié cette circonstance dans la terreur et le trouble qui l'agitaient. Il n'est aucune de ces raisons qui ne
suffise pour motiver cette réticence. Je m'en tiens surtout à sa crainte erronée de compromettre sa sœur,
parce que j'observe que, par la même tendresse pour
son amant (tout indigne qu'il en est), Euphémie Deans
n'a pas une seule fois prononcé le nom de Robertson
dans son interrogatoire.

« Mais, milords, continua Fairbrother, je sais que
l'avocat du roi exigera que je fasse concorder la preuve
que j'offre avec d'autres circonstances que je ne puis ni
ne veux nier. Il me demandera comment concilier l'aveu
d'Effie Deans à sa sœur avec le mystère dont elle a couvert la naissance de son enfant, — avec sa disparition,
et peut-être sa mort (car j'admets tout ce qui est possible et ce que je ne puis réfuter). Milords, l'explication
de ces contradictions apparentes se trouve dans la douceur, et je puis dire la flexibilité du sexe. Les *dulces Ama-*

ryllidis iræ, comme le savent Vos Seigneuries, sont aisément apaisées. Il n'est pas possible de concevoir une femme tellement offensée par l'homme qu'elle a aimé, qu'elle ne conserve pour lui un fond de pardon auquel son repentir réel ou affecté peut pleinement avoir recours sans craindre de refus. Nous pouvons prouver, par une lettre, que ce Robertson, du sein de sa prison, où il méditait sa fuite, exerçait encore une pleine autorité sur l'esprit de la pauvre Effie, dont il dirigeait en quelque sorte tous les mouvemens. Ce fut pour lui complaire que l'accusée suivit un plan de conduite tout opposé à celui que ses bonnes intentions lui auraient suggéré. Ce fut par ses insinuations que, lorsque son terme approchait, au lieu de se confier à sa famille, elle se livra aux soins de quelque vil agent de son coupable séducteur, et fut conduite dans un de ces repaires secrets qui, à la honte de notre police, existent dans nos faubourgs, où, par l'assistance d'une personne de son sexe, elle accoucha d'un enfant mâle, avec des circonstances qui augmentèrent encore l'amertume des souffrances auxquelles fut condamnée notre première mère.

« Quelle était l'intention de Robertson ? Il est difficile de le deviner. Peut-être voulait-il épouser Effie Deans, car son père est dans l'aisance. Mais quant au dénouement de cette histoire et à la conduite de celle qu'il avait placée auprès de l'accusée, c'est ce dont il est encore plus embarrassant de rendre raison.

» Euphémie fut attaquée de la fièvre qui survient aux femmes en couche. Il paraît que la personne qui la soignait profita de son délire pour la tromper : en revenant à elle, Euphémie se trouva sans enfant dans ce séjour de l'opprobre et de la misère. Son enfant lui avait été enlevé, peut-être dans de criminelles intentions, peut-être a-t-il été en effet assassiné ! »

Ici Fairbrother fut interrompu par le cri perçant d'Effie. Ce ne fut qu'avec peine qu'on parvint à lui rendre le calme. Son avocat profita de cette interruption tragique pour terminer son plaidoyer, en produisant de l'effet.

— « Milords, dit-il, dans ce cri douloureux vous avez entendu l'éloquence de l'amour maternel, supérieure à toutes mes paroles : — c'est Rachel pleurant ses enfans. La nature elle-même témoigne en faveur des sentimens de cette jeune mère. Je n'ajouterai pas un mot de plus à cette voix du cœur. »

— Avez-vous entendu rien de pareil, laird Dumbiedikes ? dit alors Saddletree ; il vous couvrirait toute une bobine avec un bout de fil : il est dans le cas de tirer bon parti de la déclaration ; il suppose que Jeanie Deans était prévenue par sa sœur. M. Crossmyloof fait peu de cas de cette supposition. Mais il tirerait un gros oiseau d'un petit œuf. Il tirerait tous les poissons du Frith (1). Ah ! pourquoi mon père ne m'a-t-il pas envoyé à Utrecht ! Mais chut, la cour va prononcer sur la *relevance*.

En effet, les juges, après quelques mots de préambule, prononcèrent leur jugement, qui portait que la prévention, si elle était prouvée, était suffisante (3) pour motiver les peines de la loi ; et que la défense établissant que l'accusée avait communiqué sa situation à sa sœur était

---

(1) Du golfe d'Édimbourg. — Éd.
(2) *Relevant to infer the pains of law*. — Éd.

aussi une défense suffisante (1) ; enfin les juges soumettaient ladite prévention et ladite défense au jugement d'un jury.

(1) *A relevant defence.* — Éd.

CHAPITRE XXIII.

« Très-équitable juge, une sentence, allons,
» préparez vous. »

SHAKSPEARE. *Le Marchand de Venise.*

Ce n'est nullement mon intention de décrire minutieusement les formes d'un procès criminel d'Écosse, et j'aurais peur de ne pas être assez exact pour être à l'abri de la critique des messieurs de la robe d'Édimbourg : il suffit de dire que l'accusée fut traduite devant le jury, et que le procès continua. On demanda de nouveau à Effie si elle plaidait non coupable. — Elle répondit encore : Non coupable, avec le même son de voix déchirant.

L'avocat de la couronne fit alors entendre comme témoins deux ou trois femmes, qui déposèrent toutes qu'elles s'étaient aperçues de la situation dans laquelle

Effie s'était trouvée, qu'elles lui en avaient parlé plusieurs fois, en l'engageant à convenir de sa faute, mais que celle-ci en avait toujours fait le désaveu le plus absolu.

Mais, comme il arrive souvent, la déclaration de l'accusée était le témoignage le plus sévère contre elle-même.

Dans le cas où ces contes viendraient à être lus au-delà des frontières d'Écosse, il est bon d'informer nos lecteurs qu'il est d'usage en ce pays, lorsque quelqu'un est arrêté sur une présomption de crime, de lui faire subir un interrogatoire judiciaire devant un magistrat. Il n'est obligé de répondre à aucune des questions qu'on lui fait, et il peut garder le silence s'il juge qu'il soit de son intérêt de le faire. Mais toutes ses réponses sont constatées par écrit, signées par lui et par le magistrat, et on les produit contre lui lors de son jugement. Il est bien vrai que ces réponses ne sont pas produites comme des preuves directes de son crime, mais seulement comme venant à l'appui de celles qu'on a obtenues d'ailleurs. Malgré cette distinction subtile, introduite par les praticiens pour concilier cette forme de procédure avec cette règle générale qu'un homme ne peut porter témoignage contre lui-même, il arrive souvent que ces déclarations deviennent des moyens puissans contre l'accusé, qui se trouve pour ainsi dire condamné par sa propre bouche. Le prévenu, comme nous l'avons déjà dit, a le droit de garder le silence, mais il use rarement de cette faculté, parce qu'il sent que le refus de répondre à des questions qui lui sont faites par une autorité légale augmente les soupçons déjà conçus contre lui, et qu'il espère, par une apparence de franchise et par des déclarations spécieuses, déterminer le juge à le remettre en liberté. Mais, soit en disant un peu trop la vérité, soit en y substituant une fiction, l'accusé s'expose souvent à des contradictions, qui fournissent des armes contre lui dans l'esprit des jurés.

La déclaration d'Effie Deans fut faite d'après d'autres principes ; nous allons la citer ici dans les formes judiciaires, et telles qu'on la trouve au registre de la cour (1).

La prévenue avoue une intrigue criminelle avec un individu dont elle désire cacher le nom. — Étant interrogée sur ses raisons pour garder le secret sur ce point ; elle a déclaré qu'elle n'avait pas le droit de blâmer la conduite de la personne plus que la sienne propre, qu'elle voulait bien avouer sa faute, mais ne rien dire qui pût compromettre un absent. Interrogé si elle avait avoué sa situation à quelqu'un, ou préparé ses couches ; déclare que non : et étant interrogée, pourquoi elle s'abstint de faire ce que sa situation exigeait si impérieusement ; déclare qu'elle était honteuse de parler à ses amis, et qu'elle espérait que la personne mentionnée par elle pourvoirait à ses besoins et à ceux de son enfant. Interrogée si la personne le fit ; déclare que la personne ne le fit pas elle-même ; mais que ce ne fut pas sa faute, car la prévenue est certaine qu'il aurait donné sa vie pour son enfant et pour elle. Interrogée sur les

(1) L'auteur a voulu donner ici un air de plus grande vérité au procès d'Effie, en copiant le style même de ces sortes d'actes : nous n'avons pas cru devoir y substituer, comme dans la première traduction, la forme plus vive des réponses à la première personne : la répétition des mots *interrogée* et *déclare* était ici de rigueur.

Ed.

causes qui l'avaient empêché de tenir sa promesse ; déclare qu'il lui était impossible de le faire, et refuse de répondre davantage à cette question. Interrogée où elle avait été depuis le temps qu'elle avait quitté la maison de son maître, M. Saddletree, jusqu'à son retour chez son père la veille du jour de son arrestation ; déclare ne pas s'en souvenir. Et l'interrogation étant réitérée ; déclare qu'elle dira la vérité, même pour sa perte, tant qu'on ne l'interrogera pas sur les autres, et reconnaît avoir passé ce temps-là dans la maison d'une femme de la connaissance de celui qui lui avait indiqué cet endroit pour y accoucher, et que là elle avait mis au monde un enfant mâle. Interrogée sur le nom de cette femme ; déclare qu'elle refuse de répondre. Interrogée sur le lieu où elle demeure ; déclare qu'elle n'en est pas certaine ; il était nuit quand elle l'avait conduite chez elle. Interrogée si c'était dans la ville, ou dans les faubourgs ; déclare qu'elle refuse de répondre à cette question. Interrogée, si en quittant la maison de M. Saddletree, elle monta ou descendit la rue ; déclare qu'elle refuse de répondre à cette question. Interrogée si elle avait jamais vu la femme avant d'être dirigée chez elle par la personne dont elle refuse de dire le nom ; déclare et répond qu'elle ne croit pas l'avoir jamais vue. Interrogée si cette femme lui fut présentée par ladite personne verbalement ; déclare n'être pas libre de répondre à cette question. Interrogée si l'enfant était né vivant ; déclare que, — Dieu lui soit propice à elle et à l'enfant, — que l'enfant était certainement vivant. Interrogée si l'enfant était mort naturellement après sa naissance ; déclare ne pas le savoir. Interrogée où il est ; déclare qu'elle donnerait sa main droite pour le savoir mais qu'elle craint bien de n'en plus voir que les os. Interrogée pourquoi elle le suppose mort ; la prévenue pleure amèrement et ne fait pas de réponse. Interrogée si la femme chez qui elle était paraissait avoir les connaissances nécessaires pour sa situation ; déclare qu'elle semblait bien en avoir assez, mais que c'était une bien méchante femme : interrogée s'il se trouvait chez elle d'autres personnes qu'elles deux ; déclare qu'elle croit qu'il s'y trouvait une autre femme, mais qu'elle avait la tête si troublée qu'elle y avait fait peu d'attention. Interrogée quand on lui avait enlevé son enfant ; déclare qu'elle avait eu la fièvre et le délire, et que quand, revenue à elle-même, elle avait redemandé l'enfant, la femme lui a dit qu'il était mort ; qu'elle avait répondu : S'il est mort, on lui a fait un mauvais parti ; que là-dessus la femme avait été très-irritée et l'avait accablée de menaces et d'injures ; elle avait eu peur et s'était traînée hors de la maison dès que la femme avait eu le dos tourné, et s'était rendue à Saint-Léonard aussi bien qu'on le pouvait dans son état. Interrogée pourquoi elle n'avait pas conté cette histoire à son père et à sa sœur, afin de faire chercher l'enfant mort ou vif ; elle déclare que c'était son intention de le faire, mais elle n'en avait pas eu le temps. Interrogée pourquoi elle cachait le nom et la demeure de la femme, l'accusée garde le silence un moment, et dit qu'en les faisant connaître elle ne remédierait pas au mal qui était fait, et en pourrait causer davantage. Interrogée si elle avait eu jamais elle-même quelque idée de faire périr son enfant par violence ; répond : Jamais ; — que Dieu lui fasse miséricorde, — et déclare de nouveau que jamais elle n'y a pensé dans sa pleine raison ; mais elle ne peut répondre des mauvaises pensées que l'Ennemi a pu lui mettre dans la tête pendant qu'elle était hors d'elle-même. Interrogée de nouveau solennellement ; déclare qu'elle aurait mieux aimée être tirée à quatre chevaux que de faire le moindre mal à son enfant. Interrogée : déclare que dans les injures que lui disait la femme, elle prétendait qu'elle avait blessé son enfant dans son délire ; mais la prévenue croit que cela ne lui a été dit que pour l'effrayer. Interrogée sur ce que la femme lui avait encore dit ; déclare que lorsque les cris qu'elle poussait en apprenant que l'enfant était mort lui firent craindre que les voisins ne l'entendissent, et entre autres menaces, elle lui dit que ceux qui avaient pu empêcher l'enfant de crier, sauraient bien en empêcher la mère si elle ne se taisait pas, et que cette menace lui fit conclure que l'enfant était mort et elle-même en danger ; car cette femme était une bien méchante femme comme elle la jugeait d'après son langage. Interrogée : déclare que la fièvre et son délire lui furent occasionés par de mauvaises nouvelles ; mais refuse de dire quelles étaient ces nouvelles. Interrogée pourquoi elle refuse de donner des détails qui pourraient être utiles au magistrat pour découvrir si son enfant est mort ou vivant, sauver sa propre vie, et retirer l'enfant des mauvaises mains où il paraît être tombé, s'il vit encore ; et comme on lui observe que ces réticences ne sont pas d'accord avec son intention prétendue de s'ouvrir à sa sœur ; déclare qu'elle sait que l'enfant est mort, ou que s'il vit, il y a quelqu'un qui veillera sur lui ; que quant à elle, sa vie est entre les mains de Dieu qui connaît l'innocence de ses intentions par rapport à son enfant ; qu'elle avait le projet de parler en quittant la maison de la femme, mais qu'elle a changé d'avis à cause d'une chose qu'elle a apprise depuis, et déclare en général qu'elle est fatiguée et ne répondra plus ce jour-là.

Dans un interrogatoire subséquent, Euphémie Deans s'en reféra à la précédente déclaration, en ajoutant sur la présentation d'un papier trouvé dans la malle qu'elle avait, que c'était la lettre d'après laquelle elle s'était confiée à la femme dont elle avait parlé. Cette lettre contenait ce qui suit :

« Ma chère Effie,

« J'ai trouvé les moyens de vous assurer les secours d'une femme qui est en état de vous donner les soins qui vous seront nécessaires dans la situation où vous allez vous trouver. Elle n'est pas tout ce que je désirerais qu'elle fût, mais je ne puis faire mieux dans ma position actuelle, et je suis forcé d'avoir recours à elle en ce moment pour vous et pour moi. Je suis dans une cruelle situation, mais ma pensée est libre, et je ne suis pas sans espérances. Je crois que Handie Andie et moi pourrons narguer encore le gibet. Vous me gronderez de vous écrire ainsi, mon petit Lis caméronien, mais si je vis assez pour vous servir de soutien ainsi qu'à notre enfant, vous aurez le temps de gronder. De la discrétion surtout. Ma vie dépend de cette sorcière. Elle est dangereuse et rusée, mais elle a des motifs pour ne pas me trahir. Adieu, cher Lis ; dans une semaine vous me reverrez, ou vous ne me reverrez jamais.

« P. S. S'il faut que je périsse, mon plus grand sujet de repentir à mon dernier moment sera le tort que j'ai fait à mon Lis. »

Effie refusa de déclarer qui lui avait écrit cette lettre, mais on en savait assez pour ne pas douter qu'elle n'eût été écrite par Robertson, et la date se rapportait à l'époque où Wilson et lui avaient fait pour s'évader de prison une tentative qui avait été découverte comme on l'a vu au commencement de cette histoire.

La couronne ayant produit ses preuves, ce fut le tour de l'avocat d'Effie, qui demanda à faire examiner les témoins qui devaient déposer sur le caractère de l'accusée. Tous en firent l'éloge, mais surtout mistress Saddletree, qui, les larmes aux yeux, déclara qu'Effie lui avait inspiré la même amitié que si elle eût été sa fille. Tout le monde fut touché du bon cœur de cette digne femme, excepté son mari, qui dit tout bas à Dumbiedikes :

— Votre Nicol Novit n'y entend rien. A quoi bon amener ici une femme pour pleurnicher. C'était moi qu'il fallait citer. J'aurais fait une telle déclaration, qu'on n'aurait pu toucher à un cheveu de sa tête.

—Eh mais, est-il donc trop tard? dit le laird : je vais dire un mot à Novit.

— Non, non! reprit Saddletree : ce serait une déclaration spontanée, et je sais ce qui en résulterait. Il aurait dû me faire citer *debito tempore*. Et, s'essuyant la bouche avec un mouchoir de soie, d'un air d'importance, il reprit l'attitude d'un auditeur attentif et intelligent.

M. Fairbrother avertit alors brièvement qu'il allait faire paraître son témoin le plus important, et de la déclaration duquel dépendait en grande partie le succès de sa cause. On venait de voir ce qu'était sa cliente d'après les témoins précédens; et, si les termes les plus vifs de recommandation et même les larmes pouvaient intéresser à son sort, elle avait déjà obtenu cet avantage ; il devenait nécessaire cependant de produire des preuves plus positives de son innocence que celles qui résultaient de ces rapports en sa faveur, et c'étaient ces preuves qu'il allait obtenir de la bouche de la personne à qui elle avait communiqué sa situation, — de la bouche de sa confidente naturelle, — de sa sœur. — Huissier, faites comparaître Jeane ou Jeanie Deans, fille de David Deans, nourrisseur de vaches laitières à Saint-Léonard's-Craigs.

A ces mots, Effie se tourna vivement du côté par où sa sœur devait entrer, et, quand elle la vit s'avancer lentement précédée par un huissier vers la table, ses bras tendus vers elle, ses cheveux épars, ses yeux en larmes, semblaient dire à sa sœur :—O Jeanie, sauvez-moi ! sauvez-moi !

Par un sentiment différent, mais d'accord avec son caractère fier et stoïque, le vieux Deans, quand il entendit appeler sa fille, prit un nouveau soin de se cacher à tous les yeux ; et quand Jeanie en entrant jeta un coup d'œil timide du côté où elle savait qu'il était placé, il lui fut impossible de l'apercevoir.

Il s'assit auprès de Dumbiedikes, en changeant de côté, se tordit les mains, et dit tout bas : — Ah ! Laird, c'est là le plus pénible de tout ; — si je puis surmonter la douleur de ce moment. — Je sens ma tête qui se trouble ; mais mon divin maître est fort si son serviteur est faible. — Après une courte prière mentale, il se releva, comme incapable, dans son impatience, de garder long-temps la même posture, et peu à peu il se retrouva à la place qu'il avait quittée.

Jeanie cependant s'était avancée vers la table, et, ne pouvant contenir son affection, elle tendit tout à coup la main à sa sœur. Effie était à si peu de distance, qu'elle put la saisir avec les siennes, l'approcher de ses lèvres, la couvrir de baisers, et la mouiller de ses larmes avec la tendre dévotion qu'éprouve un catholique pour l'ange gardien descendu des cieux pour le sauver. Jeanie, se cachant le visage avec son autre main, pleurait amèrement. Cette vue aurait touché un cœur de pierre : plusieurs des spectateurs répandirent des larmes, et il se passa quelque temps avant que le président lui-même fût assez maître de son émotion pour dire au témoin de se calmer, et à la prisonnière de s'abstenir de ces marques d'affection, qui, quoique bien naturelles, ne pouvaient lui être permises en ce moment.

Il lui fit alors prêter le serment solennel — de dire la vérité, de ne rien cacher de la vérité sur tout ce qu'elle savait, sur tout ce qui lui serait demandé, et comme elle répondrait à Dieu même le jour du jugement : serment auguste qui manque rarement de faire impression sur les hommes les plus corrompus, et qui pénètre les plus justes d'une crainte respectueuse. Jeanie le répéta à voix basse, mais distincte, après le président qui lui en dictait les termes ; car, dans les cours d'Écosse, c'est lui, et non un officier inférieur de justice, qui est chargé de guider le témoin dans cet appel solennel, véritable sanction de son témoignage. Élevée dans la crainte de la Divinité, Jeanie ne put le prononcer sans une vive émotion, et elle sentit une force intérieure qui l'élevait au-dessus de toutes les affections terrestres, et qui ne lui permettait de penser qu'à celui dont elle venait de prendre le nom à témoin de la vérité de ce qu'elle allait dire.

L'importance dont devait être son témoignage détermina le président à lui adresser quelques mots.

— Jeune femme, lui dit-il, il est de mon devoir de vous dire que, quelles qu'en puissent être les conséquences, la vérité est ce que vous devez à votre pays, à la cour, à vous-même, et au Dieu dont vous venez d'invoquer le nom. Prenez le temps qui vous sera nécessaire pour répondre aux questions qui vont vous être faites par cet avocat (montrant l'avocat d'Effie), mais n'oubliez pas que, si vous vous écartez de la vérité, vous en répondrez dans ce monde et dans l'autre.

On lui fit ensuite les questions d'usage : si elle n'était influencée ni par les promesses ni par les menaces de qui que ce fût; si personne ne lui avait dicté la déclaration qu'elle venait faire; enfin, si elle n'avait ni haine ni ressentiment contre l'avocat de Sa Majesté, contre lequel elle était citée en témoignage; demandes auxquelles elle répondit tour à tour négativement, mais qui scandalisèrent le vieux Deans, ignorant que c'était une affaire de forme.

— Ne craignez rien ! s'écria-t-il assez haut pour être entendu, ma fille n'est pas comme la veuve de Tékoah : personne n'a mis des paroles dans sa bouche.

Un des juges, qui connaissait peût-être les livres des procès-verbaux mieux que le livre de Samuel, demanda tout bas au président s'il ne conviendrait pas de faire une enquête contre cette veuve qui lui paraissait être une suborneuse de témoin. Mais le sage président, plus versé dans la connaissance de l'Écriture, fit tout bas à son savant confrère l'explication de cette phrase. Le délai qu'occasiona cet incident procura à Jeanie Deans les moyens de recueillir ses forces pour la tâche pénible qu'elle avait à remplir.

Fairbrother, qui ne manquait ni de pratique ni d'intelligence, vit la nécessité de donner à Jeanie le temps de retrouver toute sa présence d'esprit. Il avait quelque soupçon qu'elle venait rendre un faux témoignage pour sauver la vie de sa sœur. — Mais après tout, pensait-il, c'est son affaire; la mienne est de lui donner le temps de se remettre de son agitation, afin qu'elle puisse répondre catégoriquement aux questions que je suis obligé de lui faire. *Valeat quantùm !*

En conséquence, il commença son interrogatoire par quelques questions insignifiantes qui ne pouvaient causer ni embarras ni émotion.

— Êtes-vous sœur de la prisonnière?

— Oui, monsieur.

— Sœur germaine?

— Non, monsieur : nous sommes de différentes mères.

— Vous êtes plus âgée que votre sœur?

— Oui, monsieur. — Etc., etc.

Après ces questions préliminaires et quelques autres qui n'étaient pas plus importantes, l'avocat, jugeant qu'elle devait alors être suffisamment familiarisée avec sa situation, lui demanda si, dans les derniers temps du séjour d'Effie chez mistress Saddletree, elle ne s'était pas aperçue d'une altération dans la santé de sa sœur?

— Oui, monsieur, répondit Jeanie.

— Et elle vous en a sans doute dit la cause? continua l'avocat d'un ton d'aisance qui semblait la conduire à la réponse qu'elle devait faire.

— Je suis fâché d'interrompre mon confrère, dit l'avocat de la couronne en se levant; mais je demande à la cour si cette question peut être faite de cette manière.

— S'il faut discuter ce point, dit le président, je vais faire retirer le témoin.

Le barreau d'Écosse se fait généralement un scrupule d'adresser à un témoin une question de manière à lui donner à entendre quelle est la réponse qu'on attend de lui. Cette délicatesse, quoique partant d'un excellent principe, est pourtant quelquefois poussée trop loin, car un avocat qui a de la présence d'esprit peut toujours éluder la difficulté qu'on lui fait, et c'est ce qui arriva en cette occasion.

— Il n'est pas nécessaire, milord, répondit Fairbrother, de faire perdre le temps de la cour; puisque l'avocat du roi croit devoir critiquer la forme de ma dernière question, je vais la mettre en d'autres termes. Dites-moi, miss Deans, avez-vous fait quelques questions à votre sœur quand vous vous êtes aperçue de son état de souffrance? Prenez courage!... Eh bien?

— Je lui ai demandé ce qu'elle avait.

— Fort bien! Calmez-vous. Prenez le temps de répondre. Et que vous a-t-elle répondu?

Jeanie garda le silence, et son visage se couvrit d'une pâleur mortelle. Ce n'est pas qu'elle balançât sur la réponse qu'elle avait à faire. L'idée d'un parjure ne pouvait entrer dans son esprit; mais il était bien naturel qu'elle hésitât à anéantir la dernière espérance de sa sœur.

— Prenez courage, reprit Fairbrother; je vous demande ce qu'elle vous a répondu.

— Rien! répondit Jeanie d'une voix presque éteinte, mais qui fut entendue dans toutes les parties de la salle d'audience, tant il régnait un profond silence pendant l'intervalle qui s'était écoulé entre la question que l'avocat avait faite et la réponse qu'il avait reçue.

Fairbrother changea de visage, mais il ne perdit pas cette présence d'esprit qui est souvent aussi utile dans une affaire litigieuse que dans une bataille. — Rien? reprit-il. Sans doute, lorsque vous l'interrogeâtes pour la première fois; mais ensuite elle vous confia sa situation?

Il fit encore cette question d'un ton propre à lui faire comprendre toute l'importance de sa réponse, si elle ne l'avait déjà bien comprise. Mais la glace était rompue; Jeanie hésita moins que la première fois, et répondit assez promptement: — Hélas! monsieur, jamais elle ne m'en a dit un seul mot.

Un profond gémissement rompit le silence qui régnait encore dans l'assemblée : c'était le malheureux père qui, en dépit de sa fermeté, ne put résister au coup qui faisait évanouir le peu d'espérance qu'il conservait encore malgré lui, et il tomba sans connaissance sur le plancher aux pieds de sa fille épouvantée.

L'infortunée prisonnière l'aperçut. — Mon père! s'écria-t-elle en luttant avec les gardes qui la retenaient; — laissez-moi, laissez-moi, leur dit-elle : je veux le voir, je le verrai. Il est mort! c'est moi, c'est moi qui l'ai tué!

Son air de désespoir, ses accens déchirans émurent tout l'auditoire, et retentirent long-temps dans tous les cœurs.

Dans ce moment d'angoisse et de confusion générales,

8.

Jeanie ne perdit pas cette supériorité d'ame qui la distinguait. Elle courut au vieillard.—C'est mon père ! dit-elle à ceux qui voulaient la retenir. Quel autre que moi a le droit de le soulager ? Et, écartant ses cheveux blancs, elle se mit à frotter ses tempes.

Le président, essuyant plusieurs fois ses larmes, ordonna qu'on transportât Deans dans une chambre voisine, et qu'on lui donnât tous les soins qu'exigeait sa situation. La prisonnière suivit des yeux son père porté par deux huissiers, et sa sœur qui l'accompagnait; mais, dès qu'ils furent sortis, elle sembla puiser un nouveau courage dans son isolement même et dans l'excès de son désespoir.

— J'ai bu le plus amer de ma coupe, dit-elle en s'adressant à la cour d'un ton ferme; si tel est votre bon plaisir, milords, je suis prête à aller jusqu'au terme de cette affaire ; le jour le plus pénible doit avoir sa fin.

Le juge, qui, il faut le dire à son honneur, avait partagé le sentiment de pitié que tout l'auditoire avait éprouvé, ne put se défendre d'un mouvement de surprise en entendant la prisonnière le rappeler à ses fonctions. Il demanda à M. Fairbrother s'il avait d'autres témoins à faire entendre, et celui-ci répondit négativement d'un air triste.

L'avocat du roi parla au jury, au nom de la couronne; il dit en peu de mots—que personne ne pouvait être plus touché que lui de la scène affligeante qu'on venait de voir. Mais c'était la conséquence des grands crimes d'entraîner la ruine et le désespoir de tous ceux qui étaient liés avec les criminels. Il fit un simple résumé des preuves pour montrer que toutes les circonstances de l'affaire répondaient à celles qu'exigeait le statut invoqué contre l'infortunée prisonnière; le conseil de l'accusée avait échoué complètement en voulant prouver qu'Euphémie Deans avait communiqué sa situation à sa sœur : quant à la bonne conduite précédente d'Effie, c'était une observation pénible à faire que de dire que les femmes qui possédaient l'estime du monde, et à qui cette estime était justement précieuse, étaient celles qui étaient le plus fortement tentées de commettre le crime d'infanticide, par la crainte de la honte et des censures du monde. Lui, avocat du roi, il n'avait aucun doute sur le meurtre de l'enfant. Il se fondait sur les déclarations incohérentes de la prévenue et ses refus de répondre sur certains articles, tandis qu'il semblait avantageux pour elle autant que naturel de s'expliquer avec franchise. Il ne doutait pas davantage de la complicité de la mère : quelle autre qu'elle avait intérêt à cet acte inhumain. Certes, ni Robertson, ni l'agent de Robertson chez qui elle était accouchée, ne pouvaient être tentés de commettre ce crime, si ce n'est à cause d'elle, avec sa connivence, et pour sauver sa réputation. Mais la loi n'exigeait pas que le meurtre fût prouvé, non plus que la complicité de la mère. Le but de la loi était de substituer une suite de présomptions à la preuve complète qu'il était difficile d'obtenir dans ces cas-là. Les jurés pouvaient lire le statut, et ils avaient aussi l'acte d'accusation et l'*interlocutoire de relevance* pour les guider en point de droit. Il s'en remettait à la conscience des jurés pour décider s'il n'avait pas raison de réclamer un arrêt de culpabilité (1).

L'avocat de l'accusée, trompé par la déclaration de

---

(1) *A verdict of guilty*. — Éd.

son témoin le plus important, n'avait plus que peu de choses à dire; mais il combattit jusqu'à la fin avec courage et persévérance; il osa censurer la sévérité de la loi elle-même.

— Ordinairement, dit-il, la première chose requise de l'accusateur public est de prouver, sans équivoque, que le crime désigné dans l'accusation a été commis : c'est ce que les juristes appellent prouver le *corpus delicti* (le *corps du délit*). Mais ce statut, avec les meilleures intentions et par une juste horreur pour le crime contre nature de l'infanticide, risque de causer le plus cruel des meurtres, la mort d'une personne innocente, pour venger un meurtre qui peut-être n'a pas eu lieu. Je suis si loin de reconnaître la probabilité de la mort violente de l'enfant, qu'on ne peut même me certifier que cet enfant ait jamais vécu.

L'avocat du roi en appela à la déclaration de l'accusée; à cela M. Fairbrother répondit :

— Une déclaration faite dans un moment de terreur, d'angoisses, et presque de délire, ne saurait être un témoignage raisonnable contre celui qui l'a faite : mon savant confrère ne l'ignore pas. Il est vrai qu'une confession judiciaire, en présence des juges de paix eux-mêmes, est la plus forte des preuves, puisque la loi dit : *In confitentem nullæ sunt partes judicis.* Mais cela n'est vrai que de la confession judiciaire, et par ces mots la loi entend la confession faite en présence des juges de paix, avec enquête légale. Quant aux confessions extrajudiciaires tous les auteurs soutiennent avec les illustres Farinaci (1)

---

(1) Célèbre jurisconsulte italien, qui plaida dans la fameuse affaire Cenci. Voyez son plaidoyer entier dans le premier volume des *Causes célèbres étrangères* récemment publié. — Éd.

et Mathews (1) que : *Confessio extrajudicialis in se nulla est, et quod nullum est non potest adminiculari*. C'est une confession totalement vide, sans effet ni force depuis le commencement jusqu'à la fin, et nullement admissible. Il faut donc laisser de côté la confession extrajudiciaire, comme réduite à néant, et le ministère public doit prouver d'abord qu'un enfant est né avant d'établir qu'il a été tué. Si quelque membre du jury trouve que c'est là donner au statut un sens bien restreint, qu'il considère que ce statut de pénalité est si sévère, qu'il ne saurait être accueilli sans une certaine défaveur.

Fairbrother conclut son plaidoyer par une péroraison élégante fondée sur la scène dont on venait d'être témoin, et pendant cette péroraison Saddletree s'endormit.

Ce fut alors le tour du juge président de faire son allocution aux jurés ; il s'en acquitta avec clarté et brièvement.

— C'est au jury d'examiner si l'avocat du roi a bien soutenu l'accusation ; quant à moi, je le dis avec un regret sincère, il ne me reste pas le moindre doute sur le *verdict* qu'appelle l'enquête judiciaire. Je ne suivrai pas l'avocat de l'accusée dans ses objections contre le statut du roi Guillaume et de la reine Marie. Le devoir du jury, comme le mien, est de juger d'après les lois, telles qu'elles sont, et non de les critiquer, de les éluder, ou même de les justifier. Dans une affaire civile, je n'aurais pas permis qu'un avocat plaidât la cause de son client contre la loi elle-même ; mais dans une cour cri-

---

(1) Mathieu Afflitto, jurisconsulte napolitain. *Cujus autoritas valet pro mille*, dit de lui Farinella ; mais peu cité aujourd'hui.
Éd.

minelle, voulant accorder toute latitude à la défense, je ne l'ai pas interrompu. La loi actuelle a été instituée par la sagesse de nos pères pour arrêter les progrès alarmans d'un crime épouvantable ; si elle est trouvée trop sévère, elle sera modifiée par la législature : jusque-là c'est la loi du pays, la règle de la cour, et, d'après votre serment, ce doit être celle du jury. On ne peut mettre en doute la situation de la malheureuse fille : elle a fait un enfant, l'enfant a disparu ; ce sont là des faits. Le savant avocat n'a pu prouver qu'elle eût communiqué sa grossesse ; toutes les circonstances du statut sont donc réunies. Le savant avocat aurait voulu infirmer la propre confession de l'accusée : c'est la ressource ordinaire de tout avocat qui voit son client compromis par ses propres déclarations ; mais la loi d'Écosse a prêté un certain poids à ces déclarations, quoique *extrajudiciaires* en quelque sorte. C'est ce qui est évident par l'usage de l'avocat du roi de s'en servir pour appuyer en grande partie ses conclusions ; quiconque a entendu les témoins qui ont décrit l'état de la jeune fille avant son départ de la maison de Saddletree et son état quand elle y est revenue, ne pourrait douter de la grossesse et de l'accouchement. Son propre aveu n'est donc plus un témoignage isolé, mais appuyé par les circonstances les plus fortes.

— Je ne vous fais pas ces observations, ajouta le président, dans la vue d'influer sur votre opinion. La scène de détresse domestique que nous avons sous les yeux m'a ému autant que qui que ce soit dans l'auditoire ; jamais je n'avais senti comme aujourd'hui combien il est quelquefois pénible de s'acquitter de son devoir ; et si, sans blesser les lois divines et humaines, sans trahir votre propre conscience, vous pouvez donner une déclaration favorable à la prisonnière, je me réjouirai d'être déchargé du surplus de la tâche que je crains d'avoir à remplir.

Les jurés, après avoir entendu l'exhortation du juge, se retirèrent dans la salle de leurs délibérations, précédés d'un huissier de la cour.

CHAPITRE XXIV.

> « Impitoyables lois, prenez votre victime !
> » Puisse à son repentir le ciel, dans sa merci,
> » Accorder le pardon qu'on lui refuse ici ! »
>
> *Anonyme.*

Les jurés restèrent une heure à délibérer. En rentrant dans la salle d'audience, ils la traversèrent à pas lents, comme des hommes chargés d'une terrible responsabilité, et qui avaient à s'acquitter d'un devoir douloureux. Un silence profond, grave et solennel, régna dans l'auditoire.

— Avez-vous choisi votre chancelier ? Ce fut la première question du juge.

Le foreman (ou chef du jury), qu'on nomme en Écosse le chancelier du jury, s'avança vers le président, et après l'avoir salué respectueusement, lui remit un papier cacheté contenant la déclaration du jury. Les jurés restèrent debout tandis que le président ouvrit le paquet, lut à voix basse la déclaration, et la remit d'un air de gravité mélancolique, au greffier de la cour, pour qu'il la transcrivît sur les registres. Il restait une dernière forme à remplir, forme peu importante en elle-même, mais qui fait impression sur l'esprit, attendu les circonstances dans lesquelles on l'emploie. Une bougie allumée fut placée sur le bureau, et lorsque la déclaration eut été transcrite, on la remit sous enveloppe, le président la scella de son cachet pour qu'on la déposât ensuite aux archives suivant l'usage. Comme toutes ces formalités s'accomplissent en silence, l'action d'éteindre la bougie semble faire préjuger aux spectateurs qu'ainsi s'éteindra bientôt la vie de l'infortuné qui va être condamné. C'est le même sentiment qu'on éprouve en Angleterre quand on voit le juge se couvrir de sa toque fatale (1). Le président ordonna alors à Euphémie Deans, d'écouter la lecture du verdict du jury.

Après les premiers mots du protocole obligé, le verdict disait que le jury ayant fait choix de John Kirk pour chancelier, et de Thomas Moore pour secrétaire, avait, à la pluralité des voix, trouvé Euphémie Deans COUPABLE du crime dont elle était accusée, mais qu'attendu sa grande jeunesse et les circonstances de l'affaire, il suppliait la cour à l'unanimité de la recommander à la clémence du roi.

— Messieurs, dit le président, vous avez fait votre devoir, un devoir pénible pour des hommes pleins d'humanité comme vous. Je ne manquerai pas de trans-

(1) Les présidens des tribunaux criminels en Angleterre se couvrent la tête quand ils doivent prononcer une condamnation à mort.
ÉD.

mettre votre recommandation au pied du trône; mais je dois vous prévenir que je n'ai pas le plus léger espoir que la grace de la coupable soit accordée. Vous savez que ce crime s'est multiplié en ce pays, et il n'y a nul doute qu'on ne veuille en prévenir la répétition par un exemple de sévérité. Les jurés répondirent par un salut respectueux, et délivrés de leurs pénibles fonctions, se dispersèrent dans la foule des spectateurs.

La cour demanda ensuite à Fairbrother s'il avait à faire quelque observation. Celui-ci avait examiné avec grand soin la déclaration du jury; mais elle était dans toutes les formes, et il fut obligé d'avouer tristement qu'il n'avait rien à dire.

Le président alors, s'adressa de nouveau à la prisonnière, et lui dit: — Euphémie Deans, écoutez la sentence de la cour qui va être prononcée contre vous.

Elle se leva d'un air qui annonçait plus de calme et de résolution qu'elle n'en avait montré jusqu'alors, et surtout au commencement de la séance. Il en est des souffrances de l'ame comme de celles du corps: les premiers coups sont toujours les plus difficiles à supporter, et occasionent une sorte d'apathie qui rend presque insensible à ceux qui les suivent : Mandrin le disait en subissant le supplice de la roue, et tous ceux qui ont éprouvé des malheurs continuels et successifs ont fait la même expérience.

— Jeune femme, dit le président, c'est un devoir pénible pour moi de vous annoncer que votre vie est condamnée par une loi sévère jusqu'à un certain point, mais nécessaire pour faire connaître à celles qui peuvent se trouver dans la situation où vous avez été, quel risque elles courent en cachant par une fausse honte la faute dont elles se sont rendues coupables. En refusant de découvrir la vôtre à votre sœur, à votre maîtresse, aux autres personnes de votre sexe qui s'en étaient aperçues, et dont votre bonne conduite antérieure vous aurait mérité la compassion, vous avez contrevenu à la loi qui vous condamne, et vous vous êtes rendue coupable tout au moins de l'oubli des précautions nécessaires pour assurer la vie de l'être auquel vous deviez donner le jour. Qu'est-il devenu? sa disparition ou sa mort est-elle votre ouvrage ou celui de quelque autre personne; c'est ce que Dieu et votre conscience ne peuvent ignorer. Malgré la recommandation que l'humanité des jurés a faite en votre faveur, je ne puis vous donner aucune espérance de pardon. Ne comptez donc pas que votre vie puisse se prolonger au-delà du terme fixé par la sentence de la cour. Nous l'avons reculé autant que la loi le permettait, pour vous laisser le temps de vous réconcilier avec le ciel. Vous pouvez appeler près de vous tel ministre que vous voudrez choisir; ne pensez plus à ce monde, et préparez-vous, par le repentir, à la mort et à l'éternité. Exécuteur de la justice, faites lecture de la sentence!

L'exécuteur des hautes œuvres en Écosse est chargé de faire la lecture des condamnations à mort, et il semble qu'en passant par sa bouche, elles acquièrent un nouveau degré d'horreur. Lorsqu'il se présenta vers le bureau des juges, chacun recula comme par instinct à la vue de cette figure hideuse, vêtue d'un habit étrange, noir et gris, avec des passemens de galons. On se serait regardé comme souillé par le seul contact de ses vêtemens. Il paraissait sentir lui-même qu'il était l'objet d'une horreur générale, et, comme les oiseaux de ténèbres qui se dérobent au grand jour, il ne se montrait qu'à regret en public et à l'air pur, malgré son brutal endurcissement.

Répétant chaque phrase après le greffier de la cour, il murmura la sentence qui condamnait Euphémie Deans à être reconduite dans la prison d'Édimbourg, pour y être détenue pendant six semaines, à compter de ce jour, et à l'expiration de ce terme être conduite le mercredi... jour de..... à la place ordinaire des exécutions, pour y être pendue jusqu'à ce que mort s'ensuivît; et voilà la sentence que je prononce, ajouta le bourreau en grossissant sa voix avec emphase.

Il disparut aussitôt, semblable à un esprit de vengeance qui vient d'accomplir un sinistre message sur la terre; mais l'impression d'horreur que sa présence avait excitée dura encore long-temps après son départ.

La malheureuse criminelle, car c'est ainsi qu'il faut maintenant la nommer, quoique naturellement plus susceptible et moins résignée que son père et sa sœur, prouva en cette circonstance qu'elle participait à leur fermeté. Elle était restée debout et immobile, tandis qu'on lisait la sentence, et avait fermé les yeux en voyant paraître le bourreau; mais dès que cet homme odieux se fut retiré, elle fut la première à rompre le silence.

— Que Dieu vous pardonne, milords, dit-elle : ne trouvez pas mauvais que je fasse ce souhait. Quel est celui de nous qui n'a pas besoin de pardon? Quant à moi, je ne puis vous blâmer : vous avez agi d'après votre conscience. Si je n'ai pas causé la mort de mon pauvre enfant, vous avez tous vu que j'ai causé aujourd'hui celle de mon malheureux père. Je reçois donc votre sentence comme une punition des hommes et de Dieu. Mais Dieu est plus miséricordieux pour nous que nous ne le sommes les uns envers les autres.

Le président leva la séance; Effie fut reconduite en prison, et le public sortit de la salle d'audience avec autant de tumulte qu'il y était entré, chacun se pressant, se poussant et s'agitant des coudes et des épaules pour se faire jour à travers la foule. La plupart oublièrent, en reprenant leurs occupations ordinaires, les diverses émotions qu'ils avaient éprouvées : les hommes de loi, endurcis par l'habitude de voir de pareilles scènes, n'y étaient pas plus sensibles que des chirurgiens qui voient pratiquer une opération de leur art, et ils s'en retournèrent en discutant froidement le principe de la condamnation qui venait d'être prononcée, la nature des preuves produites contre l'accusée, les dépositions des témoins, les discours des avocats, et même ceux du président.

Les spectatrices, dont le cœur est toujours plus ouvert à la compassion, se récriaient vivement contre la dureté du juge, qui n'avait laissé aucun espoir de pardon.

— Il lui convient bien, disait mistress Howden, de dire à la pauvre créature qu'elle doit se disposer à la mort, quand un homme aussi honnête et aussi instruit que M. John Kirk a pris la peine d'intercéder pour elle!

— Oui, voisine, dit miss Damahoy, en relevant sa taille maigre avec toute la dignité d'une vieille fille; mais il faut véritablement mettre un terme à cette affaire contre nature, de procréer des bâtards, — il n'y a plus une fille au-dessous de trente ans que nous puissions recevoir chez nous, sans qu'il vienne des enfans. — Les petits clercs, les apprentis, et qui sait combien d'autres encore sont à courir après elles pour leur perte, et pour le discrédit d'une honnête maison par-dessus le marché. — J'en perds patience.

— Allez, allez, voisine, dit mistress Howden, il faut savoir vivre et laisser vivre les autres. Nous avons été jeunes nous-mêmes, et il ne faut pas juger au pire les filles et les garçons qui se fréquentent.

— Nous avons été jeunes, s'écria miss Damahoy : je ne suis pas si vieille, mistress Howden, et quant à ce qui est du pire, je ne sais ni ce qu'il y a de bien ni ce qu'il y a de mal dans toute cette affaire, grace à mon étoile !

— Vous rendez grace pour de petits services alors, dit mistress Howden en branlant la tête, et quant à votre jeunesse, je crois que vous étiez majeure lors du dernier parlement tenu en Écosse, et c'était dans l'année 1707.

Plumdamas, qui était l'écuyer de ces deux dames, vit qu'il était dangereux de les laisser traiter de pareils points de chronologie; et, comme il aimait à maintenir la paix et les relations de bon voisinage, il s'empressa de faire retomber la conversation sur le sujet dont on s'écartait.

— Le juge ne nous a pas dit tout ce qu'il aurait pu nous dire, s'il l'avait voulu, concernant la recommandation à la clémence du roi, s'écria-t-il; il y a toujours quelque détour dans ce que dit un homme de loi. Mais c'est un secret.

— Dites-nous-le, dites-nous-le, voisin! s'écrièrent à la fois mistress Howden et miss Damahoy, la fermentation acide de leur dispute, si l'on veut me permettre cette locution chimique, étant neutralisée tout à coup par le puissant alkali du mot *secret*.

— Voici M. Saddletree, qui peut vous le dire mieux que moi, dit Plumdamas, car je le tiens de lui.

Saddletree les rejoignit en ce moment, donnant le bras à sa femme, qui paraissait inconsolable.

La question lui fut faite à l'instant par les deux dames, et il ne se fit pas prier pour y répondre.

— Ils parlent d'empêcher la multiplicité des infanticides, dit-il : croyez-vous que les Anglais, nos anciens ennemis comme Glendook les appelle dans son livre des statuts, donneraient une épingle pour nous empêcher de nous tuer les uns les autres, parens, étrangers, hommes, femmes et enfans; *omnes et singulos*, comme dit M. Crossmylooff? Non, non! ce n'est pas cette raison qui empêchera qu'on ne fasse grace à Effie. Voici le fond du sac. Le roi et la reine sont tellement mécontens à cause de l'affaire de Porteous, qu'ils n'accorderaient pas le pardon d'un seul Écossais, quand il s'agirait de pendre tous les habitans d'Édimbourg, depuis le premier jusqu'au dernier.

— Qu'ils s'en retournent dans leur basse-cour d'Allemagne, comme dit mon voisin Mac-Croskie, dit mistress Howden : sont-ils venus en Angleterre pour nous gouverner ainsi?

— On dit pour certain, ajouta miss Damahoy, que le roi Georges a jeté sa perruque au feu en apprenant l'émeute de la mort de Porteous.

— Il en a fait autant pour moins de chose, dit Saddletree.

— Eh bien, dit miss Damahoy, il pourrait avoir des

colères plus raisonnables, car il ne fait le profit que de son perruquier. Je vous l'assure.

— La reine en a déchiré son béguin (1) de rage, dit Plumdamas : vous devez l'avoir entendu dire, et l'on assure que le roi a donné un coup de pied à sir Robert Walpole, pour n'avoir pas su contenir le peuple d'Édimbourg. Mais je ne puis croire que cela soit vrai.

— Cela est pourtant vrai, reprit Saddletree, et il voulait aussi donner un coup de pied au duc d'Argyle.

— Un coup de pied au duc d'Argyle! s'écrièrent tous les autres, sur les différens tons qui expriment la surprise.

— Oui, ajouta Saddletree, mais le sang de Mac-Callumore n'aurait pu supporter cette injure. Il était à craindre qu'André Ferrare (2) ne se mît en tiers dans la partie.

— Le duc est un véritable Écossais, dit Plumdamas, un véritable ami de son pays.

— Sans doute, continua Saddletree, fidèle à son pays comme à son roi, et je vous le prouverai si vous voulez entrer au logis, car il y a des choses dont il est sage de ne parler qu'*intra privatas parietes*.

On accepta sa proposition avec empressement. En entrant dans sa boutique, il en fit sortir ses apprentis, et, ouvrant son secrétaire, il prit un morceau de papier sale et à demi usé. — Voilà du fruit nouveau, dit-il, tout le monde ne pourrait pas vous en offrir autant. Ce n'est ni plus ni moins que le discours tenu par le

(1) *Biggonets ;* c'est notre ancien mot de béguin pour bonnet de femmes. — Éd.

(2) C'est-à-dire son épée ; personnification. André Ferrare était un célèbre armurier d'Italie. — Éd.

duc d'Argyle sur l'insurrection relative à Porteous. Vous allez entendre ce que dit Ian Roy Cean. Mon correspondant l'a acheté d'un colporteur, dans la cour du palais, au nez du roi, comme on dit. Il me l'a envoyé en me demandant le renouvellement d'une lettre de change. — A propos il faudra que vous voyiez cela, mistress Saddletree.

La bonne mistress Saddletree était si péniblement occupée de la situation d'Effie, qu'elle n'avait rien entendu de toute la conversation que nous venons de rapporter. Mais les mots de *renouvellement d'une lettre de change* la réveillèrent de sa léthargie; elle s'empara de la lettre que son mari lui présentait; et ayant mis ses lunettes, après en avoir essuyé soigneusement les verres, elle s'occupa à l'examiner, tandis que son mari lisait à voix haute et d'un ton de déclamation quelques extraits du discours du duc.

— « Je ne suis point ministre, je ne l'ai jamais été, je ne le serai jamais... »

— Je n'avais jamais entendu dire que Sa Grace eût pensé à se faire ministre, dit mistress Howden.

M. Saddletree eut assez de complaisance pour lui expliquer qu'il s'agissait ici de ministre d'état et non de ministre de l'Évangile; après quoi il continua sa lecture.

« Il fut un temps où j'aurais pu le devenir, mais je sentais trop mon incapacité pour en avoir l'ambition. Je rends grace à Dieu d'avoir su me rendre justice à moi-même. Depuis mon entrée dans le monde, et peu de gens y sont entrés plus jeunes, j'ai toujours servi mon roi, sans intérêt, de ma bourse et de mon épée. J'ai occupé des places que j'ai perdues, et si je devais être privé demain de celles que j'occupe encore, ma fortune et ma vie n'en seraient pas moins à la disposition de mon souverain. »

Mistress Saddletree interrompit ici l'orateur.

— Que signifie tout cela, M. Saddletree? vous vous amusez à bavarder du duc d'Argyle, tandis que voilà ce Martingale qui va nous faire banqueroute de soixante bonnes livres? Le duc les paiera-t-il, s'il vous plaît? il ferait mieux de payer ses propres dettes. Il y a bientôt six mois qu'il nous doit cent livres pour de l'ouvrage fait pour lui la dernière fois qu'il est venu à Roystoun. Je sais que c'est un homme juste; qu'il n'y a rien à perdre avec lui; que, s'il n'a pas payé, c'est qu'on ne lui a rien demandé. Mais je n'ai pas la patience d'entendre parler de ducs aujourd'hui. N'avons-nous pas là-haut Jeanie Deans et son pauvre père? n'est-ce pas assez de cette affaire avec ce coquin de Martingale, qui vient nous acheter des cuirs à crédit pour les revendre au comptant et ne pas nous payer? Asseyez-vous, voisines, je ne vous renvoie pas; mais je crois qu'avec ses cours de justice, ses parlemens et ses ducs, ce brave homme perdra la tête.

Les voisines connaissaient la civilité : elles n'acceptèrent pas la légère invitation que leur avait faite mistress Saddletree en finissant de parler; elles se retirèrent presque sur-le-champ. Saddletree dit à l'oreille à Plumdamas qu'il irait le rejoindre dans une heure au cabaret de Mac-Croskie, et qu'il aurait soin de mettre en poche le discours de Mac-Callummore.

Débarrassée de ces hôtes importuns, mistress Saddletree s'empressa d'aller trouver David Deans et sa fille, qui avaient accepté l'hospitalité chez elle.

CHAPITRE XXV.

« — Pour conserver ses jours quels sont donc mes moyens ?
» — Vous pourrez en trouver »
Shakspeare. *Mesure pour mesure.*

Quand mistress Saddletree entra dans l'appartement où ses hôtes étaient venus cacher leur douleur, elle en trouva les fenêtres à demi-fermées. La faiblesse qui avait succédé à l'évanouissement du vieillard avait rendu nécessaire de le mettre au lit. Les rideaux en étaient tirés, et Jeanie assise restait immobile à côté de son père. Mistress Saddletree était une excellente femme, compatissante, mais ne sachant ce que c'était que la délicatesse des procédés. Elle ouvrit la fenêtre, tira les rideaux du lit, et, prenant son parent par la main, elle l'exhorta à s'armer de courage, à se lever, et à supporter ses chagrins en homme et en chrétien. Mais quand elle abandonna la main, Deans la laissa retomber sans force, et il n'essaya pas de faire la moindre réponse.

— Tout est-il fini? lui demanda Jeanie en tremblant, ne reste-t-il plus d'espérance pour elle?

— Aucune, répondit mistress Saddletree, pas la moindre. J'ai entendu de mes propres oreilles ce vilain juge l'annoncer. N'est-il pas honteux de voir tant d'hommes en robes rouges et en robes noires s'assembler pour faire périr une pauvre jeune insensée? je n'ai jamais trop aimé tout le rabâchage de mon mari sur les lois, mais je l'aimerai encore moins à l'avenir. Je n'ai entendu dire qu'une seule chose raisonnable, c'est quand ce brave M. Kirk a dit qu'il fallait la recommander à la clémence du roi. Mais il parlait à des gens sans raison, — il aurait mieux fait de garder son souffle pour souffler sur sa soupe.

— Est-ce que le roi *peut* lui faire grace? s'écria vivement Jeanie: j'avais entendu dire que le roi ne pouvait en accorder dans les cas de meur... dans les cas semblables au sien.

— S'il *peut* faire grace, mon enfant? sans doute il le peut quand il le veut! N'a-t-il pas fait grace au jeune Singlesword, qui avait tué le laird de Ballencleugh; au capitaine anglais Hackum, qui avait tué le fermier de lady Colgrain, et au Maître de Saint-Clair qui avait assassiné les deux Shaw, et à bien d'autres encore, et tout cela de mon temps? c'étaient, il est vrai, des gens comme il faut, et ils avaient du monde pour parler pour eux. Et tout récemment encore, n'avait-on pas accordé la grace à Jean Porteous? Ah! je vous réponds que ce n'est pas le pouvoir de faire grace qui manque, c'est le moyen de l'obtenir.

— Porteous! dit Jeanie. Mais cela est vrai! Comment est-il possible que j'oublie ce dont je devrais si bien me souvenir? Adieu, mistress Saddletree, puissiez-vous ne jamais connaître le besoin d'avoir des amis!

— Quoi, Jeanie, vous ne demeurez pas avec votre père? vous feriez mieux de rester ici, mon enfant.

— J'ai besoin là-bas, répondit-elle en indiquant la prison du geste, et il faut que je profite de ce moment pour quitter mon père, ou je n'en aurai jamais la force; je ne crains pas pour sa vie, je sais qu'il a du courage, je le sais, et, ajouta-t-elle en plaçant sa main sur son cœur, — je le sens en ce moment à mon propre cœur.

— Eh bien, ma chère, si vous croyez que cela vaut mieux, il restera ici plutôt que de retourner à Saint-Léonard.

— Oh oui! bien mieux, bien mieux; Dieu vous bénisse! — Dieu vous bénisse! — Ne le laissez pas en aller avant que je vous donne de mes nouvelles.

— Mais vous reviendrez? lui dit mistress Saddletree; on ne vous laissera pas rester là-bas?

— Mais il faut que j'aille à Saint-Léonard. J'ai peu de temps et beaucoup d'ouvrage; il faut que je parle à quelques amis. Adieu, que Dieu vous bénisse! Ayez bien soin de mon père.

Quand elle fut à la porte de l'appartement, elle retourna tout à coup, et s'agenouillant près du lit : — O mon père, s'écria-t-elle, donnez-moi votre bénédiction! je ne puis partir sans que vous m'ayez bénie; dites-moi seulement : Que Dieu vous bénisse, Jeanie! je ne vous demande que cela.

Le vieillard, par instinct plutôt que par une volonté

intelligente, murmura une prière pour que la bénédiction du ciel se multipliât sur elle.

— Il a béni mon voyage, dit-elle en se relevant, et je sens dans mon cœur un pressentiment que je réussirai.

A ces mots elle sortit.

Mistress Saddletree secoua la tête en la voyant partir.

— Fasse le ciel, dit-elle, que la pauvre fille n'ait pas le cerveau dérangé! Au surplus, tous ces Deans ont une tournure d'esprit singulière. Je n'aime pas les gens qui valent mieux que les autres. Il n'en résulte souvent rien de bon. Mais si elle va visiter les étables à Saint-Léonard, c'est une autre affaire. A coup sûr, il faut en avoir soin. Grizie! venez ici! Montez près de ce brave homme, et ayez soin qu'il ne lui manque rien. Allons, allons, qu'avez-vous besoin de vous friser si bien les cheveux? j'espère que vous avez un bel exemple aujourd'hui! qu'il vous serve de leçon! ne songez pas tant à vos rubans et à vos falbalas!

Laissons la bonne dame déclamer contre les vanités du monde, et transportons-nous dans la nouvelle chambre où Effie venait d'être enfermée; car les prisonniers condamnés sont toujours resserrés plus étroitement que lorsqu'ils n'étaient qu'accusés.

Elle était plongée depuis une heure dans cet état de stupeur et d'anéantissement si naturel à sa situation, quand elle en fut retirée par le bruit des verrous de sa porte qui s'ouvraient.

Ratcliffe entra. — C'est votre sœur qui vient vous voir, lui dit-il.

— Je ne veux voir personne, s'écria Effie avec aigreur, et ma sœur moins que personne. Dites-lui qu'elle prenne soin de son père. Je ne suis rien pour eux maintenant, et ils ne sont rien pour moi.

— Elle dit pourtant qu'il faut qu'elle vous voie, répondit Ratcliffe.

Et au même instant Jeanie, se précipitant dans la chambre, courut embrasser sa sœur en fondant en larmes, tandis que celle-ci cherchait à se soustraire à ses embrassemens.

— A quoi bon ces pleurs? dit Effie. N'est-ce pas vous qui êtes cause de ma mort, puisqu'un seul mot de votre bouche pouvait me sauver? moi qui suis innocente! innocente du crime dont on m'accuse au moins! moi qui aurais donné ma vie pour vous sauver un doigt de la main!

— Vous ne mourrez point! s'écria Jeanie avec enthousiasme. Dites de moi, pensez de moi ce qu'il vous plaira, mais promettez-moi que vous n'attenterez pas à vos jours, car je connais votre cœur fier, et je crains votre désespoir. Non, vous ne mourrez point de cette mort honteuse.

— Non, Jeanie, je ne mourrai pas de cette mort *honteuse*. Je l'ai bien résolu. Je n'attendrai pas qu'on me conduise sur un échafaud. J'ai mangé ma dernière bouchée de pain.

— Oh! c'est là ce que je craignais! s'écria Jeanie.

— Laissez donc! laissez donc! dit Ratcliffe à Jeanie: vous ne connaissez rien à tout cela. Il n'y a personne qui, après avoir été condamné à mort, ne forme une pareille résolution, et il n'y a personne qui l'exécute. On y songe à deux fois. Je sais cela par expérience. J'ai entendu lire trois fois ma sentence de mort, et cependant vous me voyez ici, moi, James Ratcliffe. Si, dès la première fois, et il ne s'agissait que d'une vache rousse qui ne valait pas dix livres sterling, j'avais serré trop fort le nœud de ma cravate comme j'en avais envie, où en serais-je à présent?

— Et comment vous êtes-vous échappé? lui demanda Jeanie; le destin de cet homme, qui lui était d'abord si odieux, prenant un nouvel intérêt à ses yeux, depuis qu'elle y trouvait quelque conformité avec celui de sa sœur.

— Comment je me suis échappé? répondit-il en clignant l'œil d'un air malin : — ah! d'une manière qui ne réussira jamais à personne dans cette prison tant que j'en aurai les clefs.

— Ma sœur en sortira à la face du soleil, dit Jeanie. Je vais aller à Londres. Je vais demander son pardon au roi et à la reine. Puisqu'ils avaient fait grace à Porteous, ils peuvent bien l'accorder à Effie. Quand une sœur leur demandera à genoux la vie de sa sœur, ils ne la lui refuseront pas; ils ne pourront la lui refuser, et ils gagneront mille cœurs par cet acte de clémence.

Effie l'écoutait avec surprise. Elle voyait tant d'assurance dans l'enthousiasme de Jeanie, qu'un rayon d'espoir se glissa malgré elle dans son cœur, mais la réflexion le fit bientôt évanouir.

— Le roi et la reine demeurent à Londres, Jeanie, bien loin d'ici, bien loin au-delà de la mer! — Je serai morte avant que vous y soyez seulement arrivée.

— Non, non, ma sœur, ce n'est pas si loin que vous le croyez, et je sais qu'on y va par terre. Reuben Butler m'en a parlé plusieurs fois.

— Ah! Jeanie, vous êtes bien heureuse! vous n'avez jamais eu que des amis qui vous ont donné de bons conseils, tandis que moi... et elle se couvrit le visage des deux mains en pleurant amèrement.

— Ne pensez point à cela maintenant, ma sœur : vous en aurez le temps, si la vie vous est accordée. Adieu, à moins que je ne meure en route, je verrai celui qui peut pardonner. — O monsieur, dit-elle à Ratcliffe, ayez de l'humanité pour elle, protégez-la! hélas! c'est la première fois qu'elle a besoin de la protection d'un étranger! Adieu, Effie, adieu. Ne me dites rien! Il ne faut pas que je pleure maintenant, déjà la tête me tourne.

S'arrachant des bras de sa sœur, elle sortit de la chambre. Ratcliffe la suivit, et lui fit signe d'entrer avec lui dans une petite pièce, d'un air qui semblait annoncer qu'il avait quelque chose d'important à lui communiquer. Elle le suivit, non sans un tremblement involontaire.

— Pourquoi tremblez-vous? lui dit-il : diable! vous n'avez rien à craindre. Je ne vous veux que du bien; je vous respecte; je ne puis m'en empêcher. Écoutez-moi. Vous voulez aller à Londres? vous avez raison. Vous avez tant de courage, Dieu me damne! qu'il est possible que vous réussissiez. Mais diable! il ne faut pas aller trouver le roi de but en blanc! il faut vous faire quelque ami. Essayez de voir le duc; oui, voyez Mac-Callummore, c'est l'ami des Écossais. Je sais que les grands ne l'aiment point, mais ils le craignent, c'est la même chose. Connaissez-vous quelqu'un qui puisse vous donner une lettre pour lui?

— Le duc d'Argyle! s'écria Jeanie : est-il parent du

seigneur du même nom qui a souffert la persécution du temps de mon père?

— C'est son fils ou son petit-fils, je crois. Mais qu'importe?

— Que Dieu soit loué! s'écria Jeanie.

— Oui, oui, vous autres Whigs, vous louez Dieu à chaque instant du jour : c'est fort bien, mais diable!... écoutez-moi, j'ai un secret à vous dire. Sur les confins de l'Écosse et de l'Angleterre, et surtout dans le comté d'York, il est possible que vous rencontriez des gens qui ne sont pas les plus polis du monde. Mais du diable si l'un d'eux touche une connaissance de Daddy Rat! Quoique je sois retiré des affaires publiques, ils savent que je puis encore leur faire du bien ou du mal; et il n'y en a pas un qui exerce le métier seulement depuis un an, soit sur les côtes, soit sur un grand chemin, qui ne respecte ma passe et ma signature plus que celles de tous les juges de paix des deux royaumes. Mais c'est le latin des voleurs pour vous.

Il se servait en effet d'un argot à peu près inintelligible pour Jeanie (1). La pauvre fille était impatiente de lui échapper, mais il la força d'attendre, et griffonnant quelques lignes sur un morceau de papier sale; il le plia en quatre, et le présenta à Jeanie. Comme elle semblait hésiter à le prendre : — Prenez donc! s'écria-t-il, prenez! craignez-vous qu'il ne vous morde? que diable! s'il ne vous fait pas de bien, il ne vous fera pas de mal. N'oubliez pas de le montrer, si vous rencontrez quelqu'un des clercs de Saint-Nicolas.

(1) L'auteur a traduit lui-même en note plusieurs mots de cet argot, qu'il serait impossible de figurer dans la traduction française. — Éd.

— Hélas! je ne vous comprends pas, lui dit-elle.

— Je veux dire, si vous tombez aux mains des voleurs, ma précieuse, voilà une phrase de l'Écriture si vous en voulez une; le plus audacieux d'entre eux respectera le griffonnage de ma plume d'oie. Maintenant partez, et tâchez de voir le duc d'Argyle. Si quelqu'un peut vous servir dans l'affaire, c'est lui.

Après avoir jeté un dernier regard d'inquiétude sur les murs noircis et les fenêtres grillées de la vieille Tolbooth, et un autre sur la maison hospitalière de mistress Saddletree, Jeanie quitta Édimbourg, et ne tarda point à arriver à Saint-Léonard. Elle ne rencontra personne de sa connaissance, et elle s'en félicita : — J'ai besoin de tout mon courage, pensa-t-elle, et je dois éviter tout ce qui pourrait tendre à l'affaiblir.

Elle envoya chercher une femme qui avait servi longtemps chez son père, et qui, ayant amassé quelque peu d'argent, vivait alors tranquillement dans une cabane voisine. Elle lui dit que des affaires l'obligeaient à faire un voyage qui durerait quelques semaines; elle l'engagea à venir passer le temps de son absence à Saint-Léonard, et à s'y charger de tous les détails domestiques.

May Hetly ayant consenti à cette proposition, elle lui détailla avec une précision dont elle fut elle-même surprise, dans la situation d'esprit où elle se trouvait, tous les soins dont elle aurait à s'occuper, principalement ceux dont son père devait être l'objet. Elle lui dit qu'il reviendrait probablement à Saint-Léonard le lendemain, ou du moins très-incessamment; qu'il fallait que tout fût bien en ordre à son arrivée, attendu que son esprit était déjà assez fatigué de ses chagrins, sans avoir encore à s'occuper de ses affaires.

Elle-même aida May Hetly dans les travaux de la journée, et la soirée était déjà bien avancée quand tout fut terminé. La bonne femme lui demanda alors si elle ne désirait pas qu'elle restât près d'elle cette nuit.
— Vous avez eu une terrible journée, lui dit-elle, et le chagrin est un mauvais compagnon quand on se trouve seul avec lui.

— Vous avez raison, lui dit Jeanie, mais c'est un compagnon à la présence duquel il faut que je m'habitue, et autant vaut commencer ici que pendant mon voyage.

Elle renvoya donc la vieille femme, qui lui promit de revenir le lendemain de bonne heure, et de ne plus quitter la maison jusqu'à son retour; Jeanie fit ses préparatifs de départ.

La simplicité de son éducation et des mœurs de son pays rendit ces apprêts aussi courts que faciles. Son plaid pouvait lui servir en même temps d'habit de voyage et de parapluie, et un petit paquet à porter sous le bras contenait le peu de linge qui lui était indispensable. Elle était arrivée nu-pieds dans ce monde, comme dit Sancho, et elle se proposait de faire nu-pieds son pèlerinage, réservant ses souliers et ses bas blancs pour les occasions d'apparat. Elle ne savait pas qu'en Angleterre on attache à l'usage de marcher pieds nus une idée de la plus extrême misère, car si l'on lui avait fait contre cette coutume une objection tirée de la propreté, elle y aurait répondu en citant l'habitude où sont les Écossaises d'une certaine aisance de faire des ablutions aussi fréquentes que les sectateurs de Mahomet.

Jusque-là tout allait bien.

Dans une espèce d'armoire en bois de chêne, où le vieux Deans serrait quelques livres et tous ses papiers, elle chercha, et parvint à trouver, dans deux ou trois liasses qui contenaient des extraits de sermon, des comptes avec les ouvriers, des copies des dernières paroles prononcées par des martyrs lors des persécutions, etc., deux ou trois pièces qui lui parurent devoir être utiles pour ses projets, et qu'elle plaça soigneusement dans un petit porte-feuille. Mais il restait une difficulté, la plus importante de toutes, à laquelle elle n'avait pas encore songé, le manque d'argent, et il était impossible sans cela qu'elle entreprît un voyage tel que celui qu'elle avait dessein de faire.

David Deans était dans l'aisance, comme nous l'avons déjà dit; on pourrait même dire qu'il jouissait, dans son état, d'une certaine opulence; mais sa richesse, comme celle des anciens patriarches, consistait en ses troupeaux, sauf de petites sommes qu'il avait prêtées à quelques voisins, qui, loin d'être en état de rendre le capital, n'en pouvaient payer les intérêts qu'avec peine. Il était donc inutile que Jeanie pensât à s'adresser à ces débiteurs, même avec le consentement de son père; elle ne pouvait d'ailleurs espérer d'obtenir ce consentement qu'après des explications, des observations, des réflexions qui lui feraient perdre un temps qui était si précieux pour l'exécution de son projet; et, quelque hardi et quelque hasardeux qu'il fût, elle était déterminée à faire cette dernière tentative pour sauver la vie de sa sœur.

Sans manquer au respect filial, Jeanie avait une conviction intime que les sentimens de son père, tout honorables, tout religieux qu'ils étaient, avaient trop peu de rapport avec l'esprit du siècle, pour qu'il fût un bon juge des mesures à adopter en cette crise. Plus flexible dans ses opinions, quoique non moins sévère dans ses principes, elle sentait qu'en lui demandant la permission d'entreprendre ce voyage, elle courait le risque d'être refusée, et elle aurait craint, en le faisant malgré sa défense, d'être privée des bénédictions du ciel. Elle avait donc résolu de ne lui faire connaître son projet, et les motifs qui le lui avaient fait concevoir, qu'après son départ. Mais il était impossible de lui demander de l'argent sans lui exposer le motif de cette demande; et venait alors la discussion qu'elle voulait éviter sur l'utilité de ce voyage. Enfin elle savait qu'il n'avait pas d'argent comptant; il aurait fallu qu'il en cherchât lui-même, et de là eussent résulté des délais qui pouvaient faire manquer sa courageuse entreprise. C'était donc ailleurs qu'elle devait chercher les secours pécuniaires dont elle avait besoin.

Elle pensa alors qu'elle aurait dû consulter mistress Saddletree à ce sujet. Mais, outre le temps qu'il fallait encore perdre maintenant pour cela, elle sentait une répugnance presque invincible à s'adresser à elle en cette occasion. Elle savait que mistress Saddletree avait un bon cœur, qu'elle prenait un intérêt véritable aux malheurs de sa famille; mais elle n'ignorait pas que son esprit était d'une trempe ordinaire et mondaine; que son caractère la rendait incapable de voir la résolution qu'elle avait formée avec l'enthousiasme qui l'avait inspirée. Il aurait fallu discuter longuement avec elle pour lui en démontrer l'utilité, la convenance, la nécessité, et peut-être encore n'aurait-elle pu parvenir à l'en convaincre.

Elle aurait pu compter sur le secours de Butler, s'il n'eût été plus pauvre encore qu'elle-même. Enfin, pour surmonter cette difficulté, elle forma une résolution extraordinaire dont nous rendrons compte dans le chapitre suivant.

CHAPITRE XXVI.

> « Je reconnais sa voix, écoutez la paresse :
> » — Vous m'eveillez trop tôt, je veux me rendormir
> » Comme on voit une porte et tourner et gémir,
> » La paresse en son lit se retourne sans cesse. »
>
> Le docteur WATTS

Le manoir du laird de Dumbiedikes, dans lequel nous allons maintenant introduire nos lecteurs, était à trois ou quatre milles (l'exactitude topographique n'est pas ici bien nécessaire) au sud de Saint-Léonard. Il avait eu autrefois une espèce de célébrité, car l'ancien laird, bien connu dans tous les cabarets à un mille à la ronde, portait l'épée, avait un beau cheval, et deux lévriers, jurait, et faisait des gageures à toutes les courses de chevaux et à tous les combats de coqs, suivait les faucons de Somerville de Drum et les chiens de lord Ross, et s'appellait lui-même un homme comme il faut. Le propriétaire actuel avait fait perdre à son lignage une partie de sa splendeur, car il vivait retiré chez lui en avare sauvage, tandis que son père avait vécu en dissipateur égoïste et extravagant.

Ce château était ce qu'on appelle en Écosse une *maison seule*, c'est-à-dire qui n'a qu'une chambre dans l'étendue de chaque étage. Chacune de ces pièces était éclairée par six ou huit fenêtres percées irrégulièrement, et qui toutes ensemble ne laissaient pas entrer autant de jour qu'en aurait donné une croisée moderne. Cet édifice sans art, ressemblant à ces châteaux de cartes que construisent les enfans, était surmonté d'un toit couvert de pierres grises plates, en place d'ardoises; une tour demi-circulaire, adossée à la maison, contenait un escalier en limaçon qui conduisait à chaque étage; au bas de la tour était la porte d'entrée, garnie de clous à large tête, et le haut du mur était percé de barbacanes. Une espèce de basse-cour, dont les murs tombaient en ruines, renfermait les étables, écuries, etc. La cour avait été pavée; mais le temps avait déplacé une partie des pierres, et une belle moisson d'orties et de chardons fleurissait à leur place. Un petit jardin, dans lequel on entrait par une haie sans porte pratiquée dans le mur de la cour, paraissait dans un état aussi prospère. Au-dessus de la porte était une pierre sur laquelle on voyait quelques restes des armoiries de la famille de Dumbiedikes qui y avaient été gravées autrefois.

On arrivait à ce château de plaisance par une route formée de fragmens de pierres jetés presque au hasard, et entourée de terres labourées, mais non encloses. Sur une prairie maigre on voyait le fidèle palefroi du laird, qui, attaché à un poteau, tâchait d'y trouver son déjeuner. Tout accusait l'absence de l'ordre et de l'aisance. Ceci n'était pourtant pas l'effet de la pauvreté ; cet état n'avait pour cause que l'indolence et l'apathie.

Ce fut par une belle matinée du printemps, et de très-bonne heure, que Jeanie Deans, non sans un peu de honte et de timidité, arriva devant le palais que nous venons de décrire, et entra dans la cour. Jeanie n'était pas une héroïne de roman ; elle regarda donc avec intérêt et curiosité un château dont elle pouvait penser qu'elle aurait pu alors être la maîtresse, si elle avait voulu donner au propriétaire un peu de cet encouragement que les femmes de toutes les conditions savent par instinct distribuer avec tant d'adresse. D'ailleurs elle n'avait pas des idées plus relevées que ne le comportaient son état et son éducation, et elle trouva que la maison, quoique inférieure au château de Dalkeith, et à quelques autres qu'elle avait vus, était certainement un superbe édifice dans son genre, et que les terres en seraient fertiles si elles étaient mieux cultivées. Mais le cœur de Jeanie était incapable de se laisser séduire par des idées de grandeur et d'opulence, et tout en admirant la splendeur de l'habitation de son ancien adorateur, et en rendant justice à la bonté de ses terres, il ne lui vint pas un moment à l'esprit de faire au laird, à Butler et à elle-même, l'outrage que tant de dames d'un plus haut rang n'auraient pas hésité de faire à tous trois avec de moindres motifs de tentation.

Étant venue dans l'intention de parler au laird, Jeanie chercha de tous côtés un domestique pour lui faire annoncer son arrivée et lui demander un moment d'entretien. N'en apercevant point, elle se hasarda à ouvrir une porte. C'était le chenil de l'ancien laird, et il servait maintenant de blanchisserie, ainsi que le prouvaient quelque baquets et autres ustensiles qu'elle y vit. Elle en ouvrit une seconde, c'était l'ancienne fauconnerie, comme l'attestaient quelques bâtons pourris sur lesquels se perchaient autrefois les faucons qui servaient aux plaisirs de leur maître. Une troisième la conduisit au trou à charbon, qui était assez bien garni, un bon feu étant presque le seul point sur lequel le laird actuel ne voulût pas entendre parler d'économie. Quant au surplus des détails domestiques, il les laissait entièrement à la disposition de sa femme de charge, la même qui avait servi son père, et qui, d'après la chronique secrète, avait trouvé le moyen de se faire un bon nid à ses dépens.

Jeanie continua à ouvrir des portes, comme le second Calender borgne dans le château des cent demoiselles obligeantes (1), jusqu'à ce que, de même que ce prince errant, elle arriva à l'écurie. Le pégase montagnard Rory Bean, qui en était l'unique habitant de son espèce, et qu'elle avait vu paître dans la prairie en arrivant, était son ancienne connaissance, et elle reconnut sa selle et son harnois qui tapissaient la muraille. Il partageait son appartement avec une vache, qui tourna la tête du côté de Jeanie dès qu'elle l'aperçut, comme pour lui demander sa pitance du matin. Ce langage était intelligible pour Jeanie, et voyant quelques bottes de luzerne dans un coin, elle en délia une et la mit dans le râtelier. Cette besogne aurait dû être faite depuis long-temps; mais les animaux n'étaient pas traités avec plus de soin que les terres et les bâtimens dans ce château du paresseux.

Tandis qu'elle s'acquittait de cet acte de charité pour le pauvre animal qui lui en témoignait sa reconnais-

(1) Mille et une nuits. — Ed.

sance à sa manière, en mangeant de bon appétit, arriva la fille de basse-cour, qui venait de s'arracher non sans peine aux douceurs du sommeil ; voyant une étrangère s'occuper des fonctions qu'elle aurait dû remplir plus tôt, elle s'écria : — Oh ! oh ! le Brownie ! le Brownie ! et elle s'enfuit comme si elle avait vu le diable.

Pour expliquer la cause de cette terreur, il est bon de faire observer ici qu'une ancienne tradition assurait que le manoir du laird était depuis long-temps hanté par un Brownie (1). C'est ainsi qu'on appelle ces esprits familiers qu'on croyait autrefois venir dans les maisons pour y faire l'ouvrage que les domestiques laissaient en retard par paresse :

Agitant le fléau, promenant le balai.

Certes cette assistance d'un être surnaturel n'aurait été nulle part plus utile et plus nécessaire que dans une habitation où tous les domestiques étaient si peu enclins à l'activité ; et cependant cette fille était si peu tentée de se réjouir de voir un substitut aérien s'acquitter de sa tâche, qu'elle jeta l'alarme dans toute la maison par ses cris, comme si le Brownie l'eût écorchée. Jeanie, qui avait quitté aussitôt son occupa-

---

(1) Le brownie est plus particulièrement le lutin des fermes, quoiqu'il y en ait eu qui se soient attachés à de nobles maisons ; pour prix de ses services, il ne demande que de bons traitemens : les soins de l'étable et de la laiterie lui plaisent surtout. Le beau idéal de ces sortes d'esprits familiers a été peint dans le *Trilby* de Charles Nodier ; mais généralement le Brownie passe pour plus rustique que gracieux. Son nom vient même probablement de sa couleur brune : il diffère en cela des fées (*fairies*), esprits de couleur blanche. Le Brownie correspond au *Swertalfar* ou lutin noir de l'Edda, comme les fées correspondent aux *Liosalfar* ou lutins blancs. — Éd.

tion, tâchait de la rejoindre pour calmer sa frayeur, et lui apprendre pourquoi elle s'était trouvée là. Avant d'y avoir réussi, elle rencontra mistress Jeanneton Balchristie, qui était accourue au bruit; elle était la sultane favorite de l'ancien laird, suivant la chronique scandaleuse, et la femme de charge du maître actuel. C'était la femme à teint couleur de buis, âgée d'environ quarante-cinq ans, dont nous avons parlé en rapportant la mort de l'ancien laird de Dumbiedikes, et qui pouvait en avoir alors environ soixante-dix. Mistress Balchristie était fière de son autorité, jalouse de tous ceux qui pouvaient avoir quelque influence sur l'esprit de son maître, humble avec lui, et acariâtre avec tout autre. Sachant que son crédit n'était pas appuyé près du fils sur une base aussi solide qu'il l'avait été près du père, elle avait introduit dans la maison comme sa coadjutrice une de ses nièces, la criarde dont nous venons de parler, qui avait de grands yeux noirs et des traits assez réguliers; elle ne fit pourtant pas la conquête du laird, qui semblait ignorer qu'il existât dans l'univers une autre femme que Jeanie Deans, et qui n'était pas même trop tourmenté de l'affection qu'il avait conçue pour elle.

Malgré cette indifférence de son maître pour le beau sexe, mistress Balchristie n'en était pas moins jalouse de le voir faire régulièrement une visite tous les jours à la ferme de Saint-Léonard, quoique depuis dix ans ses visites n'eussent amené aucun résultat; et lorsqu'il la regardait fixement, et qu'il lui disait en s'arrêtant à chaque mot, selon sa coutume : — Jenny, je changerai demain,..... elle tremblait toujours qu'il n'ajoutât : — de condition, et elle se trouvait bien soulagée quand il avait dit : — de souliers.

Il est cependant certain que mistress Balchristie nourrissait une malveillance bien prononcée contre Jeanie Deans, sentiment qu'on accorde assez ordinairement à ceux que l'on craint; mais elle avait aussi une aversion générale pour toute femme jeune et de figure passable qui montrait seulement l'intention d'approcher du château, et surtout de parler au laird; enfin, comme elle s'était levée ce matin deux heures plus tôt qu'à l'ordinaire, grace aux cris de sa nièce, elle se trouvait d'humeur à quereller tout le genre humain, *inimicitiam contra ommes mortales*, comme disait notre ami Saddletree.

— Qui diable êtes-vous? dit la grosse dame à Jeanie, qu'elle n'avait vue que très-rarement, et qu'elle ne reconnut pas : de quel droit venez-vous causer tout ce tapage dans une maison honnête à une pareille heure?

— C'est que... j'ai besoin... de parler au laird, dit en hésitant Jeanie, qui, de même que tous les habitans des environs, avait une sorte de frayeur de cette mégère.

— De parler au laird?... Et que pouvez-vous avoir à lui dire? Quel est votre nom? Croyez-vous que Son Honneur n'ait autre chose à faire que d'écouter les bavardages de la première vagabonde qui court les rues, et cela tandis qu'il est encore dans son lit, le brave homme!

— Ma chère mistress Balchristie, répondit Jeanie d'un ton soumis, est-ce que vous ne me connaissez pas? je suis Jeanie Deans.

— Jeanie Deans! dit le dragon femelle qui, affectant la plus grande surprise, s'approcha d'elle en la regardant d'un air malin et méprisant : oui, en vérité, ajouta-t-elle, c'est Jeanie Deans! On devrait plutôt vous nommer Jeanie Devil (1). Vous avez fait de la belle besogne, vous et votre sœur! avoir assassiné un pauvre petit innocent! Mais elle sera pendue, et c'est bien fait. Et c'est vous qui osez vous présenter dans une maison honnête, et qui demandez à voir un homme à l'heure qu'il est, pendant qu'il est encore au lit! Allez, allez!

Une pareille brutalité rendit Jeanie muette : dans son trouble et sa confusion, elle ne put trouver un mot pour se justifier de l'infame interprétation qu'on donnait à sa visite; et la mégère, profitant de l'avantage que lui donnait son silence, continua sur le même ton.

— Allons, allons, tournez-moi les talons bien vite, et que cette porte ne vous revoie jamais. Si votre père, le vieux David Deans, n'avait été fermier du laird, j'appellerais les domestiques, et je vous ferais donner un bain dans la mare pour vous punir de votre impudence.

Jeanie, dès les premiers mots, avait déjà repris le chemin de la porte de la cour, de sorte que mistress Balchristie, ne voulant pas qu'elle perdît rien de ses menaces, éleva sa voix de stentor jusqu'au plus haut diapason. Mais, de même que plus d'un général, elle perdit le fruit de sa victoire pour en avoir voulu trop profiter.

Le laird Dumbiedikes avait été troublé dans son sommeil par les premiers cris de la fille de basse-cour; il se retourna sur son oreiller, et comme il était assez accoutumé à entendre crier chez lui la tante et la nièce, il ne songea qu'à se rendormir. L'éloquence bruyante

(1) Jeanie-le-Diable. M. Balchristie rapproche les deux mots par l'analogie des sons. — ÉD.

de mistress Balchristie l'en empêcha, et dans la seconde explosion de la colère de cette virago, le nom de Deans ayant frappé son oreille, il en conclut que c'était un message qui lui était envoyé de la part de cette famille, et que la bile de sa femme de charge s'était échauffée en se voyant éveillée de si grand matin. Comme il savait qu'elle n'aimait point cette famille, il sauta à bas de son lit, se hâta de mettre les vêtemens les plus nécessaires, se couvrit d'une vieille robe de chambre de brocard, prit le chapeau galonné de son père (car il est nécessaire de démentir ici le bruit généralement répandu qu'il le portait même dans son lit, comme Don Quichotte son casque, quoiqu'il soit vrai qu'on le vît rarement sans cet appendice), et ouvrant la fenêtre de la chambre à coucher, il vit, à sa grande surprise, Jeanie qui se retirait, et sa femme de charge qui, un poing sur la hanche, et l'autre bras étendu vers elle, lui prodiguait plus d'injures que le pauvre laird n'en avait entendu prononcer de sa vie.

Sa colère ne fut pas moindre que son étonnement. — Hé! hé! s'écria-t-il, vieille fille de Satan! Comment diable osez-vous traiter ainsi la fille d'un honnête homme?

Mistress Balchristie se trouva prise dans ses propres filets. Elle voyait, par la chaleur extraordinaire avec lalaquelle son maître venait de s'exprimer, qu'il prenait l'affaire au sérieux; elle savait que, malgré son indolence habituelle, il y avait des points sur lesquels on ne pouvait le contrarier sans danger, et sa prudence lui avait appris à craindre sa colère. Elle tâcha donc de revenir sur ses pas le mieux possible. Elle n'avait parlé, dit-elle, que pour l'honneur de la maison. D'ailleurs, elle ne pouvait se résoudre à éveiller Son Honneur de si bonne heure, la jeune fille pouvait bien attendre ou revenir plus tard. Et puis, on pouvait se méprendre sur les deux sœurs ; à coup sûr l'une d'elles n'était pas une connaissance dont il fallût se vanter.

— Taisez-vous, vieille criarde, dit Dumbiedikes : les souliers de la dernière des misérables seraient trop bons pour vos pieds, si tout ce qu'on dit est vrai. Jeanie, Jeanie, mon enfant, entrez dans la maison. Mais tout est peut-être encore fermé, attendez-moi un instant, et ne vous inquiétez pas des propos de Jeanneton.

— Non, non, dit mistress Balchristie, en tâchant de sourire agréablement, ne vous inquiétez pas de ce que je dis, mon enfant, tout le monde sait que j'aboie plus que je ne mords. Pourquoi ne m'avez-vous pas dit que vous aviez un rendez-vous avec le laird? Dieu merci, je sais vivre. Entrez, miss Deans, entrez, ajouta-t-elle en ouvrant la porte avec un passe-partout.

— Je n'ai pas de rendez-vous avec le laird, dit Jeanie en reculant quelques pas : je n'ai que deux mots à lui dire, et je les lui dirai fort bien ici.

— Quoi! dans la cour! cela ne se peut pas, mon enfant, je ne suis pas assez incivile pour le souffrir. Et comment va votre brave homme de père?

L'arrivée de Dumbiedikes épargna à Jeanie la peine de répondre à cette question hypocrite.

— Allez faire le déjeuner, dit-il à la femme de charge, et écoutez-moi! vous déjeunerez avec nous. Préparez le thé, et veillez surtout à ce qu'il y ait bon feu. Eh bien, Jeanie; entrez! entrez donc! vous vous reposerez.

— Non, non, répondit Jeanie en affectant autant de calme qu'elle le put, quoiqu'elle fût encore toute tremblante, je ne puis entrer, j'ai bien du chemin à faire aujourd'hui. Il faut que je sois ce soir à vingt milles d'ici, si mes pieds peuvent m'y porter.

— A vingt milles d'ici! s'écria Dumbiedikes, dont les plus longs voyages n'excédaient jamais cinq à six : ne songez pas à une pareille chose! allons, entrez, entrez.

— Je n'ai qu'un mot à vous dire, reprit Jeanie, et je puis vous le dire ici, quoique mistress Balchristie...

— Que le diable emporte mistress Balchristie, s'écria le laird, et il en aura sa bonne charge. Je parle peu, Jeanie, mais je suis le maître chez moi, et je sais faire obéir gens et bêtes, excepté pourtant Rory Bean, mon cheval, et l'on ne me contrarie pas sans que le sang me bouille dans les veines.

— Je voudrais donc vous dire, continua Jeanie, qui vit la nécessité d'entrer en matière, que je vais faire un long voyage sans que mon père le sache.

— Sans que votre père le sache! répéta Dumbiedikes avec un air d'intérêt : cela est-il bien, Jeanie ? réfléchissez-y encore. Non, cela n'est pas bien.

— Si j'étais à Londres, dit Jeanie pour se justifier, je suis presque sûre que je trouverais le moyen de parler à la reine, et que j'en obtiendrais la grace de ma sœur.

— Londres!... la reine!... la grace de sa sœur!... La pauvre fille a perdu l'esprit! dit le laird en sifflant d'étonnement.

— Je n'ai pas perdu l'esprit, et je suis bien résolue à aller à Londres, quand je devrais demander l'aumône de porte en porte pour m'y rendre ; ce qu'il faudra que je fasse, à moins que vous ne vouliez bien me prêter une petite somme pour faire mon voyage. Vous savez que mon père est en état de vous la rendre, et qu'il ne voudrait pas que personne eût à se repentir d'avoir eu confiance en moi, et vous moins que qui que ce soit.

Dumbiedikes, comprenant le motif de sa visite, en pouvait à peine croire ses oreilles. Il ne lui fit aucune réponse, et resta les yeux fixés à terre.

— Je vois, continua Jeanie, que vous n'avez pas dessein de m'obliger : adieu donc ; allez voir mon pauvre père le plus souvent que vous le pourrez. Il va se trouver bien seul maintenant !

En même temps, elle fit quelques pas pour s'en aller.

— Où va donc la folle ? s'écria Dumbiedikes ; et, la prenant par le bras, il la fit entrer dans la maison.—Ce n'est pas que je n'y aie déjà pensé, dit-il, mais les paroles me restaient au gosier.

Il la conduisit dans un salon meublé et décoré à l'antique, et en ferma la porte aux verrous dès qu'ils y furent entrés. Jeanie, surprise de cette manœuvre, resta le plus près de la porte qu'il lui fut possible, et le laird ayant touché un ressort secret caché dans la boiserie, un des panneaux s'ouvrit, et laissa voir des tiroirs qui étaient presque entièrement remplis de sacs d'or et d'argent.

— Voilà ma banque, Jeanie, lui dit-il en portant alternativement un regard de complaisance sur elle et sur son trésor. Cela vaut mieux que tous les billets des meilleurs marchands et banquiers, qui ruinent ceux qui y prennent confiance.

Alors, changeant tout à coup de ton, il dit avec plus de résolution qu'il ne s'en supposait :—Jeanie, je veux qu'avant le coucher du soleil vous soyez lady Dumbiedikes, et alors vous pourrez avoir un équipage à vous pour aller à Londres si vous le voulez.

— Non, non, dit Jeanie, cela ne se peut pas. Le chagrin de mon père... la situation de ma sœur... le soin de votre honneur...

— C'est mon affaire. Vous n'en parleriez pas si vous n'étiez pas une folle, mais je ne vous en aime que mieux. Dans le mariage, c'est assez que l'un des deux époux soit sage et prudent. Au surplus, si votre cœur est trop plein en ce moment, prenez là tout ce que vous voudrez, et nous remettrons la noce à votre retour. Autant vaut alors qu'aujourd'hui.

Jeanie sentit la nécessité de s'expliquer franchement avec un amant si extraordinaire.

— Je ne puis vous épouser, lui dit-elle, parce qu'il existe un homme que j'aime mieux que vous.

— Que vous aimez mieux! Comment cela se peut-il? vous me connaissez depuis si long-temps!

— Mais je le connais depuis plus long-temps encore.

— Depuis plus long-temps? cela ne se peut pas. Vous êtes née sur mes terres. Mais vous n'avez pas encore tout vu, Jeanie. Il ouvrit un second tiroir. — Voyez, Jeanie, il n'y a que de l'or dans celui-ci. Et puis voilà le livre aux rentes. Trois cents livres sterling clair et net, sans compter le produit des terres. Ensuite la garde-robe de ma mère et de ma grand'mère; des robes de soie, des dentelles aussi fines que des toiles d'araignée, un collier de perles, des bracelets et des boucles d'oreilles de diamant. Tout cela est là-haut. Venez voir, Jeanie, venez voir.

Jeanie ne succomba point aux tentations auxquelles le laird croyait peut-être avec raison qu'il était bien difficile à une femme de résister.

— Cela est impossible, dit-elle, je vous l'ai déjà dit.

Vous me donneriez la baronnie de Dalkeith et celle de Lugton par-dessus le marché, que je ne voudrais pas lui manquer de parole.

— Lui manquer de parole! dit le laird d'un ton piqué. Mais qui est-il donc? Vous ne m'avez pas encore dit son nom! Bah! c'est qu'il n'existe pas. Vous faites des façons. Qui est-il enfin, qui est-il?

— Reuben Butler, répondit Jeanie.

— Reuben Butler! s'écria Dumbiedikes d'un air de mépris, Reuben Butler! le fils d'un paysan! un sous-maître d'école! un homme qui n'a pas dans sa poche la valeur du vieil habit qu'il a sur le dos! Fort bien, Jeanie, fort bien! vous êtes bien la maîtresse! Et refermant les tiroirs de son armoire et le panneau de boiserie qui les cachait: — Une belle offre refusée, Jeanie, ajouta-t-il, ne doit pas être une cause de querelle. Un homme peut conduire son cheval à l'abreuvoir, mais vingt ne le feraient pas boire malgré lui. Quant à dépenser mon argent pour les amoureuses des autres...

La fierté de Jeanie se trouva humiliée. — Je ne vous demandais qu'un emprunt, lui dit-elle, et je ne m'attendais pas que vous y mettriez de telles conditions. Au surplus, vous avez toujours eu des bontés pour mon père, et je vous pardonne votre refus de tout mon cœur.

En même temps, elle tira le verrou, ouvrit la porte, et s'en alla sans écouter le laird qui lui disait: — Un instant! Jeanie, un instant, écoutez-moi donc! Traversant la cour à grands pas, elle sortit du château, remplie de la honte et de l'indignation qu'on éprouve naturellement quand on se voit refuser inopinément un service sur lequel on avait cru pouvoir compter.

Elle courut sans s'arrêter jusqu'à ce qu'elle eût regagné la grande route. Alors, ralentissant le pas, elle calma son dépit, et commença à réfléchir sur les conséquences du refus qu'elle venait d'essuyer. Entreprendrait-elle véritablement d'aller à Londres en mendiant? Retournerait-elle à Saint-Léonard pour demander de l'argent à son père, au risque de perdre un temps précieux, et de l'entendre peut-être lui défendre de faire la voyage qu'elle regardait comme le seul espoir de salut qui restât à sa sœur ? Elle ne voyait pourtant pas de milieu entre ces deux alternatives, et tout en réfléchissant sur ce qu'elle devait faire, elle s'avançait lentement sur la route de Londres.

Tandis qu'elle était dans cette incertitude, elle entendit derrière elle le pas d'un cheval, et une voix bien connue qui l'appelait par son nom. Elle se retourna, et reconnut Dumbiedikes. Il était sur sa monture, en robe de chambre et en pantoufles, mais toujours avec le chapeau galonné de son père, et, dans l'ardeur de sa poursuite, il était parvenu pour la première fois à vaincre l'obstination de Rory, qui, au bout de l'avenue du château, avait voulu tourner du côté de Saint-Léonard, tandis que le laird voyait Jeanie à cent pas de lui sur la route de Londres. Il avait pourtant réussi, à force de faire jouer le bâton et les talons, à lui faire franchir cette distance, tandis que l'animal, tournant la tête à chaque pas, témoignait son mécontentement de se trouver forcé d'obéir à son cavalier.

Dès que Dumbiedikes eut rejoint Jeanie : — Jeanie, lui dit-il, on dit qu'il ne faut jamais prendre une femme à son premier mot.

— Vous pouvez pourtant me prendre au mien, ré-

pondit-elle sans s'arrêter et sans lever les yeux sur lui:
je n'ai jamais qu'un mot, et ce mot est toujours la
vérité.

— Mais alors, Jeanie, c'est moi que vous ne deviez
pas prendre au premier mot. Je ne veux pas que vous
fassiez un tel voyage sans argent, quoi qu'il puisse arriver. En même temps, il lui mit en mains une bourse de
cuir assez bien remplie. Je vous donnerais bien aussi
Rory, ajouta-t-il, mais il est aussi entêté que vous, et il n'y
a pas moyen de le faire aller sur un autre chemin que celui que nous avons fait ensemble, trop souvent peut-être.

— Je sais que mon père vous rendra cet argent jusqu'au dernier sou, laird Dumbiedikes, et cependant je
ne l'accepterais pas, si je croyais que vous pussiez penser à autre chose qu'à vous le voir rendre.

— Il s'y trouve juste vingt-cinq guinées, dit le laird
en soupirant : mais que votre père me les rende ou non,
elles sont à votre service sans aucune condition. Allez
où vous voudrez. Faites ce que vous voudrez! Épousez tous les Butler du pays si vous le voulez. Adieu,
Jeanie !

— Que le ciel vous récompense! s'écria Jeanie dont
le cœur en ce moment fut plus ému de la générosité inattendue de ce caractère bizarre, que Butler ne l'aurait peut-être trouvé bon s'il eût connu les sentimens
qu'elle éprouvait alors : que la bénédiction du Seigneur,
que tout le bonheur du monde vous accompagnent à jamais, si nous ne devons plus nous revoir.

Dumbiedikes aurait voulu se retourner pour jeter sur
elle un dernier regard, et lui faire une seconde fois ses
adieux, mais il ne lui fut possible que de lui faire un
signe de la main. Rory, enchanté de pouvoir reprendre

son chemin ordinaire, l'emportait avec une telle rapidité, que le cavalier, qui, dans sa précipitation, était monté sans selle et sans étriers, était trop occupé du soin de se maintenir sur sa bête pour oser courir le risque de regarder en arrière.

J'ai presque honte d'avouer que la vue d'un amant en robe de chambre et en pantoufles, avec un grand chapeau galonné, entraîné malgré lui par un petit cheval qu'il montait à poil, avait quelque chose d'assez ridicule en soi pour calmer l'élan d'une estime et d'une reconnaissance bien méritée, et la figure de Dumbiedikes sur son poney montagnard était trop plaisante pour ne pas confirmer Jeanie dans les premiers sentimens qu'il lui avait inspirés.

— C'est une bonne créature, pensa-t-elle, un homme obligeant; c'est dommage qu'il ait un cheval si volontaire.

Elle songea alors au voyage important qu'elle commençait, et réfléchit avec plaisir que, grace à ses habitudes économiques, elle se trouvait maintenant plus d'argent qu'elle n'en avait besoin pour aller à Londres, y séjourner, et retourner à Saint-Léonard.

CHAPITRE XXVII.

> » D'étranges sentimens
> » Se glissent quelquefois dans l'esprit des amans.
> » — Si je ne devais plus revoir mon Amélie !
> » Si par la mort, pensai je, elle m'était ravie ! »
> WORDSWORTH.

En continuant son voyage solitaire, notre héroïne, après avoir passé le domaine de Dumbiedikes, se trouva sur une petite éminence d'où l'on apercevait, vers l'orient, en suivant le cours d'une onde gazouillante ombragée par des saules épars et des frênes, les chaumières de Woodend et de Bersheba, théâtre des premiers jeux de sa jeunesse. Elle reconnut la prairie où elle avait souvent gardé les troupeaux avec Reuben; les sinuosités du ruisseau sur les rives duquel elle avait cueilli des joncs avec lui pour en former des couronnes et des sceptres pour sa sœur Effie, alors enfant gâtée de trois ou quatre ans. Les souvenirs que ce spectacle lui rappelaient était si amers, que, si elle s'y était abandonnée, elle se serait assise pour soulager son cœur en pleurant.

— Mais je me demandai, dit Jeanie, quel bien résulterait de mes pleurs. N'était-il pas plus convenable de remercier le Seigneur dont la bonté avait suscité, pour me faciliter mon voyage, un homme que bien des gens appellent un avare, un Nabal, et qui me fit part de ses richesses avec autant de générosité que le ruisseau m'offrirait ses eaux? N'aurais-je pas été coupable du même péché que le peuple d'Israël à Mirebah, quand il osait murmurer, quoique Moïse vînt de faire jaillir une source vivifiante du sein du rocher? Aussi je n'osai pas jeter un dernier regard sur Woodend, car tout jusqu'à la fumée bleuâtre que je voyais sortir des cheminées, me rappelait les tristes changemens de notre sort. »

Ce fut dans cet esprit de résignation chrétienne qu'elle continua son voyage, et qu'elle s'éloigna d'un endroit qui lui rappelait des souvenirs trop attendrissans. Elle se trouva bientôt à peu de distance du village où demeurait Butler. L'église gothique, surmontée d'un clocher en aiguille, y est située au milieu d'un bouquet d'arbres sur le haut d'une éminence au sud d'Édimbourg. A un quart de mille de distance est une vieille tour carrée où demeurait, dans les anciens temps, un laird qui se rendait redoutable à la ville d'Édimbourg par ses habitudes de chevalerie germanique, qui consistaient dans le pillage des provisions et des marchandises qui venaient du côté du sud.

Ce village, cette église, cette tour, n'étaient pas exactement sur le chemin qui devait conduire Jeanie en Angleterre, mais ne l'en éloignaient pas beaucoup. Elle avait d'ailleurs besoin de voir Butler, parce qu'elle désirait le prier d'écrire à son père pour lui faire part de son voyage, et de l'espoir qui le lui avait fait entreprendre. Un autre motif qui l'y portait aussi, presque à l'insu d'elle-même, était le désir de revoir encore une fois l'objet d'une tendresse déjà ancienne et toujours sincère, avant de commencer un voyage dont elle ne se dissimulait pas les périls, quoiqu'elle s'efforçât de n'y point songer pour ne pas risquer d'affaiblir l'énergie de sa résolution. Une visite faite à un amant par une jeune personne d'une condition plus élevée que Jeanie aurait été une démarche peu convenable en elle-même ; mais la simplicité de ses mœurs champêtres ne lui permettait pas de concevoir ces scrupules d'un décorum rigoureux, et sa conscience fut bien loin de lui rien reprocher pour aller prendre congé d'un ami d'enfance, avant de s'en éloigner peut-être pour longtemps.

Un autre motif inquiétait vivement son cœur à son approche du village. Elle s'était imaginé que Butler, autant par suite de l'intérêt qu'il devait prendre à l'ancien protecteur de son enfance, que par affection pour elle, se trouverait dans la salle d'audience lors du jugement de sa sœur. Elle l'avait cherché des yeux parmi les spectateurs, ne l'avait pas aperçu, et ses yeux ne pouvaient l'avoir trompée. Elle savait bien qu'il était dans un certain état de contrainte ; mais elle avait espéré qu'il trouverait quelque moyen de s'en affranchir, au moins pour un jour. En un mot, ces pensées étranges et vagues, que Wordsworth (1) attribue à l'imagination d'un amant absent, lui suggérèrent que, si

(1) Voyez l'épigraphe du chapitre. — ÉD.

Butler n'avait pas paru, c'était pour cause de maladie. Cette idée s'était tellement emparée de son imagination, que, lorsqu'elle approcha de la chaumière dans laquelle son amant occupait un petit appartement, et qui lui avait été indiquée par une jeune fille portant un pot au lait sur sa tête, elle tremblait en songeant à la réponse qu'on pourrait lui faire quand elle demanderait à lui parler.

Ses craintes n'étaient pas chimériques. Butler était d'une constitution délicate. Il n'avait pu résister aux fatigues de corps et aux inquiétudes d'esprit qu'il avait éprouvées depuis le jour de la mort de Porteous, et par suite de cet événement tragique; l'idée que même en l'élargissant on avait conservé des soupçons contre lui, vint encore aggraver ses souffrances morales.

Mais ce qui lui parut le plus difficile à supporter fut la défense formelle que lui firent les magistrats d'avoir, jusqu'à nouvel ordre, aucune communication avec Deans et sa famille. Il leur avait paru vraisemblable que Robertson tenterait d'avoir encore quelque relation avec cette famille, qu'il pourrait une seconde fois prendre Butler pour intermédiaire, et ils désiraient l'en empêcher, dans l'espoir que quelque indiscrétion de sa part pût conduire à sa découverte. Cette mesure n'avait pas été inspirée aux magistrats par un esprit de méfiance contre Butler; mais, dans la circonstance où il se trouvait, il en avait été humilié, et il était en outre désespéré en pensant que Jeanie, qu'il aimait si tendrement, pourrait croire qu'il s'éloignait d'elle, et qu'il l'abandonnait dans le moment où elle avait le plus besoin de consolations.

Cette idée pénible, la crainte d'être exposé à des

soupçons qu'il était si éloigné de mériter, se joignant aux fatigues de corps qu'il avait essuyées, lui occasionèrent une fièvre lente qui finit par le rendre incapable de s'occuper même des devoirs journaliers et sédentaires qu'il remplissait dans son école, et qui formaient tous ses moyens d'existence. Heureusement pour lui, le vieux M. Whackbairn, qui était son supérieur dans l'école de la paroisse, lui était sincèrement attaché. Outre qu'il connaissait le mérite et les talens de son sous-maître, qui avait attiré chez lui un assez grand nombre d'élèves, il avait lui-même reçu une bonne éducation; il conservait du goût pour les auteurs classiques; et, lorsque ses écoliers étaient congédiés, il se délassait volontiers de l'ennui que lui occasionaient les leçons qu'il était obligé de donner à des enfans, en lisant avec son sous-maître quelques pages d'Horace ou de Juvénal. Une conformité de goûts ayant engendré l'amitié, il prit le plus grand intérêt à Butler pendant sa maladie, le suppléa dans ses fonctions, malgré son grand âge, et veilla à ce qu'il ne manquât d'aucun des secours qui pouvaient lui être nécessaires, quoiqu'il n'eût lui-même que des moyens très-bornés.

Telle était la situation de Butler. La fièvre venait pourtant de le quitter, et il commençait, malgré les remontrances du bon M. Whackbairn, à se traîner une fois par jour dans la salle où il donnait ses leçons, quand le jugement et la condamnation d'Effie vinrent mettre le comble à sa détresse, et lui inspirèrent de nouvelles inquiétudes sur tout ce qu'il avait de plus cher au monde.

Il avait appris le détail exact de tout ce qui s'était passé d'un ami, habitant du même village, qui, ayant assisté à la séance de la cour de justice, n'était que trop en état de lui en tracer un tableau désespérant. On juge bien que le sommeil n'approcha pas de ses yeux pendant la nuit suivante. Son imagination fut tourmentée de mille idées sombres et funestes, et il était encore plongé le lendemain dans l'affaissement de la fièvre, quand on vint lui annoncer une visite qui ne pouvait qu'ajouter à sa douleur, la visite d'un sot importun.

C'était celle de Bartholin Saddletree. Le digne et docte sellier n'avait pas manqué la veille de se trouver à son rendez-vous chez Mac-Croskie avec Plumdamas et quelques autres voisins pour discuter les discours du duc d'Argyle, la justice de la condamnation d'Effie, et le peu de probabilité qu'elle pût obtenir sa grace. La discussion avait été longue et chaude, grace à l'eau-de-vie qui n'avait pas été épargnée, et le lendemain matin la tête de Bartholin offrait encore la même confusion que le sac de bien des procureurs.

Pour y rétablir le calme et la sérénité, il résolut d'essayer le pouvoir du grand air. En conséquence, il monta sur un cheval qu'il entretenait à frais communs avec Plumdamas et un autre boutiquier de ses voisins, et dont ils se servaient à tour de rôle pour leurs affaires et leurs plaisirs. Comme il avait deux fils en pension chez Whackbairn, et qu'il aimait assez la société de Butler, il prit Libberton pour but de son excursion, et vint, comme nous le disions, faire souffrir au pauvre ministre le tourment dont l'Imogène de Shakspeare se plaint, quand elle dit : — Je suis persécutée par l'apparition d'un sot que je ne saurais voir sans colère (1).

---

(1) *I'm sprighted with a fool —*
Sprighted, and angered worse. —
                    CYMBELLINE.   ÉD.

Pour comble de vexation, Saddletree choisit pour sujet de ses harangues la condamnation d'Effie et la probabilité qu'elle serait exécutée. Le son de sa voix semblait à Butler le cri sinistre du hibou ou le glas de la cloche des funérailles.

Jeanie s'arrêta à la porte de l'humble demeure de son amant, en entendant résonner dans l'intérieur la voix pompeuse et sonore de Saddletree.—Soyez-en bien sûr, M. Butler, lui disait-il, cela sera comme je vous le dis. Rien ne peut la sauver. Il faudra qu'elle saute le pas. J'en suis fâché pour la pauvre fille; mais la loi, mon cher monsieur, la loi doit être exécutée vous savez ce que dit Horace :

Vival rex,
Currat lex!

Je ne me rappelle plus dans laquelle de ses odes, mais n'importe !

L'ignorance et la brutalité dont Bartholin faisait un si triste amalgame arrachèrent à Butler un mouvement d'impatience; mais Saddletree, comme la plupart des bavards, avait l'intelligence trop obtuse et l'esprit trop gonflé de son prétendu mérite, pour s'apercevoir de l'impression défavorable qu'il produisait souvent sur ses auditeurs. Il continua, sans merci, à étaler ses lambeaux de connaissances légales, et finit par dire d'un ton satisfait de lui-même : — Eh bien! M. Butler, qu'en pensez-vous ? N'est-ce pas bien dommage que mon père ne m'ait pas envoyé faire un cours de jurisprudence à Utrecht ? J'aurais été un *clarissimus ictus*, comme le vieux Grunwiggin lui-même. Eh! n'est-il pas vrai ? un *clarissimus ictus ?*

— Je ne vous comprends pas, M. Saddletree, répondit Butler d'une voix triste et faible, voyant qu'il fallait absolument lui répondre.

— Vous ne me comprenez pas ? *Ictus* est pourtant latin. Cela ne signifie-t-il pas jurisconsulte ?

— Non pas, que je sache, répondit Butler du même ton.

— Comment diable ! j'ai pourtant trouvé ce mot-là ce matin même dans un mémoire de M. Crossmyloof. Un moment.... Je dois l'avoir dans ma poche... Oui, le voici. Eh bien ! voyez ; *ictus clarissimus et perti... peritissimus.* C'est bien du latin, car ces mots sont imprimés en italique.

— Ah ! je comprends maintenant ; mais *ictus* est une abréviation pour *jurisconsultus.*

— Une abréviation ? Non, non, les lois n'abrègent rien. Elles disent tout bien au long. Lisez plutôt le titre des servitudes ; c'est-à-dire *tillicidian* (1). Mais vous direz encore que ce n'est pas latin.

— Cela est possible, dit Butler en soupirant, je ne suis pas en état de disputer contre vous.

— Ce n'est pas pour me vanter, M. Butler, mais peu de personnes, très-peu de personnes seraient en état de le faire. Mais, ajouta-t-il après avoir regardé à sa montre, puisque je vous ai parlé des servitudes, et que vous avez encore une bonne heure avant de descendre à votre école, je vais vous aider à passer ce temps agréablement en vous contant l'histoire d'un procès qui s'instruit en ce moment, relativement à une servitude de chute d'eau, ou *tillicidian*. La plaignante est mistress

---

(1) Il voulait probablement dire *stillicidium*. — ÉD.

Crombie, une femme fort honnête, mon amie depuis long-temps. Je l'ai appuyée de tout mon crédit en la cour, et, qu'elle perde ou qu'elle gagne sa cause, elle en sortira à son honneur. Voici ce dont il s'agit. Sa maison est obligée de recevoir les eaux qui tombent d'une maison voisine, appartenante à mistress Mac-Phail (c'est là ce qu'on appelle *tillicidian*), mais cela ne peut s'entendre que des eaux naturelles, c'est-à-dire de celles qui tombent du ciel sur le toit et qui découlent de là sur le nôtre. Mais, il y a quelques jours, une servante jeta, par une fenêtre donnant sur le toit de mistress Mac-Phail, une potée de je ne sais quelle eau qui tomba d'abord sur son toit et ensuite sur le nôtre, ce qui n'est certainement ni dans l'esprit ni dans la lettre de la loi. Mistress Mac-Phail envoya la coquine de servante faire des excuses à mistress Crombie, et je crois que celle-ci s'en serait contentée. Fort heureusement j'étais là : je lui fis sentir qu'elle devait demander justice, et faire faire défense à mistress Mac-Phail de ne plus à l'avenir jeter sur son toit aucunes autres eaux que celles que le ciel y fait tomber naturellement. J'ai fait citer la maîtresse, assigner la servante...

Saddletree aurait fait durer les détails de ce procès au-delà de l'heure qui restait au pauvre Reuben, ennuyé et fatigué de l'entendre ; mais il fut interrompu par le bruit de quelques voix qu'on entendit à la porte. La femme à qui appartenait la maison où logeait Butler, rentrant chez elle avec un seau qu'elle avait été remplir à une fontaine voisine, trouva à la porte Jeanie Deans, qui s'impatientait de la prolixité de l'orateur, et qui pourtant ne se souciait pas d'entrer avant qu'il fût parti.

La bonne femme abrégea son attente en lui demandant : — Est-ce à moi que vous voulez parler, la jeune fille, ou à M. Butler?

— Je désire voir M. Butler, s'il n'est pas en affaires, répondit Jeanie.

— Eh bien ! entrez donc, mon enfant, répondit la bonne femme, et ouvrant la porte : — M. Butler, dit-elle, voici une jeune fille qui a besoin de vous parler.

La surprise de Butler fut extrême quand, après cette annonce, il vit entrer Jeanie, dont les plus longues courses ne s'étendaient guère au-delà d'un demi-mille de Saint-Léonard.

— Bon Dieu ! s'écria-t-il, il faut que quelque nouveau malheur soit arrivé. Et la crainte rendit à ses joues les couleurs dont la maladie les avait privées.

— Non, M. Reuben, c'est bien assez de ceux que vous connaissez déjà. Mais vous êtes donc malade? ajouta-t-elle, car le coloris momentané dont ses joues s'étaient revêtues était déjà dissipé, et elle voyait les ravages qu'une maladie lente et l'inquiétude d'esprit avaient faits sur son amant.

— Je suis bien maintenant, parfaitement bien, dit Butler, et si je puis faire quelque chose pour vous être utile, à vous ou à votre père...

— Oui, dit Saddletree; car on peut maintenant regarder la famille comme n'étant composée que de vous deux, comme si Effie n'eût jamais existé, la pauvre fille! Mais, Jeanie, qu'est-ce qui vous amène de si bonne heure à Libberton, tandis que votre père est encore à Édimbourg ?

— Il m'a donné une commission pour M. Butler, dit Jeanie d'un air embarrassé. Mais se reprochant aussitôt ce léger écart de la vérité que jamais Quaker ne respecta plus qu'elle, — c'est-à-dire, ajouta-t-elle, j'ai besoin de parler à M. Butler, relativement aux affaires de mon père et de la pauvre Effie.

— Est-ce une affaire du ressort des tribunaux ? demanda Saddletree : en ce cas, vous feriez mieux de prendre mon opinion que la sienne.

— Non, répondit Jeanie, qui trouvait de grands inconvéniens à mettre le bavard Saddletree dans la confidence de ses projets, c'est une lettre que je veux prier M. Butler d'écrire pour moi.

—Eh bien ! dites-moi de quoi il s'agit, et je la dicterai à M. Butler comme M. Crossmyloof à son clerc. Allons, M. Butler, prenez plume et encre.

Jeanie regarda Butler, et se tordit les mains d'un air d'impatience.

— Mais, M. Saddletree, dit Butler, M. Whackbairn sait que vous êtes ici. Il sera mortifié si vous n'assistez pas à la leçon de vos enfans, et l'heure en est plus qu'arrivée.

— Vous avez raison, M. Butler. D'ailleurs, j'ai promis aux enfans de demander un demi-congé pour toute l'école, le jour de l'exécution, afin qu'ils puissent y assister; cela ne peut produire qu'un bon effet sur leur esprit, car qui sait ce qui peut leur arriver à eux-mêmes ? Ah ! mon Dieu ! je ne pensais pas que vous étiez ici, Jeanie; mais n'importe, il faut vous habituer à en entendre parler. M. Butler, retenez Jeanie jusqu'à mon retour. Je ne serai pas absent plus d'un quart d'heure.

Après leur avoir donné cette assurance d'un retour prochain, qu'aucun d'eux ne désirait, il les délivra de l'embarras que leur causait sa présence.

— Reuben, dit Jeanie qui vit la nécessité d'en venir sur-le-champ au sujet qui l'amenait : je commence un bien long voyage : je vais à Londres demander la grace d'Effie au roi et à la reine.

— Y pensez-vous bien, Jeanie? s'écria Butler dans la plus grande surprise : vous, aller à Londres; vous, parler au roi et à la reine !

— Et pourquoi non, Reuben? dit Jeannie du ton de simplicité qui lui était naturel, ce n'est parler qu'à un homme et à une femme, après tout. Ils doivent être de chair et de sang comme nous, et, quand leur cœur serait de pierre, ils auront pitié du malheur d'Effie. D'ailleurs, j'ai entendu dire qu'ils ne sont pas si méchans que le disent les Jacobites.

— Cela est vrai, Jeanie; mais leur magnificence..., leur suite..., la difficulté de parvenir jusqu'à eux.

— J'ai pensé à tout cela, Reuben ; mais je ne veux pas me laisser décourager. Sans doute ils auront de bien beaux habits, des couronnes sur la tête, des sceptres dans leurs mains, ainsi que le grand roi Assuérus quand il était sur son trône devant la porte de son palais, comme dit l'Écriture. Mais je sens dans mon cœur quelque chose qui me soutient, et je suis presque sûre que j'aurai la force et le courage de leur dire ce que j'ai à leur demander.

— Hélas ! Jeanie, les rois aujourd'hui ne s'asseyent plus à la porte de leurs palais pour rendre la justice, comme du temps des patriarches. Je ne connais pas les cours par expérience plus que vous; mais, d'après tout ce que j'ai lu et tout ce que j'ai entendu dire, je sais que le roi d'Angleterre ne fait rien que par le moyen de ses ministres.

— Si ce sont des ministres justes et craignant Dieu, je n'en ai que plus d'espoir de réussir.

— Vous n'entendez pas même les mots en usage à la cour, Jeanie : les ministres dont je parle sont les serviteurs du roi, ceux qui ont sa confiance, qui sont chargés de toutes les affaires.

— Sans doute, et je pense bien qu'il en a un plus grand nombre que la duchesse (1) à Dalkeith, quoiqu'elle n'en manque point. Je sais aussi que les domestiques des grands seigneurs sont toujours plus impertinens que leurs maîtres, mais je m'habillerai proprement, et je leur offrirai une demi-couronne pour qu'ils me laissent entrer dans le palais. S'ils me refusent, je leur dirai que je viens pour parler au roi et à la reine d'une affaire dans laquelle il y va de la vie et de la mort, et bien certainement ils me permettront alors de leur parler.

— C'est un rêve, Jeanie, dit Butler en remuant la tête, un projet impraticable. Jamais vous ne pourrez parvenir jusqu'à eux sans être protégée par quelque grand seigneur, et cela est-il possible ?

— Peut-être y réussirai-je, Reuben, surtout avec un peu d'aide de votre part.

— Un peu d'aide de ma part ! Jeanie, mais c'est encore un rêve, et le plus étrange de tous !

Pas du tout, Reuben. Ne vous ai-je pas ouï dire que votre grand-père, dont mon père n'aime pas à entendre parler, a sauvé la vie au père ou grand-père de Mac-Callummore quand il était seigneur de Lorn ?

— Il est vrai ! s'écria vivement Butler, et je puis le

(1) La duchesse de Buccleugh. — Éd.

prouver. J'écrirai au duc d'Argyle; on dit qu'il a de l'humanité, il est connu pour un brave militaire, pour un loyal Écossais, je lui écrirai pour le prier de solliciter la grace de votre sœur. C'est une bien faible espérance de succès! mais enfin il ne faut rien négliger.

— Cela est vrai, Reuben; il ne faut rien négliger. Ce n'est pas assez d'une lettre. Une lettre ne peut prier, supplier, conjurer. Elle ne peut parler au cœur aussi bien que la voix et les regards. Une lettre est comme une feuille de musique sur un instrument. C'est du noir sur du blanc, mais quand on entend chanter l'air qu'elle contient, c'est bien différent : il faut que je parle moi-même, Reuben.

— Vous avez raison, dit Reuben en rappelant sa fermeté; j'espère que le ciel vous a inspiré cette résolution courageuse comme le seul moyen de sauver la vie de votre malheureuse sœur. Mais, Jeanie, vous ne pouvez faire seule un voyage si périlleux. Je ne puis souffrir que vous vous exposiez à tous les risques qu'il peut offrir. Donnez-moi le droit de vous suivre; consentez que je devienne aujourd'hui votre époux, et dès demain je pars avec vous pour vous aider à vous acquitter de ce que vous devez à votre famille.

— Non, Reuben, cela n'est pas possible. Quand ma sœur obtiendrait sa grace, son pardon n'effacerait pas la tache dont elle est couverte. Et que dirait-on d'un ministre qui aurait épousé la sœur d'une femme condamnée pour un tel crime? Quel cas ferait-on de tout ce qu'il pourrait dire dans la chaire?

— Mais, Jeanie, je ne puis croire, je ne crois pas qu'elle en soit coupable.

— Que le ciel vous récompense de parler ainsi! mais le blâme ne s'en attachera pas moins à elle.

— Mais ce blâme, quand même elle le mériterait, ne peut retomber sur vous.

— Ah! Reuben, vous savez que c'est une tache qui s'étend sur toute la famille, sur toute la parenté. Ichabod! la gloire de notre famille est passée, comme disait mon pauvre père; car la plus pauvre famille peut avoir sa gloire, celle qui résulte de la bonne conduite de tous ceux qui la composent, et cet avantage est perdu pour nous.

— Mais, Jeanie, vous m'avez donné votre parole, vous m'avez promis votre foi. Pouvez-vous entreprendre un tel voyage sans un homme pour vous protéger, et cet homme ne doit-il pas être votre époux?

— Je connais votre affection et votre bon cœur, Reuben; je sais que vous me prendriez pour femme, malgré la honte dont ma sœur nous a couverts; mais vous conviendrez que ce n'est pas dans un pareil moment que je puis songer au mariage: nous aurons le loisir d'y réfléchir plus tard, dans un temps plus convenable. Et vous parlez de me protéger pendant mon voyage! mais qui vous protégerait vous-même, Reuben? Depuis dix minutes que vous êtes debout, vos jambes tremblent déjà sous vous; comment pourriez-vous entreprendre le voyage de Londres?

— Je me porte très-bien, mes forces reviennent, dit Butler en se laissant retomber d'épuisement sur sa chaise: demain je me trouverai beaucoup mieux.

— Il faut que je parte, que je parte sur-le-champ, dit Jeanie, et vous ne l'ignorez pas. Vous voir en cet état, ajouta-t-elle en lui prenant la main, et en le regardant avec tendresse, augmente encore mes chagrins, ayez bien soin de votre santé, pour l'amour de Jeanie : si elle n'est pas votre femme, elle ne sera jamais celle de personne. A présent, donnez-moi la lettre pour Mac-Callummore, et priez Dieu de faire réussir mon dessein.

Il y avait sans doute quelque chose de romanesque dans le projet de Jeanie; mais Butler vit qu'il serait impossible de l'en détourner, et reconnut qu'il ne pouvait l'aider que de ses avis. Il chercha donc, parmi ses papiers, deux pièces qu'il lui remit en lui recommandant de les montrer au duc d'Argyle : c'était tout ce qu'il lui restait de son aïeul, l'enthousiaste Bible Butler.

Pendant ce temps, Jeanie avait pris la Bible de Reuben, et la replaçant sur la table : — J'y ai marqué, lui dit-elle, deux versets que vous lirez quand je serai partie; ils contiennent des leçons utiles. A présent, il faudra que vous écriviez tout ceci à mon père; je n'ai pas l'esprit assez présent pour le faire moi-même, et d'ailleurs je n'en ai pas le temps, et je m'en rapporte à vous pour ce qu'il convient de lui dire. Dites-lui que j'espère le revoir bientôt. Quand vous le verrez, Reuben, je vous en prie, pour l'amour de moi, ne le contrariez pas dans ses idées, ne lui dites pas des mots latins ou anglais. Il est du vieux temps; laissez-le dire ce qu'il voudra, quand même vous croiriez qu'il ait tort; répondez-lui en peu de mots, et laissez-le parler tant qu'il lui plaira; ce sera sa plus grande consolation. Et ma pauvre sœur! Reuben; mais je n'ai pas besoin de la recommander à votre bon cœur, persuadée que vous la verrez aussitôt qu'on vous permettra de la voir, et que vous lui donnerez toutes les consolations qui seront en votre pouvoir. Penser qu'elle est dans cette prison..... Mais ne parlons plus d'elle, je ne veux pas vous quitter en pleurant, ce serait un mauvais augure. Adieu, adieu, Reuben.

Elle sortit précipitamment ; sur ses traits brillait encore le sourire mélancolique qu'elle avait adressé à son amant pour l'aider à supporter son absence.

Butler, après son départ, crut avoir perdu la faculté de voir, d'entendre et de réfléchir. Il lui semblait qu'il venait de faire un songe, ou de voir une apparition. Saddletree, qui rentra presque au même instant, l'accabla de questions sans pouvoir en obtenir une réponse. Heureusement le docte sellier se souvint que le baron de Loan-Head devait tenir son tribunal ce matin, et il était temps qu'il partît pour y assister. — Je ne veux pas y manquer, dit-il à Butler, ce n'est pas que je croie que la séance sera intéressante ; mais le bailli est un brave homme, et je sais qu'il aime que je sois là, afin d'avoir un mot d'avis au besoin.

Dès qu'il fut parti, Butler courut à sa Bible, que Jeanie venait de toucher. A sa grande surprise, il en tomba un papier dans lequel étaient enveloppées deux pièces d'or. Elle avait marqué au crayon les versets 16 et 25 du psaume XXXVII.

« Le peu que possède l'homme de bien, vaut mieux
» que toutes les richesses du méchant. »

« J'ai été jeune, et je suis vieux, mais je n'ai jamais
» vu le juste abandonné, ni ses enfans mendiant leur
» pain. »

Touché jusqu'aux larmes de la tendre délicatesse avec laquelle Jeanie avait cherché à lui faire accepter un secours dont elle supposait qu'il pouvait avoir besoin, il pressa cet or contre ses lèvres et contre son cœur avec plus d'ardeur que ne fit jamais un avare. Imiter sa fermeté, sa confiance dans le secours du ciel, devint l'objet de son ambition, et son premier soin fut d'écrire à Deans pour l'informer de la généreuse résolution de sa fille, et du voyage qu'elle avait entrepris. Il réfléchit avec attention sur toutes les idées, sur toutes les phrases et même sur toutes les expressions de sa lettre, afin qu'elle pût déterminer le vieillard à approuver une entreprise si extraordinaire. Nous verrons, par la suite, l'effet que produisit cette épître. Butler en chargea un honnête paysan dont le commerce lui donnait de fréquentes relations avec Deans, et qui, pour le modique salaire d'une pinte de bière, se chargea de la lui remettre en mains propres (1).

(1) J'ai fait des recherches considérables pour découvrir le nom de ce paysan, et j'ai la satisfaction de pouvoir assurer mes lecteurs qu'il se nommait Saunders Pied-large, et que le commerce dont il s'occupait était la vente du lait de beure.

JEDEDIAH CLEISHBOTHAM.

CHAPITRE XXVIII.

« Ma terre natale, adieu. »
Byron.

Un voyage d'Édimbourg à Londres est, au temps où nous sommes, une chose aussi simple que sûre pour le voyageur le plus novice et le plus faible. De nombreuses voitures à tout prix, et autant de paquebots, sont continuellement en route par terre et par mer pour aller d'une capitale à l'autre, et pour en revenir ; et le voyageur le plus timide et le plus indolent peut en quelques heures former le projet, et faire les préparatifs de ce voyage. Mais il n'en était pas de même en 1737. Il y avait alors si peu de relations entre Londres et Édimbourg, que des hommes qui vivent encore se souviennent d'avoir vu la malle de la première de ces deux villes arriver au bureau de poste général dans la capitale de l'Écosse, avec une seule lettre. La manière ordinaire de voyager était de prendre des chevaux de poste, un pour le voyageur, l'autre pour son guide. On en changeait de relais en relais, et ceux qui pouvaient endurer cette fatigue arrivaient en assez peu de temps. C'était un luxe pour les riches de se faire ainsi briser les membres en changeant de monture toutes les deux ou trois heures; quant aux pauvres, ils n'avaient d'autres moyens de transport que ceux dont la nature les avait pourvus, et ils étaient dans la nécessité de s'en servir.

Grace à un cœur plein de courage et à une santé robuste, Jeanie Deans, faisant environ vingt milles par jour et quelquefois davantage, traversa la partie méridionale de l'Écosse, entra en Angleterre, et arriva sans accident jusqu'à Durham.

Tant qu'elle avait été parmi ses concitoyens, et même parmi les habitans de la frontière, son plaid et ses pieds nus n'avaient pas attiré l'attention : on était trop habitué à ce costume pour le remarquer. Mais en approchant de cette dernière ville, elle s'aperçut que sa mise excitait des sarcasmes, et faisait jeter sur elle des regards de mépris. Elle pensa que c'était manquer de charité et d'hospitalité, que de se moquer d'un voyageur étranger, parce qu'il est vêtu suivant l'usage de son pays. Cependant elle eut le bon esprit de changer les parties de son costume qui l'exposaient aux railleries. En arrivant à Durham, elle plia sa mante à carreaux dans le petit paquet qu'elle portait sous le bras, et se conforma à l'usage extravagant des Anglais de porter toute la journée des bas et des souliers.

Elle avoua depuis que, sans parler de la dépense,

elle fut long-temps avant de pouvoir marcher aussi commodément avec des souliers que sans souliers; mais il y avait souvent un peu de gazon sur le bord de la route, et là elle soulageait ses pieds. Pour suppléer à la mante qui lui couvrait la tête comme un voile, elle acheta ce qu'elle appela *une bonne grace* (1), c'est-à-dire un grand chapeau de paille, semblable à ceux que portent les paysannes d'Angleterre pour travailler aux champs. — Mais je fus bien honteuse, dit-elle, quand je mis pour la première fois sur ma tête une *bonne grace* de femme mariée, tandis que j'étais encore fille.

Après ces changemens dans son costume, elle croyait n'avoir plus rien qui pût la faire reconnaître pour étrangère. Mais elle vit bientôt que son accent et son langage devenaient aussi une source inépuisable de plaisanteries, qu'on lui adressait dans un *patois* encore plus grossier que le jargon de son pays. Elle jugea donc qu'il était de son intérêt de parler le moins et le plus rarement qu'il lui serait possible. Si quelque passant lui adressait quelques mots d'honnêteté sur la route, elle se contentait de le saluer civilement en continuant son chemin, et elle avait soin de s'arrêter dans des endroits qui semblaient tranquilles et retirés. Elle trouva que le peuple anglais, quoique moins prévenant envers les étrangers qu'on ne l'était dans son pays moins fréquenté, ne manquait pas pourtant tout-à-fait aux devoirs de l'hospitalité. Elle obtenait aisément sa nourriture et son logement pour un prix fort modéré, et quelquefois l'hôte refusait de rien recevoir d'elle, en lui disant: — Vous avez une longue route à faire, jeune fille:

---

(1) Mot français (bonne grace) devenu écossais. — Éd

gardez votre argent, c'est le meilleur ami que vous puissiez avoir en chemin.

Parfois aussi son hôtesse, frappée de la bonne mine de la jeune Écossaise, lui procurait soit une compagne de voyage, soit une place dans un chariot pour quelques milles, et lui donnait des avis sur les endroits où elle devait s'arrêter ensuite.

Notre voyageuse passa une journée presque entière dans la ville d'York, d'abord pour se reposer, ensuite parce qu'elle eut le bonheur de se trouver dans une auberge dont la maîtresse était sa compatriote ; un peu aussi parce qu'elle voulait écrire à son père et à Reuben, opération qui n'était pas sans difficulté pour elle, n'ayant guère l'habitude des compositions épistolaires. Voici la lettre qu'elle adressa à son père :

Mon cher père,

« Ce qui me rend le voyage que je fais en ce moment plus pénible et plus douloureux, c'est la triste réflexion que je l'ai entrepris à votre insu ; ce que je n'ai fait qu'à contre-cœur, Dieu le sait, car l'Écriture dit : « Le » vœu de la fille ne pourra la lier sans le consentement » du père. » Il se peut donc que je doive me reprocher d'avoir commencé ce pèlerinage sans avoir demandé votre agrément. Mais j'avais dans l'esprit que je devais servir d'instrument pour sauver ma sœur dans cette extrémité, sans quoi, pour tout l'or et toutes les richesses du monde, pour tout le territoire des baronnies de Dalkeith et de Lugton, je n'aurais jamais pris un tel parti sans votre connaissance et votre permission.

« Oh ! mon cher père, si vous désirez que la bénédiction du ciel se répande sur mon voyage et sur votre maison, dites un mot ou du moins écrivez une ligne de consolation à la pauvre prisonnière. Si elle a péché, elle en a été punie par ses souffrances, et vous savez mieux que moi que nous devons accorder le pardon aux autres, si nous voulons l'obtenir pour nous-mêmes. Pardonnez-moi de vous parler ainsi; il ne convient pas à une jeune tête de donner une leçon à vos cheveux blancs; mais je suis si loin de vous, et je désire si vivement apprendre que vous lui avez pardonné, que ces deux motifs m'en font dire sans doute plus que je ne devrais.

« Les gens de ce pays sont fort civils, et, comme les barbares au Saint Apôtre, ils m'ont témoigné beaucoup de bonté. C'est une sorte de peuple élu sur la terre, car j'y vois quelques églises sans orgues comme les nôtres (1), et qu'on les appelle des *maisons d'assemblée;* le ministre y prêche sans surplis. Mais presque tout le pays est *prélatiste*, ce qui est terrible à penser! J'ai vu deux ministres suivre les chiens à la chasse, au plus hardi, comme pourraient le faire Roslin ou Driden, le jeune laird de Loup-the-Dyke (2); spectacle bien triste à voir!

« O mon cher père, songez à me donner une bénédiction chaque matin et chaque soir, et souvenez-vous dans vos prières de votre fille soumise et affectionnée,

« JEANIE DEANS.

P. S. « J'ai appris d'une brave femme, la veuve d'un

(1) La plupart des sectes dissidentes de l'église anglicane n'admettent dans leurs églises aucune musique instrumentale. — ÉD.

(2) Saute-le-Fossé. — ÉD.

nourrisseur de bétail, qu'on a dans le Cumberland un remède contre la maladie des vaches qui règne en ce moment. J'en ai pris la recette. C'est une pinte de bière (à ce qu'ils disent, car leur pinte, en comparaison de la nôtre, est à peine une demi-chopine) bouillie avec du savon et de la corne de cerf, et qu'on fait avaler à la bête malade. Vous pourriez l'essayer sur votre génisse d'un an à la tête blanche ; si cela ne lui fait pas de bien, cela ne lui fera pas de mal. C'était une bonne femme, et elle paraissait bien entendue en ce qui concerne le bétail à cornes. Quand je serai à Londres, j'ai dessein d'aller voir votre cousine mistress Glass, la marchande de tabac, à l'enseigne du Chardon, qui a l'honnêteté de vous en envoyer tous les ans en présent. Elle doit être bien connue dans Londres, et je présume que je n'aurai pas de peine à trouver sa demeure. »

Puisque nous avons tant fait que de trahir les confidences de notre héroïne pour une première lettre, nous communiquerons encore au lecteur celle qu'elle écrivit à son amant.

« Monsieur Reuben Butler,

« Espérant que cette lettre vous trouvera mieux portant, j'ai le plaisir de vous dire que je suis arrivée sans accident dans cette grande ville. Je ne suis pas fatiguée du voyage, et je ne m'en porte que mieux. J'ai vu bien des choses que je me réserve de vous conter quelque jour, comme la grande église de cette ville et des moulins qui n'ont ni roues ni écluses, et que le vent fait mouvoir. Chose bien étrange! un meunier voulait m'y faire entrer pour m'en montrer le travail ; mais je ne suis pas venue en ce pays pour faire connaissance avec des étrangers : je vais droit mon chemin : je salue ceux qui me parlent civilement, mais je ne réponds de la langue qu'aux femmes de ma religion.

« Je voudrais connaître quelque chose qui pût vous faire du bien, monsieur Butler, car il y a dans cette ville d'York des apothicaires qui ont plus de remèdes qu'il n'en faudrait pour guérir toute l'Écosse; mais comment connaître quel est celui qu'il vous faudrait? je voudrais vous savoir une espèce de bonne mère pour vous soigner, qui vous empêchât de trop vous fatiguer à lire ou à donner des leçons aux enfans; et qui vous présentât le matin un verre de lait bien chaud : alors je serais plus tranquille sur votre compte.

« Cher monsieur Butler, ayez bon courage, car nous sommes entre les mains de celui qui sait mieux ce qui nous convient que nous ne le savons nous-mêmes. Je n'ai aucun doute de réussir dans le projet qui m'a fait partir. Je n'en doute pas et n'en veux pas douter, parce que j'ai besoin de toute mon assurance pour me conduire en présence des grands de ce monde. Mais penser que nos intentions sont bonnes et avoir le cœur fort, voilà de quoi se tirer de la tâche des plus mauvais jours. La ballade *des Enfans* (1) dit que le vent le plus violent de l'orage ne put faire mourir les trois pauvres petits; et si c'est le bon plaisir de Dieu, après nous être séparés dans les larmes, nous pourrons nous revoir dans la joie, même sur cette rive du Jourdain. Je ne vous prie pas de vous rappeler ce que je vous ai dit en vous quittant à l'égard de mon père et de ma pauvre

---

(1) Ballade très-populaire en Angleterre et en Écosse. — Éd.

sœur; je sais que vous le ferez par charité chrétienne encore plus que par complaisance pour les prières de votre obéissante servante,

« Jeanie Deans. »

Cette lettre avait aussi un post-scriptum.

« Si vous croyez, mon cher Reuben, que j'aurais dû vous écrire plus au long, vous dire des choses plus amicales, supposez que je l'ai fait, car je désire que vous ne puissiez douter de mes sentimens pour vous. Vous penserez que je suis devenue prodigue, car je porte des bas et des souliers en Angleterre; mais il n'y a que les pauvres gens qui s'en passent ici; chaque pays a ses usages. Si le moment de rire revient jamais pour nous, vous rirez bien de voir ma figure enterrée sous une énorme *bonne-grace* qui est aussi large que la plus grosse cloche de l'église de Libberton. Je vous écrirai ce que m'aura dit le duc d'Argyle dès que je serai arrivée à Londres. Écrivez-moi, pour me donner des nouvelles de votre santé, à l'adresse de mistress Glass, marchande de tabac, à l'enseigne du Chardon, à Londres. Si j'apprends que vous vous portez bien, j'en aurai l'esprit plus libre. Excusez mon orthographe et mon écriture, car j'ai une bien mauvaise plume. »

Il est bien vrai que l'orthographe de cette lettre et de la précédente n'était point parfaitement correcte, et cependant nous pouvons assurer nos lecteurs que, grace aux leçons de Butler, elle était de beaucoup préférable à celle de la moitié des femmes bien nées d'Écosse, dont la mauvaise orthographe et le style étrange forment un singulier contraste avec le bon sens qu'on trouve ordinairement dans leurs lettres.

Au surplus Jeanie, dans ses deux épîtres, montrait peut-être plus de courage, de résolution et d'espérance qu'elle n'en avait réellement, mais c'était dans le désir de dissiper l'inquiétude que son père et son amant pouvaient concevoir pour elle, n'ignorant pas que leurs craintes à cet égard ne pouvaient qu'ajouter considérablement à leurs chagrins. — S'ils savent que je me porte bien, et que j'espère réussir, pensait la pauvre pèlerine, mon père aura plus d'indulgence pour Effie, et Butler prendra plus de soin de lui-même; car je sais que tous deux pensent à moi plus que je ne le fais moi-même.

Elle cacheta ses lettres avec soin, et les porta elle-même à la poste, où elle ne manqua pas de s'informer avec soin du jour où elles arriveraient à Édimbourg, et fut tout émerveillée d'apprendre combien il faudrait peu de temps pour qu'elles fussent rendues à leur destination. Après s'être acquittée de ce devoir, elle retourna chez son hôtesse, qui, comme nous l'avons dit, était sa compatriote, et qui l'avait invitée à dîner, et à rester chez elle jusqu'au lendemain matin.

On a souvent reproché aux Écossais, comme un préjugé et un sentiment étroit, cet empressement avec lequel ils se cherchent, se trouvent, et se rendent les uns aux autres tous les services dont ils sont capables. Nous croyons, au contraire, qu'il prend sa source dans un honorable patriotisme, et que les principes et les usages d'un peuple forment une sorte de garantie du caractère des individus. Si cette opinion n'était pas juste, il y a long-temps que l'expérience en aurait démontré la fausseté. Quoi qu'il en soit, si l'on considère l'influence de cet esprit national comme un nouveau lien qui attache les hommes les uns aux autres, et qui les porte à se rendre utiles à ceux de leurs concitoyens qui peuvent avoir besoin de leurs services, il nous semble qu'on doit l'envisager comme un motif de générosité plus puissant, plus actif que ce principe plus étendu de bienveillance générale qui fait souvent qu'on n'accorde de secours à personne.

Mistress Bickerton, maîtresse de l'auberge des Sept Étoiles dans Castle-Gate à York, possédait au plus haut degré ce sentiment national (née dans le comté de Merse, qui est limitrophe du Midlothian où était née Jeanie). Elle montra une bonté maternelle à sa jeune concitoyenne, et lui témoigna tant d'intérêt sur son voyage, que Jeanie, quoique d'un caractère réservé, finit par lui confier toute son histoire.

Pendant ce récit, l'hôtesse leva plus d'une fois les yeux et les mains vers le ciel, et montra autant d'étonnement que de compassion; mais elle fit plus encore, car elle donna quelques bons avis à Jeanie.

Elle voulut savoir ce que contenait sa bourse. Il s'y trouvait encore dix-huit guinées, le reste (déduction faite des deux qu'elle avait laissées à Libberton) avait été employé aux dépenses de la route.

— Cela pourra suffire, dit l'hôtesse, pourvu que vous puissiez les porter à Londres.

— Que je puisse les y porter! répondit Jeanie : je vous en réponds, sauf les frais du voyage.

— Oui, mais les voleurs, mon enfant! Vous êtes à présent dans un pays plus civilisé, c'est-à-dire plus dangereux que le nord, et je ne sais que faire pour que vous ne couriez aucun danger sur la route. Si vous voulez attendre une huitaine de jours, nos chariots partiront; je vous recommanderai à Joe Broadwheel, et il vous conduira, sans frais et sans risque, au Cygne à Deux Têtes à Londres. Il pourra bien vous dire quelques galanteries sur la route, mais ne vous en inquiétez pas, c'est un brave et digne garçon : et qui sait? les Anglais ne sont pas de mauvais maris, témoin Moïse Bickerton, mon pauvre homme! aujourd'hui dans le cimetière.

Jeanie se hâta de lui dire qu'il lui était impossible d'attendre le départ de Joe Broadwheel, et elle se félicita intérieurement de ne pas se trouver exposée à être l'objet de ses attentions pendant le voyage.

— Eh bien, mon enfant, dit la bonne hôtesse, comme vous le voudrez; chacun serre sa ceinture comme il l'entend : mais, croyez-moi, ne laissez dans votre poche qu'une couple de guinées et votre argent blanc, et cousez le reste dans votre corset, en cas d'accident; car les routes ne sont pas sûres à vingt milles d'ici. Mais quand vous serez à Londres, pensez-vous demander à tous ceux que vous rencontrerez où demeure mistress Glass, marchande de tabac, au Chardon? on vous rira au nez, et de votre vie vous ne la trouverez. Je veux donc vous donner une lettre pour un brave homme qui connaît presque tous les Écossais qui sont à Londres, et qui bien sûrement saura trouver la demeure de votre cousine.

Jeanie reçut la lettre avec beaucoup de remerciemens; mais les voleurs dont lui parlait mistress Bickerton lui causèrent beaucoup d'inquiétude. Elle se rappela le papier que lui avait donné Ratcliffe, et ayant raconté brièvement à son hôtesse de quelle manière et dans quelles circonstances il le lui avait remis, elle le lui montra.

— Je n'entends rien à ce jargon! dit l'hôtesse après l'avoir lu : ce qui n'était pas étonnant, puisqu'il était écrit dans ce langage auquel on a donné le nom d'argot. Elle ne tira pas une sonnette, car elles n'étaient pas encore à la mode à cette époque, mais elle souffla dans un sifflet d'argent qui était suspendu à son côté, et une grosse servante se présenta aussitôt.

— Dites à Dick Ostler (1) de venir me parler, dit mistress Bickerton.

Dick Ostler arriva sur-le-champ. C'était un drôle dont la figure était couverte de cicatrices, boiteux, louche, et dont l'air était en même temps bête, malin et sournois.

— Dick Ostler, lui dit l'hôtesse d'un ton d'autorité qui montrait qu'elle était du comté d'York, au moins par adoption, vous connaissez le pays, et les gens qui rôdent sur les routes.

— Hé! hé! maîtresse, répondit-il avec un mouvement d'épaules qui pouvait indiquer également le repentir de ce qu'il avait fait, ou le regret de ne plus le faire, sans doute, sans doute, j'ai connu tout cela de mon temps. Et même temps il sourit d'un air malin, et poussa un profond soupir, pour se disposer à prendre le ton que la circonstance exigerait.

— Savez-vous ce que signifie ce chiffon de papier? lui demanda l'hôtesse en lui montrant la sauve-garde donnée à Jeanie par Ratcliffe.

Il regarda le papier, cligna un œil, ouvrit la bouche dans toute sa largeur, se gratta la tête, et dit : — Hé!

---

(1) Le garçon d'écurie. Le nom de ses fonctions devient le sien, selon l'usage anglais. — Éd.

hé! maîtresse, il se pourrait bien que j'y connusse quelque chose, si ce n'était pas pour lui nuire.

— Pas le moins du monde, et il y aura un verre de Gin (1) pour vous, si vous voulez parler.

— Eh bien donc, répondit-il en tirant ses hauts-de-chausse d'une main, et en poussant un pied en avant pour donner plus de grace à cette partie importante de ses vêtemens, j'ose dire que cette passe sera reconnue partout sur la route, si c'est là tout ce que vous voulez savoir.

— Mais quelle espèce d'homme est celui qui a donné cette passe, comme vous appelez ce papier? demanda mistress Bickerton en faisant un signe d'intelligence à Jeanie.

— Hé, hé! que sais-je? Jim the Rat. Hé! c'était le coq du nord, il y a un an;—lui et Wilson l'Écossais Handie Dandie, comme on l'appelait. Il y a quelque temps qu'on ne l'a vu de ce côté, mais il n'y a pas un gentleman des grandes routes d'ici à Stamford, qui ne respecte la passe de Jim-the-Rat.

Sans lui faire d'autre question l'hôtesse lui remplit un grand verre de genièvre de Hollande. Dick baissa la tête, les épaules et la poitrine, avança le bras, se releva, s'inclina de nouveau, vida le verre d'un seul trait, le remit sur la table, et retourna à son écurie.

Après avoir passé la soirée avec Jeanie, mistress Bickerton fit servir le souper, mangea de deux ou trois plats, but une pinte d'*ale* et deux verres de *négus*, et fit à Jeanie une longue histoire des souffrances que lui occasionait la goutte, maladie dont elle était d'autant

(1) Esprit de genièvre. — Éd.

plus surprise d'être attaquée, que jamais aucun de ses ancêtres, dignes fermiers à Lammermoor en Écosse, n'en avait éprouvé le moindre symptôme. Sa jeune amie ne voulut pas lui dire ce qu'elle pensait de l'origine du mal dont elle se plaignait, et malgré toutes les instances de son hôtesse elle borna son repas à quelques légumes et à un verre d'eau.

Mistress Bickerton lui déclara qu'il ne fallait pas qu'elle songeât à rien payer pour son écot, lui donna des lettres pour quelques aubergistes qu'elle connaissait sur la route, lui rappela les précautions qu'elle devait prendre pour cacher son argent ; et, comme Jeanie se proposait de partir le lendemain matin de bonne heure, elle lui dit affectueusement adieu, en lui faisant promettre de la venir revoir lorsqu'elle retournerait en Écosse, et de lui dire en détail tout ce qui lui serait arrivé, ce qui est le *summum bonum*, c'est-à-dire le souverain bien pour une commère. Jeanie s'y engagea de bon cœur.

CHAPITRE XXIX.

―

« Des périls journaliers, le vice et la misère,
» De ces êtres, hélas! firent le caractère. »

Notre voyageuse se leva le lendemain de très-bonne heure ; elle allait sortir de l'auberge quand Dick, qui s'était levé plus matin encore, ou qui peut-être ne s'était pas couché, l'un étant aussi probable que l'autre dans son état de palfrenier, lui cria : — Bon voyage, la jeune fille, bon voyage! prenez garde de vous heurter contre la montagne de Gunner'sbury. Robin Hood est mort et trépassé, mais il y a encore de ses amis dans la vallée de Bever. Jeanie le regarda comme pour lui demander une explication plus claire, mais, avec un sourire, un geste et un mouvement d'épaules inimitables (excepté par Emery (1),) Dick se retourna vers le maigre

(1) Acteur mort en 1824, et qui excellait dans les rôles de paysan du York-Shire. Voyez le *Voyage littéraire en Angleterre et en Écosse*. — Éd.

coursier qu'il pansait, et chanta en employant l'étrille :

> Robin était un bon vivant,
> Adroit à tirer une flèche ;
> Robin Hood (1) autrefois fut un archer vaillant,
> Et sa flèche fendait les airs avec vitesse.
> Sur la route Robin arrêtait le passant ;
> Qui nous empêchera d'imiter son adresse !

Jeanie poursuivit son voyage sans questionner Dick davantage, car il n'y avait rien dans ses manières qui lui donnât l'envie de prolonger l'entretien. Elle arriva vers le soir à Ferry-Bridge, où est encore la meilleure auberge sur la grande route du nord. La lettre de recommandation que mistress Bickerton lui avait remise pour l'hôtesse du Cygne, et son air simple et modeste, prévinrent tellement celle-ci en sa faveur, qu'elle lui procura l'occasion d'un cheval de poste de renvoi, qui la conduisit jusqu'à Tuxford, de manière que le lendemain de son départ d'York elle fit la plus longue journée qu'elle eût encore faite depuis qu'elle avait quitté Saint-Léonard. Il est vrai qu'étant plus accoutumée à marcher qu'à monter à cheval, elle se trouva très-fatiguée, et elle ne fut qu'un peu tard, le jour suivant, en état de se remettre en chemin.

Vers midi elle aperçut les ruines noircies du château de Newark, démoli pendant la grande guerre civile. On peut bien juger qu'elle n'eut pas la curiosité d'aller examiner des débris qui auraient attiré toute l'attention d'un antiquaire ; elle entra dans la ville, et se rendit sur-le-champ à l'auberge qui lui avait été indiquée à Ferry-Bridge. Pendant qu'elle se reposait en prenant

---

(1) On prononce *Houd*. — Éd.

quelques rafraîchissemens, la fille qui les lui avait apportés la regardait d'une manière toute particulière, et finit par lui demander, à sa grande surprise, si elle ne se nommait pas Deans, si elle n'était pas Écossaise, et si elle ne se rendait pas à Londres pour une affaire judiciaire.

Jeanie, malgré son caractère simple et naïf, avait quelque chose de la prudence de son pays; suivant l'usage général des Écossais, elle ne répondit à cette question qu'en en faisant une autre, et la pria de lui dire pourquoi elle lui faisait cette demande.

— Deux femmes qui ont passé par ici ce matin, répondit la Maritorne de la *Tête du Sarrasin* de Newark, ont pris des informations sur une Jeanie Deans, jeune Écossaise qui se rendait à Londres pour solliciter une grace; et elles ne pouvaient se persuader qu'elle n'eût pas encore passé par ici.

Fort surprise et un peu alarmée (car on s'alarme ordinairement de ce qu'on ne comprend point), Jeanie fit à son tour diverses questions à la servante sur ces deux femmes, mais tout ce qu'elle put en apprendre fut que l'une était vieille et l'autre jeune; que la jeune était d'une grande taille; que la vieille parlait beaucoup, et paraissait avoir de l'autorité sur sa compagne; enfin que toutes deux avaient l'accent écossais.

Ces renseignemens ne lui apprenaient rien; cependant elle en conçut un pressentiment fâcheux; elle craignit que ces étrangères n'eussent quelque mauvais dessein contre elle; comme elle avait encore un chemin assez long à faire pour arriver à l'endroit où elle comptait coucher, et qu'elle craignait d'être surprise par la nuit, elle résolut de prendre des chevaux de poste et un guide. Elle en parla à l'hôte, mais malheureusement il avait passé beaucoup de voyageurs dans la matinée, et il ne se trouvait pas un cheval dans l'écurie. Il lui dit pourtant que si elle voulait attendre une heure ou deux, quelques chevaux qui étaient allés vers le sud reviendraient probablement. Mais Jeanie, qui avait déjà honte de sa frayeur pusillanime, dit qu'elle préférait continuer son voyage à pied.

— La route est belle, lui dit l'hôte, tout est pays plat, excepté la montagne de Gunnersbury, qui est à trois milles de Grantham.

C'était là que Jeanie comptait se rendre pour finir sa journée.

— Je suis bien aise d'apprendre qu'il y ait une montagne, dit-elle, il y a si long-temps que je n'en ai vu! Depuis York jusqu'ici on dirait qu'on a nivelé tout le terrain. Quand j'ai perdu de vue une colline bleuâtre qu'on appelle Ingleborro, j'ai cru n'avoir plus d'ami dans cette terre étrangère.

— Si vous aimez tant les montagnes, jeune fille, reprit l'hôte, je voudrais que vous pussiez emporter avec vous celle de Gunnersbury, car c'est un enfer pour les chevaux de poste. — Mais, allons, à votre santé : puissiez-vous faire votre voyage sans mauvaise rencontre, car vous êtes une fille sage et courageuse.

En parlant ainsi, il prit un grand pot rempli d'ale fabriquée chez lui, et y but de manière à calmer la soif la plus ardente.

— J'espère qu'il n'y a pas de voleurs sur la route? demanda Jeanie.

— Je paverai de biscuits l'étang de Groby, dit mon hôte, quand il n'y en aura plus ; cependant il y en a moins aujourd'hui, et depuis qu'ils ont perdu Jim-Rat, ils ne sont plus organisés en troupe. Allons, buvez un coup avant de partir, ajouta-t-il en lui présentant le pot d'ale.

Jeanie le remercia, et lui demanda quel était son *lawing* (1).

— Votre *lawing?* Que le ciel me confonde si je sais ce que vous voulez dire.

— Je désire savoir ce que je dois vous payer.

— Me payer? Rien, mon enfant, rien. Vous n'avez bu qu'un demi-pot de bière, et la *Tête du Sarrasin* peut bien donner une bouchée à manger à une pauvre créature qui ne sait pas deux mots de langage chrétien. Allons, encore une fois à votre santé! et il fit une nouvelle accolade au pot d'ale.

Les voyageurs qui ont visité Newark depuis peu, ne manqueront pas de se rappeler ici les manières civiles et le savoir-vivre de l'hôte qui y tient la principale auberge, et trouveront quelque amusement à en faire la comparaison avec la rudesse inculte de son prédécesseur; mais nous croyons qu'on s'apercevra que le poli a fait perdre au métal une partie de sa valeur intrinsèque.

Prenant alors congé de ce Gaius du Lincolnshire (2), Jeanie se remit solitairement en route. Elle éprouva quelque inquiétude quand elle se trouva surprise par l'approche de la nuit dans la plaine qui s'étend jus-

---

(1) Mot écossais qui signifie *écot*. — Éd.

(2) De cet *aubergiste* du Lincoln-Shire. Gaius est le nom de l'hôte qui héberge les pèlerins dans *le Voyage du Pèlerin*, par Bunyan. Voyez ci-après. — Éd.

15.

qu'aux pieds du Gunnersbury, et qui est coupée par des taillis et des fondrières. Cet endroit paraissait disposé par la nature pour fournir aux bandits des retraites bien cachées, et la facilité d'échapper aux poursuites. Le manque d'énergie de la police y exposait le voyageur à un brigandage porté à un point inconnu aujourd'hui, si ce n'est dans le voisinage immédiat de la capitale de l'Angleterre (1).

Jeanie venait de doubler le pas, quand elle entendit derrière elle le bruit d'un cheval qui trottait. Elle se retira, comme par instinct, sur un des bords de la route, afin de laisser le pavé libre. Le cheval ne tarda pas à arriver; elle vit qu'il portait deux femmes, l'une placée sur la selle, et l'autre en croupe sur un coussin.

— Bonsoir, Jeanie Deans, dit celle qui était sur la selle; comment trouvez-vous cette belle montagne là-bas qui semble vouloir embrasser la lune? croyez-vous que ce soit la porte du ciel que vous aimez tant? peut-être nous y arriverons avant la nuit, quoique ma mère voyage quelquefois d'une manière plus prompte.

En parlant ainsi, elle s'était retournée sur la selle, et avait mis son cheval au pas afin de pouvoir faire la conversation : sa compagne semblait la presser d'avancer, mais elle parlait plus bas, et Jeanie n'entendit que ces mots :

— Taisez-vous, sotte lunatique; qu'avez-vous à faire avec le ciel ou avec l'enfer?

— Pas grand'chose avec le ciel, quand je considère que je mène derrière moi ma mère : pour ce qui est de

(1) Dans la fameuse plaine d'Hounslow, et même à Saint-Alban. Voyez *Tom-Jones*. — Éᴅ.

l'enfer, nous verrons cela dans le temps. Allons, bidet ; marche, mon enfant, cours comme si tu étais un manche à balai ; songe que tu portes une sorcière :

> Ma coiffe au pied, ma pantoufle à la main,
> Comme le feu follet (1), du soir au lendemain
> J'erre gaîment le long du marécage.....
> ....

Le reste de la chanson se perdit dans le bruit des pas du cheval qui s'éloignait rapidement ; mais, pendant quelques minutes, des sons inarticulés parvinrent encore aux oreilles de Jeanie.

Notre voyageuse resta étourdie, et agitée d'une crainte indéfinissable. Être appelée par son nom d'une façon si étrange dans un pays inconnu, par une personne qui disparaissait tout à coup loin d'elle, tout cela ressemblait à ces voix surnaturelles du Comus de Milton (2) :

« Ces langues aériennes, qui prononcent les noms des hommes » sur les sables du rivage et dans la solitude des déserts. »

Et quelque différente que fût Jeanie de la dame de ce *masque* enchanteur, on peut lui appliquer heureusement la suite de ce passage :

« Ces pensées peuvent surprendre, mais non effrayer l'ame ver- » tueuse qui marche toujours escortée d'un courageux champion, » — la conscience »

Dans le fait, en se rappelant le dévouement qui lui avait fait entreprendre son voyage, elle pouvait bien avoir le droit, j'oserais dire, de s'attendre à une protection méritée.

(1) *Wild-fire.* — Éd. (2) *Masque* ou pièce allégorique d'une poésie souvent ravissante. — Éd.

Après une demi-heure de marche, elle eut sujet de concevoir une frayeur plus sérieuse. Deux hommes, qui étaient cachés derrière un buisson, avancèrent tout à coup sur la grande route, se présentèrent devant elle, et lui barrèrent le chemin (1).

— Arrêtez et payez, lui dit l'un des deux qui avait l'air d'un coquin vigoureux et déterminé, quoique de courte taille, et vêtu d'une blouse comme celle des rouliers.

— Cette belle, Tom, ne t'entend point, dit le plus grand, laisse-moi lui parler. Allons, ma précieuse, la bourse ou la vie, dépêchons.

— J'ai bien peu d'argent, messieurs, leur dit Jeanie, leur offrant la portion qu'elle avait séparée de son petit trésor d'après le conseil de la bonne hôtesse d'York, j'en ai besoin, mais si vous l'exigez, le voilà.

— Cela ne prendra pas, reprit Tom : vous devez en avoir davantage. Croyez-vous que les gens risquent leur vie sur la grande route pour se laisser tromper de cette manière? Non, non, il faut nous donner jusqu'au dernier farting, ou, de par Dieu, nous vous déshabillerons!

— Eh non, Tom, eh non, dit son camarade, qui semblait moins inaccessible à la compassion que son féroce compagnon. Je vois que c'est une de ces bonnes ames avec qui il ne faut que savoir s'y prendre. — Allons, ma belle, levez la main; jurez que vous n'avez pas plus d'argent, et nous vous laisserons passer sur votre parole, sans chercher d'autres preuves.

— Je ne puis pas jurer cela, répondit Jeanie, mais

(1) Sujet de la vignette du titre de ce volume. — Éd.

je fais un voyage où il s'agit de la vie ou de la mort. Je vais vous montrer ce qui me reste d'argent, et si vous me laissez seulement de quoi me procurer du pain et de l'eau, je vous remercierai, et je prierai le ciel pour vous.

— Au diable vos prières, s'écria Tom : cette monnaie n'a point de cours avec nous ; en même temps il la saisit par le bras.

— Un moment, messieurs, dit Jeanie, songeant tout à coup au papier que lui avait remis Ratcliffe, j'ai quelque chose à vous montrer. Connaissez-vous ce papier ?

— Que diable veut-elle dire, Frank ? Regarde donc ce chiffon, car pour moi, du diable si je sais lire !

— C'est une passe de Jim Ratcliffe, dit Frank, et, d'après les réglemens du métier, nous ne pouvons arrêter cette jeune fille.

— Du diable si elle va plus loin, dit son compagnon : Rat nous a abandonnés, et l'on dit même qu'il est devenu limier.

— N'importe, reprit l'autre, nous pouvons encore avoir besoin de lui.

— Et que diable faire donc ? s'écria Tom. N'avons-nous pas promis de la dépouiller de tout, et de la renvoyer en mendiante dans son pays de mendians ? Et vous voulez que nous la laissions passer ?

— Je ne dis pas cela, répondit Frank : et il dit à son compagnon quelques mots à voix basse.

— A la bonne heure, répondit Tom. Mais dépêchons-nous, il ne faut pas rester sur la grande route plus long-temps ; il peut survenir des voyageurs.

— Allons, jeune fille, suivez-nous, dit Frank.

— Au nom du ciel, s'écria Jeanie, au nom de l'humanité, laissez-moi continuer mon chemin; prenez plutôt tout ce que je possède au monde.

— Que diable craint la belle? dit Tom : je vous dis qu'on ne vous fera aucun mal. Mais si vous ne voulez pas nous suivre, que le diable m'emporte si je ne vous fais pas sauter la cervelle hors de la tête.

— Tu es un vrai ours, Tom, lui dit son camarade; si tu la touches, je te secouerai de manière à faire danser tes dents dans tes gencives. Ne craignez rien, mon enfant, je ne souffrirai pas qu'il vous touche du bout du doigt, si vous nous suivez : mais si vous nous tenez plus long-temps à parlementer sur la grande route, je m'en vais, et je vous laisse régler vos comptes avec lui.

Cette menace fit une grande impression sur l'esprit de Jeanie, qui voyait qu'elle ne pouvait espérer qu'en lui pour obtenir quelque protection contre la brutalité de son camarade. Non-seulement elle le suivit, mais elle saisit le pan de son habit, comme pour empêcher qu'il ne s'éloignât d'elle. Cette marque de confiance parut flatter le brigand; il lui répéta qu'elle n'avait rien à craindre, qu'il ne souffrirait pas qu'on lui fît le moindre mal.

Ils conduisirent leur prisonnière dans une direction qui s'éloignait de plus en plus de la grande route; elle remarqua qu'ils suivaient un petit sentier, ce qui la délivra d'une partie de ses craintes, qui auraient été bien plus vives, s'ils s'étaient écartés de tout chemin battu. Après avoir marché environ une demi-heure dans le plus profond silence, ils arrivèrent à une espèce de vieille grange située loin de toute habitation. Elle était pourtant occupée, car on y voyait de la lumière à travers une croisée.

Un des voleurs (1) frappa doucement à la porte; elle s'ouvrit, et ils entrèrent avec leur malheureuse prisonnière. Une vieille femme préparait le souper sur un feu de charbon. Dès qu'elle les vit : — Au nom du diable, s'écria-t-elle, pourquoi amenez-vous ici cette femme? pourquoi ne l'avez-vous pas dépouillée et renvoyée chez elle?

— Écoutez, la mère Sang, dit Frank; nous voulons bien faire ce qu'il faut pour vous obliger, mais nous n'en ferons pas davantage. Nous ne valons pas grand'-chose, Dieu merci! mais nous ne sommes pas encore ce que vous voudriez, des diables incarnés.

— Elle a une passe de James Ratcliffe, dit Tom, et Frank n'a pas voulu qu'elle fût mise au moulin.

— Non, de par Dieu, je ne le souffrirai pas. Mais si la vieille mère Sang veut la garder ici quelque temps, ou la renvoyer en Écosse, sans lui faire de mal et sans lui rien prendre, à la bonne heure.

— Frank Levitt! s'écria la vieille, si vous m'appelez encore mère Sang, voici un couteau qui saura de quelle couleur est le vôtre.

— Il faut que le vieux oing soit bien cher dans le nord, dit Frank, puisque la mère Sang est de si mauvaise humeur.

Sans hésiter un instant, la furie lança son couteau avec tant de force, qu'il alla s'enfoncer en sifflant dans le mur; Frank, qui était sur ses gardes, l'ayant évité par un mouvement de tête fait fort à propos :

— Allons, allons, la mère, lui dit le voleur en la sai-

---

(1) *Foot-pads*, voleur à pied; vrai voleur roturier, qu'il ne faut pas confondre en Angleterre avec les voleurs à cheval. — Éd.

sissant par les deux poignets, je vous apprendrai qui est votre maître; et la poussant avec force, il la fit reculer et tomber à la renverse sur quelques bottes de paille qui étaient dans un coin de la chambre. Il lui fit alors un geste de menace qui produisit l'effet qu'il en attendait, car elle ne chercha plus à se porter à des actes de violence, et se contenta de tordre ses bras flétris avec une rage impuissante, et de hurler comme une démoniaque.

— Je tiendrai ce que je vous ai promis, vieille diablesse, ajouta Frank; elle n'ira pas plus avant sur le chemin de Londres, mais vous ne toucherez pas à un cheveu de sa tête, quand ce ne serait que pour vous punir de votre insolence.

Cette assurance sembla calmer la vieille, qui ne fit plus entendre qu'une sorte de grognement sourd.

Un autre personnage vint en ce moment se joindre à la compagnie.

C'était une jeune fille qui entra en sautant. — Eh bien, Frank Levitt, dit-elle, est-ce que vous voulez tuer notre mère, ou coupez-vous le cou au grognard (1) que Tom a volé hier soir? ou bien lisez-vous vos prières à rebours pour faire venir ici notre bon ami le diable?

Il y avait quelque chose de si remarquable dans le son de voix de cette jeune fille, que Jeanie la reconnut aussitôt pour celle qui lui avait parlé sur la route environ deux heures auparavant. Cette circonstance augmenta sa terreur, car elle vit évidemment qu'il existait un complot prémédité contre elle. Mais par qui? mais pourquoi? c'est ce qu'elle ne pouvait concevoir.

(1) Au porc. — Éd.

D'après les propos de ce nouveau personnage, le lecteur a sûrement aussi reconnu une de ses anciennes connaissances.

— Taisez-vous, s'écria Tom qu'elle avait interrompu tandis qu'il avait dans la bouche le goulot d'une bouteille pleine de quelque liqueur dont il avait trouvé moyen de faire son butin. Un honnête homme serait plus à son aise dans la chaudière du diable qu'entre une enragée comme votre mère et une folle comme vous.

Jeanie, quoique saisie de terreur, n'en était pas moins attentive à tout ce qui se passait, afin de ne laisser échapper aucune occasion, soit de s'enfuir, s'il était possible, soit du moins de mieux connaître les dangers auxquels elle pouvait être exposée.

— Mais, qu'est-ce que cela! dit Madge, s'approchant d'elle en dansant. Quoi! une fille du vieux Whig Douce David Deans dans une vieille grange avec des Égyptiens, à l'entrée de la nuit; c'est une chose curieuse à voir; et dame! c'est la chute des saints! l'autre sœur est dans la Tolbooth à Édimbourg; j'en suis fâchée pour elle. Ce n'est pas moi, c'est ma mère qui lui veut du mal; et pourtant j'en aurais bien autant de raisons qu'elle.

— Écoutez, Madge, dit Frank, vous n'êtes pas aussi diablesse que votre sorcière de mère; emmenez cette jeune fille dans votre chenil, et n'y laissez pas entrer le diable, quand il vous le demanderait pour l'amour de Dieu.

— Oui, oui, Frank, j'en aurai soin, dit Madge en prenant Jeanie par le bras. Il n'est pas décent que de jeunes filles chrétiennes comme elle et moi restent à une pareille heure de la nuit avec des gens comme vous et comme Tyburn Tom. Bonsoir, messieurs; puissiez-vous dormir jusqu'à ce que le bourreau vous éveille — pour le bien du pays !

Alors, quittant le bras de Jeanie et semblant obéir au caprice de sa pensée égarée, elle s'avança doucement vers sa mère, qui était assise près du feu, dont la lueur rougeâtre éclairait ses traits ridés et portant l'empreinte de la rage et de la haine ; elle semblait Hécate célébrant les rites infernaux. Se mettant à genoux devant elle et joignant les mains, Madge lui dit, comme aurait pu le faire un enfant de dix ans : — Maman, écoutez-moi réciter mes prières avant que j'aille me coucher, et donnez votre bénédiction à ma jolie figure comme autrefois.

— Que le diable prenne ta peau pour s'en faire des souliers ! cria la vieille en répondant par la menace d'un soufflet à cet acte de respectueuse requête.

Madge connaissait probablement, par expérience, la manière dont sa mère donnait ses bénédictions maternelles ; elle fit un saut en arrière avec agilité, et le coup ne l'atteignit pas. Meg Murdockson, furieuse de l'avoir manquée, saisit de vieilles pincettes qui étaient près de la cheminée ; elle allait en décharger un coup sur la tête de sa fille ou de Jeanie, car peu lui importait sur qui elle assouvirait sa rage, quand Frank lui arrêta le bras, et la repoussant avec violence : — Encore ! mère damnée, s'écria-t-il ; et en ma présence ! Allons, Madge de Bedlam, retirez-vous dans votre trou avec votre camarade, sans quoi nous ferons ici payer le diable, et nous ne lui paierons rien.

Madge profita de l'avis de Levitt, et fit une retraite précipitée, traînant Jeanie après elle, dans un réduit séparé de la grange par une cloison en planches, et rempli de paille, ce qui annonçait qu'il servait de chambre à coucher. La clarté de la lune l'éclairait par une espèce de fenêtre, et laissait voir une selle, un coussin, une bride et une valise, équipage de voyage de Meg et de sa fille.

— Là! dit Madge à Jeanie, dites-moi si, dans toute votre vie, vous avez jamais vu une plus jolie chambre? Il n'y en a pas une pareille dans tout Bedlam! avez-vous jamais été à Bedlam?

— Non, répondit Jeanie, étonnée de la question et de la manière dont elle était faite, mais ne voulant pas mécontenter sa compagne, dont la présence, toute folle qu'elle était, lui semblait une sorte de protection.

— Jamais à Bedlam! s'écria Madge d'un ton de surprise. Je crois vraiment que les magistrats n'y envoient que moi. Oh! ils ont pour moi beaucoup d'attentions; car toutes les fois qu'on me mène devant eux, ils ne manquent jamais de m'y faire conduire, et me donnent même deux de leurs gardes pour me suivre. Au surplus, ajouta-t-elle en baissant le ton, je vous dirai en confidence que vous n'y perdez pas grand'chose, car le gardien est méchant, et il faut que tout aille à sa fantaisie. Eh! mais, quel tapage! à qui en veulent-ils donc? Appuyons le dos contre la porte, personne ne pourra entrer.

— Madge! Madge Wildfire! Madge la diablesse! criaient les deux bandits, où est donc le cheval? qu'en avez-vous fait?

— Il est à son souper, la pauvre bête. Je voudrais que le diable vous servît le vôtre et qu'il vous échaudât le gosier; vous feriez moins de tapage.

— Mais où est-il? s'écria Tom; répondez, ou je vais vous faire sauter votre cervelle de Bedlam.

— Eh bien! il est dans le champ de blé de Gaffer Gabblewood.

— Dans le champ de blé! s'écria Frank.

— Eh! oui, dans le champ de blé. N'avez-vous pas peur que les épis lui écorchent la langue, Tyburn Tom?

— Ce n'est pas la question ; mais que dira-t-on de nous demain matin, Frank, quand on verra notre jument dans le clos de Gaffer? il nous faudra changer de quartier. Tom, va bien vite l'en retirer, mon garçon, et aie soin d'éviter la terre molle pour qu'on ne voie point les traces de ses pieds.

— Quand il y a une mauvaise commission, dit Tom, une commission où il n'y a rien à gagner, c'est toujours sur moi qu'elle tombe.

— Allons, saute, Laurence; allons, dépêche-toi!

Tom partit sans répliquer davantage.

Pendant ce temps, Madge avait arrangé sa paille de manière à se coucher le dos à demi appuyé contre la porte, qui s'ouvrait en dedans, mais qui n'avait pas de serrure.

— Jeanie, dit Madge Wildfire, quel autre que moi aurait songé à faire un verrou de son corps. Mais il n'est pas si fort que celui que j'ai vu dans la prison d'Édimbourg. Les ouvriers d'Écosse sont les plus habiles du monde pour fabriquer des chaînes, des verroux, des cadenas et des serrures. Je me rappelle le jour où je voulais faire des gâteaux pour mon pauvre enfant qui est mort. — Mais vous autres Caméroniens, Jeanie, vous renoncez à tout, et vous vous faites un enfer sur la terre pour la quitter avec moins de regret. Mais je vous parlais de Bedlam. Je vous recommande cet endroit, par quelque porte que vous y entriez,.... vous savez la chanson ! — Et s'abandonnant sans doute aux étranges souvenirs de son imagination, elle se mit à chanter à haute voix :

> Moi de Bedlam, voyez-vous
> A vingt ans je fis connaissance ;
> Et quand j'étais sous les verrous
> J'avais toujours en abondance
> Du pain, de l'eau, des fers, des coups.

— Jeanie, je ne puis chanter aujourd'hui, j'ai la voix enrouée ; je crois que je vais dormir.

En même temps elle laissa tomber sa tête sur sa poitrine comme si elle allait s'assoupir ; et Jeanie, qui désirait pouvoir réfléchir tranquillement aux moyens de s'échapper, se garda bien de rien dire ou de faire aucun mouvement qui pût la troubler.

Mais l'esprit inquiet de Madge lui fit rouvrir les yeux au bout de quelques minutes. — Je ne sais pourquoi j'ai envie de dormir aujourd'hui, dit-elle ; je ne dors jamais avant que la bonne lune aille dormir elle-même ; et je la vois encore dans son char d'argent. Combien de fois ai-je dansé devant elle avec les autres morts, comme Porteous ; ils venaient me trouver, car j'ai été morte aussi, moi, écoutez :

> Mon corps est dans le cimetière
> Où me conduisit mon amant.
> Et ce n'est qu'une ombre légère
> Qui vous parle dans ce moment.

— Et qui sait d'ailleurs qui est mort et qui est vivant ? ou qui a été dans le pays des fées ? C'est une autre ques-

tion! Parfois je pense que mon pauvre enfant est mort.
— Vous savez bien qu'il est enterré, mais cela ne signifie rien. Je l'ai, depuis ce temps-là, bercé plus de cent fois sur mes genoux. Et comment cela serait-il, s'il était mort? — Oh! c'est impossible!

Et ici une sorte de remords faisant diversion à ses rêveries, elle s'écria, comme dans un transport : — Malheur à moi! malheur à moi! —

Enfin, après avoir gémi et sangloté, elle tomba dans un profond sommeil, laissant Jeanie à ses réflexions mélancoliques.

CHAPITRE XXX.

> « Hâtez-vous donc de la lier !
> » Ou redoutez, dans ma colère,
> » Mon bras armé de cet acier. »
>
> FLETCHER.

La faible clarté que la lune répandait dans la chambre suffit pour convaincre Jeanie qu'elle ne pouvait espérer de s'échapper ; le trou qui servait de fenêtre était percé très-haut dans le mur, et quand elle aurait pu y monter, il lui paraissait trop étroit pour pouvoir y passer. Elle craignait d'ailleurs de faire du bruit, et sentait bien qu'après une vaine tentative d'évasion, elle n'en serait que plus maltraitée et plus surveillée ; elle résolut donc d'attendre une occasion sûre avant de hasarder une fuite si dangereuse.

La cloison qui formait une séparation dans la grange était faite de planches vieilles et pourries. Il s'y trouvait plusieurs fentes, et Jeanie parvint à en agrandir une sans bruit, de manière à voir ce qui se passait dans l'autre pièce. La vieille Meg et Frank Levitt étaient assis aux deux coins du feu. Une nouvelle terreur s'empara de la malheureuse pèlerine en voyant les traits durs et féroces de la mère de Madge; et quoique la physionomie du voleur fût naturellement moins repoussante, elle offrait pourtant le caractère que donne l'habitude du vol et d'une profession proscrite par les lois.

— Mais je me souvins, dit Jeanie, de ce que m'avait raconté mon vertueux père, un soir d'hiver, au coin du feu; comment il s'était trouvé en prison avec le saint martyr M. James Rennick, qui releva l'étendard de la véritable Église réformée d'Écosse, après la mort du célèbre Daniel Cameron, notre dernier porte-bannière, immolé par les glaives des méchans à Aird-Moss; je me rappelai que les cœurs des malfaiteurs et des meurtriers avec lesquels ils étaient enfermés s'étaient amollis, comme la cire, à la voix de leur doctrine. Je pensai que le même secours qu'ils obtinrent me serait accordé, et que le Seigneur me delivrerait du piège où mes pieds avaient été surpris. Je répétai alors en moi-même ce que dit le roi prophète dans les 42e et 43e psaume :

—Pourquoi es-tu abattue, ô mon ame! et pourquoi es-tu dans l'inquiétude; espère au Seigneur, car je chanterai sa louange : il est ma force, mon salut et mon Dieu. —

La pauvre captive, douée d'une grande présence d'esprit et d'une ame naturellement ferme et calme, fut encore fortifiée par sa confiance religieuse. Elle parvint à écouter la conversation de ceux entre les mains de qui elle était tombée. Elle n'en comprit pourtant qu'une partie, parce que de temps en temps ils baissaient la voix, qu'ils se servaient souvent de termes d'argot, et suppléaient par des gestes à beaucoup de réticences, selon l'habitude des gens de leur criminelle profession.

— Vous voyez bien, Meg, disait Frank, que je sais tenir ma parole. Je n'ai pas oublié que c'est vous qui m'avez fait passer un couteau qui m'a aidé à sortir de la prison d'York : j'ai fait votre besogne sans vous faire une question, parce qu'un service en mérite un autre. Mais à présent que cette folle de Madge est endormie, et que Tom court après le cheval, il faut que vous me disiez quelles sont vos intentions et ce que vous voulez faire; car, avec la passe de Jim Rat, du diable si je touche à cette fille, et si je souffre qu'on y touche.

— Vous êtes un brave garçon, Frank; mais vous êtes trop tendre pour votre état. Votre bon cœur vous mettra dans l'embarras, je vous verrai quelque jour pendu sur le témoignage de quelqu'un qui n'aurait dit mot si vous lui aviez coupé le sifflet.

— Et vous vous trompez : j'ai vu pendre plus d'un brave jeune homme pour avoir été un peu trop vite en affaires. D'ailleurs un homme n'est pas fâché d'avoir, pendant sa courte vie, la conscience en repos. Ainsi donc, dites-moi sur-le-champ ce que je puis faire pour vous en tout bien, tout honneur.

— Je vais vous le dire, Frank. Mais d'abord buvez un verre de genièvre. Elle lui en versa un grand verre, qu'il vida tout d'un trait, en disant qu'il était excellent. Je vous dirai donc.... mais encore un coup du flacon, Frank; cela vous fortifiera le cœur.

— Non, non! quand une femme veut vous induire au mal, elle cherche toujours à vous griser. Au diable le courage des Hollandais! Ce que je fais, je veux le faire avec connaissance de cause.... et j'en durerai plus long-temps.

— Eh bien donc, continua la vieille, renonçant à le faire boire davantage, vous saurez que cette fille va à Londres?

Ici la vieille parla d'une voix si basse, que Jeanie ne put entendre que le mot de *sœur*.

— C'est fort bien, dit Frank, et qu'est-ce que cela vous fait?

— Ce que cela me fait? si elle coupe la corde, il épousera cette autre?

— Et à qui cela fera-t-il mal?

— A qui? à moi, vaurien! et je l'étranglerai de mes propres mains, plutôt que de voir faire cette injustice à Madge.

— A Madge! Êtes-vous plus folle qu'elle de croire qu'il veuille épouser une échappée de Bedlam. En voilà une bonne! épouser Madge Wildfire!

— Mais, gibier de potence, mendiant de naissance, voleur de profession, s'il ne l'épouse pas, ce n'est pas une raison pour qu'il en épouse une autre, pour que cette autre prenne la place de ma fille, qui est devenue folle, tandis que je suis mendiante, et tout cela à cause de lui. Mais j'ai de quoi le faire pendre, et je le ferai pendre : oui, je le ferai pendre, répéta-t-elle en grinçant des dents avec l'emphase d'une rage diabolique.

— Eh bien! faites-le pendre, pendre et rependre, répéta Frank; il y aurait plus de bon sens à cela qu'à vouloir nuire à deux pauvres filles qui ne vous ont fait aucun mal.

— Aucun mal! tandis qu'il épouserait cet oiseau en cage, s'il pouvait jamais reprendre sa volée.

— Mais comme il n'y a aucune apparence qu'il épouse jamais un oiseau de votre couvée, je ne vois pas pourquoi vous vous en mêlez, dit le voleur en levant les épaules. Je vais tout aussi loin qu'un autre quand il y a quelque chose à gagner, mais je n'aime pas à faire le mal pour faire le mal.

— Et la vengeance! dit la sorcière, la vengeance! n'est-ce pas le meilleur morceau qui ait jamais été préparé dans la cuisine de l'enfer?

— Eh bien! que le diable le garde pour son dîner, car je veux être pendu si j'aime la sauce que vous y mettez.

— La vengeance! continua-t-elle : c'est la plus douce récompense que le diable puisse jamais nous accorder. J'ai fait bien des choses pour goûter ce plaisir, mais je le goûterai, ou il n'y a de justice ni sur la terre ni dans l'enfer.

Frank avait allumé sa pipe, et écoutait de sang-froid et d'un air tranquille les cris de rage de la vieille Meg. Il avait le cœur trop endurci par la vie qu'il menait, pour en être révolté, et il était trop indifférent à l'affaire dont elle parlait pour partager ses transports de fureur.

— Mais enfin, la mère, lui dit-il après quelques instans de silence, si vous êtes si friande de vengeance, que ne vous en prenez-vous à celui qui vous a offensée?

— Je le voudrais, s'écria-t-elle en faisant des gestes

d'énergumène, oui je le voudrais! mais je ne le puis, non! je ne le puis.

— Comment, vous ne le pouvez? Il vous serait bien facile de le faire pendre pour cette affaire d'Édimbourg. Mille dieux! on en fait plus de bruit que si l'on eût volé la banque d'Angleterre.

— Savez-vous que ces mamelles l'ont nourri? s'écria la vieille en rapprochant ses bras de sa poitrine comme si elle eût tenu un enfant; et quoiqu'il soit devenu une vipère pour mon sein, quoiqu'il m'ait détruite moi et les miens, quoiqu'il m'ait destinée au diable et à l'enfer, si le diable et l'enfer existent, je ne puis m'armer contre sa vie. Je l'ai voulu, je l'ai essayé, Frank, mais cela est impossible. C'est le premier enfant que j'aie nourri. Un homme ne peut concevoir toute la tendresse d'une femme pour le premier enfant qu'elle a nourri.

— Certainement, nous n'en pouvons juger par expérience, dit Frank: mais, la mère, on dit que vous n'avez pas eu la même tendresse pour tous les enfans qui se sont trouvés sur votre chemin. Holà! s'écria-t-il en la voyant saisir un couteau d'un air de fureur, songez que je suis chef et capitaine ici, et que je n'y souffre pas de rébellion.

Meg laissa tomber l'arme qu'elle tenait en main, et s'efforçant de sourire! — Des enfans, mon garçon, lui dit-elle; et qui voudrait toucher à des enfans? Il est bien vrai que Madge a eu un malheur, comme vous savez, mais quant à l'autre. — Ici elle baissa tellement la voix, que Jeanie ne put entendre que la fin de la phrase : — enfin, Madge dans sa folie le jeta dans le North-Loch (1); voilà ce que c'est.

(1) Petit lac aujourd'hui desséché, qui existait au milieu d'Édim-

Madge, comme les infortunés dont la raison est dérangée, avait un sommeil court et facilement interrompu, ces derniers mots parvinrent à son oreille:

— C'est un gros mensonge, ma mère, s'écria-t-elle; je n'ai pas fait une pareille chose.

— Te tairas-tu, démon d'enfer? cria Meg. Par le ciel! ajouta-t-elle, l'autre pourrait être éveillée aussi et nous avoir entendus.

— Cela pourrait être dangereux, dit Frank.

— Lève-toi! dit Meg à sa fille, ou je te donne un coup de couteau à travers les fentes de la porte.

Et joignant sur-le-champ l'effet aux promesses, elle fit passer la lame d'un couteau à travers une des fentes, et Magde en ayant senti la pointe, se retira précipitamment.

La porte s'ouvrit, et la vieille entra, le couteau dans une main et une chandelle dans l'autre. Frank la suivit, peut-être pour l'empêcher de se livrer à quelque acte de violence. La présence d'esprit de Jeanie la sauva dans ce danger pressant. Elle feignit de dormir profondément; et, malgré l'agitation que devait lui occasioner la terreur, elle sut régler sa respiration de manière à n'inspirer aucun soupçon.

La vieille sorcière lui passa la lumière devant les yeux, et quoique Jeanie s'aperçût de ce mouvement, quoiqu'elle crût voir à travers ses paupières fermées les figures de ses deux meurtriers, elle eut assez de résolution pour ne pas se démentir dans une feinte dont sa vie dépendait peut-être.

Frank l'ayant regardée avec attention, tira Meg par

bourg, c'est-à-dire entre la vieille ville et la nouvelle ville. Voyez le *plan du vieil Édimbourg*. — Éd.

le bras, et l'entraîna dans la chambre voisine. Madge était déjà endormie dans un autre coin. Ils reprirent leur place au coin du feu, et Jeanie, qui commençait à respirer plus librement, entendit, à sa grande joie, le voleur dire à Meg : — Vous voyez bien qu'elle est en état de nous entendre comme si elle était dans le Bedfordshire ; — et maintenant, la mère, je veux être damné, si je comprends rien à votre histoire. Je ne vois pas ce qui vous en reviendra de faire pendre une de ces filles et de tourmenter l'autre ; mais n'importe, je veux vous servir, quoique ce soit une mauvaise affaire ; et voici ce que je puis faire pour vous : Tom Moonshine a son lougre sur la côte à Surfleet (1) sur la Walsh, j'irai le prévenir demain ; à la nuit je la conduirai à bord, et on l'y gardera trois semaines ou un mois si cela vous convient. Mais du diable si je souffre qu'on la maltraite ou qu'on la vole, avec la passe de Daddy Rat.

— Comme vous voudrez, Frank, comme vous voudrez. Il faut toujours vous passer vos fantaisies. Au surplus peu m'importe qu'elle vive ou qu'elle meure. Je ne demande pas sa mort. C'est sa sœur, oui, sa sœur.....

— Allons, n'en parlons plus. Voilà Tom qui rentre. Nous allons faire un somme, et je vous conseille d'en faire autant.

Jeanie entendit Tom rentrer, et au bout de quelques minutes, tout fut plongé dans le silence en ce

---

(1) Nous nous trouvons depuis Newark dans le Lincolnshire, comté maritime. Voyez la carte dressée pour la lecture de cet ouvrage. — Éd.

Surfleet est un bourg de Lincoln-shire situé sur la Walsh, espèce de détroit qui pénètre dans les terres. — Éd.

repaire d'iniquité. L'inquiétude ne permit pas à Jeanie de fermer les yeux de toute la nuit. A la pointe du jour, elle entendit sortir les deux bandits; n'ayant plus auprès d'elle que des personnes de son sexe, elle reprit un peu de confiance, et la lassitude lui procura quelques heures de repos.

Lorsque la captive s'éveilla, le soleil était déjà levé sur l'horizon, et la matinée commençait à s'avancer. Madge était encore dans le réduit où elles avaient couché. Elle dit bonjour à Jeanie en la regardant d'un air égaré, selon sa coutume : — Savez-vous qu'il est arrivé une drôle de chose pendant que vous étiez dans le pays du sommeil (1)? lui dit-elle. Les constables sont venus ici ; ils ont trouvé ma mère à la porte et l'ont emmenée chez le juge de paix, à cause du blé que notre cheval a mangé cette nuit. Ces rustres anglais font autant de bruit pour quelques épis de blé qu'un laird écossais pour ses lièvres et ses perdrix. Maintenant, ma fille, voulez-vous que nous leur jouyons un joli tour; allons nous promener ensemble? Ils feront un beau tapage, mais nous reviendrons pour l'heure du dîner. Voulez-vous déjeuner? Peut-être aimeriez-vous mieux vous recoucher. Quelquefois je passe des journées entières sans bouger, la tête sur mes mains, comme cela. D'autres fois je ne puis rester en place. Ah! vous pouvez vous promener avec moi sans crainte.

Quand Madge Wildfire eût été la lunatique la plus furieuse, au lieu d'avoir encore une sorte de raison in-

---

(1) *The land of nod*, littéralement le pays de la tête qui tombe : *nod* est le mouvement de tête d'un homme qui s'endort. Les expressions de la folle sont toujours particulières. L'équivalent de ses métaphores est souvent très-difficile à trouver. — Éd.

certaine et douteuse, qui variait probablement sous l'influence des causes les plus légères, Jeanie n'aurait guère refusé de quitter un lieu où, captive, elle avait tant à craindre. Elle se hâta de l'assurer qu'elle n'avait besoin ni de manger ni de dormir, et espérant au fond de son cœur qu'elle ne commettait aucun péché en agissant ainsi, elle entra pleinement dans le projet de promenade proposée par sa folle gardienne.

Elle prit son petit paquet sous son bras, et Madge s'en étant aperçue, lui dit : — Ce n'est pas tout-à-fait pour cela, mais je vois que vous voulez sauver ce que vous avez de meilleur, des mains de ces gens; non que ce soit précisément de mauvaises gens, mais ils ont de singulières manières; et j'ai pensé quelquefois que ce n'était pas bien à ma mère et à moi de fréquenter semblable compagnie !

La joie, la crainte et l'espérance agitaient le cœur de Jeanie quand, prenant son petit paquet, elle sortit en plein air, et jeta les yeux autour d'elle pour chercher quelque habitation,—mais elle n'en aperçut aucune. Le terrain était partie cultivé, partie couvert de broussailles, de taillis et de fondrières. Elle chercha ensuite à s'assurer où était la grande route, persuadée que, si elle pouvait la gagner, elle y trouverait quelques maisons ou quelques passans; mais elle vit à regret qu'elle n'avait aucun moyen de diriger sa fuite avec certitude, et qu'elle était dans la dépendance absolue de la folle, sa compagne.

Après avoir marché une demi-heure :—Pourquoi n'allons-nous pas sur la grande route? dit-elle à Madge sans affectation, nous nous y promènerions plus commodément qu'au milieu des broussailles.

Madge avait marché fort vite jusqu'alors. A cette question elle s'arrêta, et regardant Jeanie d'un air de soupçon : — Oui-dà, lui dit-elle. Est-ce là votre projet? Vous avez envie d'appeler vos talons au secours de votre tête, je crois.

Jeanie, en entendant sa compagne s'exprimer ainsi, hesita un moment sur ce qu'elle devait faire. Elle avait grande envie de prendre la fuite sur-le-champ, mais elle ne savait encore en quelle direction elle devait fuir, ni si elle serait la plus agile à la course, et elle voyait évidemment que, pour la force physique, la folle l'emportait de beaucoup sur elle. Elle résolut donc de prendre patience, dit quelques mots pour calmer les soupçons de sa compagne, et la suivit où elle voulut la conduire.

Les idées de Madge ne pouvaient rester long-temps fixées sur le même objet, elles ne tardèrent pas à prendre un autre cours, et elle se mit à parler avec sa prolixité habituelle : — C'est une chose délicieuse de se promener ainsi dans les bois par une belle matinée comme celle-ci! on n'entend pas, comme à la ville, une foule d'enfans crier après soi parce qu'on est un peu jolie et un peu mieux mise que les autres. Et cependant Jeanie, que les beaux habits et la beauté ne vous rendent pas trop fière... Je sais à quoi cela mène.

— Connaissez-vous bien le chemin? lui demanda Jeanie, qui voyait qu'elle s'enfonçait de plus en plus dans le bois, et qui craignait de s'éloigner encore davantage de la grande route.

— Si je le connais? n'ai-je donc pas demeuré long-temps ici? N'est-ce pas ici que...? Oui, j'aurais pu l'oublier, j'ai oublié bien des choses; mais il en est qu'on n'oublie jamais.

Elles arrivaient en ce moment dans une clairière. Un beau peuplier s'y élevait solitairement sur un petit tertre couvert de gazon, semblable à un de ceux qu'a décrits le poète de Grasmere dans l'épigraphe de notre chapitre (1). Dès que Madge l'aperçut, elle joignit les mains, poussa un grand cri, et tomba par terre sans mouvement.

Il eût été bien facile à Jeanie de fuir en ce moment; mais elle ne put se déterminer à abandonner cette infortunée sans secours dans l'état où elle se trouvait, d'autant mieux qu'au milieu de son délire elle lui témoignait une sorte d'amitié. Elle parvint, non sans peine, à la relever, l'assit au pied du peuplier, chercha à ranimer son courage par quelques paroles de consolation, et vit avec surprise que son teint, ordinairement animé, était pâle et livide, et qu'elle versait des larmes en abondance.

— Laissez-moi, dit la pauvre insensée, laissez-moi, cela fait tant de bien de pleurer! Je ne pleure qu'une fois ou deux par an, quand je viens en cet endroit. Ce sont mes larmes qui arrosent ce gazon et qui font verdir ce peuplier.

(1) Sir Walter Scott a quelquefois des distractions inévitables dans sa manière rapide de composer : l'épigraphe de ce chapitre est empruntée à Fletcher, que nous ne croyons pas être jamais désigné par le titre de poète de Grasmere. Cette désignation appartient au poète Wordsworth, qui réside en effet près du lac de Grasmere. L'épigraphe de ce chapitre était probablement tout autre dans l'origine : l'auteur, en y substituant les deux vers de Fletcher, aura oublié de supprimer la phrase qui nous fournit cette note, d'ailleurs peu importante, mais dont le but est d'épargner une recherche au lecteur. — Ed

— Mais qu'avez-vous? lui demanda Jeanie; pourquoi pleurez-vous si amèrement?

— Je n'en ai que trop de sujet, Jeanie; mais asseyez-vous près de moi, et je vous conterai tout cela, car je vous aime: tout le monde nous disait du bien de vous quand nous étions vos voisines à Saint-Léonard, et je n'ai pas oublié le verre de lait que vous me donnâtes un matin, après que j'avais passé vingt-quatre heures sur Arthur's Seat, cherchant des yeux sur la mer un vaisseau sur lequel quelqu'un devait se trouver.

Jeanie se rappela effectivement qu'elle avait rencontré un matin près de la maison de son père une jeune fille qui semblait privée de raison et qui tombait de faiblesse, et qu'elle lui avait donné du pain et du lait qu'elle avait dévorés en affamée. Cet incident, léger en lui-même, devenait d'une grande importance, s'il pouvait avoir fait une impression favorable pour Jeanie dans l'esprit de celle qui avait été l'objet de sa charité.

— Oui, dit Madge, je vous conterai tout. Vous êtes la fille d'un homme respectable, de David Deans, et vous consentirez à me tirer du sentier étroit, car j'ai brûlé des briques en Égypte, et, pendant de longs jours, j'ai erré dans l'affreux désert de Sinaï; mais quand je pense à mes erreurs, je suis prête à me fermer la bouche de honte.

Ici elle leva les yeux et sourit.

— Voilà une chose étrange, continua-t-elle, je vous ai dit plus de bonnes paroles en dix minutes que je n'en dirais à ma mère en dix années. Ce n'est pas que je n'y pense, et parfois elles sont au bout de ma langue; mais soudain le diable survient, passe ses ailes noires sur mes lèvres et appuie sa large et hideuse main sur ma bouche : oui, Jeanie, sa hideuse main. Il me ravit mes bonnes pensées, ainsi que mes bonnes paroles, et leur substitue d'impures chansons et des vanités mondaines.

— Essayez, Madge, dit Jeanie, essayez de calmer votre ame et de purifier votre cœur : il sera plus léger. Résistez au démon, et il fuira. Souvenez-vous, comme le répète mon vertueux père, qu'il n'est pas de démon plus perfide que nos pensées vagabondes.

— C'est vrai, ma fille, dit Madge en tressaillant, je prendrai un sentier où le démon ne me suivra pas. Vous y viendrez avec moi ; mais je vous tiendrai par le bras de peur qu'Apollyon ne pénètre dans ce sentier, comme il fit dans le *Voyage du Pèlerin* (1). A ces mots elle se leva, et, prenant Jeanie par le bras, elle commença à marcher à grands pas, et bientôt, à la grande joie de sa compagne, elle entra dans un sentier frayé dont elle paraissait connaître parfaitement tous les détours.

Jeanie essaya de la remettre sur la voie des aveux qu'elle avait promis ; mais son imagination était en campagne. Dans le fait l'esprit dérangé de cette pauvre fille ressemblait à un amas de feuilles desséchées, qui peuvent bien rester immobiles pendant quelques minutes, mais qui, au moindre souffle, sont agitées de

(1) « Ce monstre était hideux à voir ; il était revêtu d'écailles comme un poisson, et (c'est pour lui un sujet d'orgueil) il avait des ailes comme un dragon, des pieds comme un ours ; de son ventre sortaient de la flamme et de la fumée ; sa bouche était comme la gueule d'un lion, etc. » L'auteur cite si souvent cet ouvrage, que le lecteur nous saura gré peut-être d'en citer nous-même quelques images, pour lui rendre les allusions de Madge plus familières. — ÉD.

nouveau. Madge s'était mis en tête de parler de l'allégorie de John Bunyan (1) à l'exclusion de toute autre chose, et elle continua avec une grande volubilité :

— N'avez-vous jamais lu le *Voyage du Pèlerin?* Vous serez la femme Christiana (2), et moi la vierge Merci, car vous savez que Merci était plus belle et plus attrayante que sa compagne; et si j'avais ici mon petit chien, il serait Grand-Cœur (3), leur guide, car il était brave, et il aboyait comme s'il eût été dix fois plus gros. Ce fut ce qui causa sa perte, car il mordit aux talons le caporal Mac-Alpine un jour qu'il m'emmenait au corps-de-garde, et le caporal tua le fidèle animal avec sa pique de Lochaber. Que le diable casse les os à ce montagnard !

— Fi ! Madge, dit Jeanie, ne dites pas de telles choses.

— Il est vrai, reprit Madge en secouant la tête; mais

---

(1) Madge va donner elle-même à Jeanie et au lecteur une idée assez complète du *Voyage du Pèlerin*. L'auteur, John Bunyan, était un pauvre chaudronnier qui se fit soldat dans les guerres de la révolution anglaise, et mourut pasteur de sa secte. C'était un non-conformiste enthousiaste qui avait des visions. Son *Pilgrim's Progress*, *Voyage du Pèlerin*, ne fut pas son seul ouvrage, mais celui qui a eu le plus de popularité. L'imagination de Bunyan et la richesse des allusions bibliques soutiennent jusqu'à la fin cette allégorie un peu longue. — Éd.

(2) L'ouvrage de Bunyan est divisé en deux parties : la première est le voyage de Christian de ce monde au monde à venir; et la seconde le même pèlerinage entrepris par sa femme Christiana, accompagnée de Merci (ou Miséricorde). — Éd.

(3) *Great heart*, Grand-Cœur, est le guide courageux des deux pèlerines : Madge regrette le courage de son petit chien, qui lui semblerait digne de remplacer Grand-Cœur. — Éd.

alors il ne faut pas que je pense à mon pauvre petit Snap que je vis étendu expirant dans un fossé. Hélas! c'était peut-être un bien pour lui, car il souffrait du froid et de la faim quand il vivait, et dans la tombe il y a le repos pour tout le monde, le repos pour mon petit chien, pour mon pauvre enfant et pour moi.

— Votre enfant! s'écria Jeanie, qui espérait ramener Madge à un entretien plus sérieux, si elle parvenait à lui parler d'un sujet qui l'intéressât réellement. — Mais elle se trompa; Madge rougit, et répondit avec dépit:

— Mon enfant? Oui certes, mon enfant! Est-ce que je ne peux pas avoir eu un enfant et l'avoir perdu, comme votre jolie petite sœur, le Lis de Saint-Léonard?

Cette réponse alarma Jeanie; et s'empressant de calmer l'irritation de Madge, elle lui dit: — Je suis bien fâchée de votre malheur.

— Fâchée! — et de quoi seriez-vous fâchée? reprit Madge. — C'était un bonheur pour moi d'avoir un enfant; c'en aurait été un du moins sans ma mère, car ma mère est une bien singulière femme. — Voyez-vous, il y avait un vieux rustre qui avait des terres et des écus par-dessus le marché. — Le vrai portrait du vieux M. *Faible-Esprit* (1), ou M. *Prêt-à-s'Arrêter* (2), que *Grand-Cœur* délivra de *Mort-aux-Bons* (3) le géant, au moment où il allait le voler et le tuer, car Mort-aux-Bons était de l'espèce des mangeurs d'hommes, — et *Grand-Cœur* tua aussi le géant *Désespoir* (4) — Pourtant

---

(1) *Feeble-Mind.* Les noms de ces personnages allégoriques indiquent assez leur caractère. — Éd.

(2) *Ready to halt.* — Éd.

(3) *Slaygood.* — Éd.

(4) *Despair.* — Éd.

je crois que le géant Désespoir vit encore, malgré l'histoire du livre. Parfois je le sens qui attaque mon cœur.

— Eh bien, et le vieux rustre? dit Jeanie, qu'un pénible intérêt excitait à savoir la vérité sur l'histoire de Madge, qu'elle ne pouvait s'empêcher de croire liée à la destinée de sa sœur. Elle désirait aussi amener sa compagne à quelque aveu qui lui fût fait d'un son de voix plus bas; car elle craignait que Madge ne fût entendue de sa mère ou des voleurs, qui pouvaient bien déjà être à leur recherche.

— Ainsi donc le vieux rustre, — répéta Madge; j'aurais voulu que vous le vissiez marcher avec ses deux jambes, dont l'une était d'un demi-pied plus courte que l'autre. Comme je riais quand je voyais le gentil Geordy le contrefaire. Je riais peut-être moins qu'à présent; mais il me semble que c'était de meilleur cœur.

— Et qui était ce gentil Geordy? lui demanda Jeanie, pour tâcher de le ramener à son histoire.

— Vous ne le connaissez pas? celui qu'on nomme Robertson à Édimbourg; et ce n'est pas encore là son vrai nom. Mais pourquoi me demandez-vous son nom? Cela n'est pas honnête de demander le nom des gens. J'ai vu quelquefois chez ma mère huit ou dix personnes, et jamais elles ne s'appelaient par leur nom; c'est pour cela que j'ai pris celui de Wildfire. J'ai entendu vingt fois Daddy Raton dire qu'il n'y avait rien de si incivil que de demander le nom de quelqu'un, parce que si les baillis, les prévôts et les juges veulent savoir si vous connaissez un tel ou un tel, ne sachant pas leur nom vous-même, vous ne pouvez le leur dire.

— Avec qui a donc vécu cette pauvre créature, pensa Jeanie, pour qu'on ait pu lui suggérer de pareilles idées ? Reuben et mon père auraient de la peine à me croire, si je leur disais qu'il existe des gens qui prennent de telles précautions par crainte de la justice !

Ses réflexions furent interrompues par un éclat de rire que fit Madge en voyant une pie traverser le sentier qu'elles suivaient.

— Voyez, dit-elle, voilà comme marchait mon vieil amoureux. Pas si légèrement pourtant; il n'avait pas d'ailes pour suppléer à ses vieilles jambes. Il fallait pourtant que je l'épousasse, Jeanie, ou ma mère m'aurait tuée. Mais alors vint l'histoire de mon pauvre enfant. Ma mère craignit que le vieux ne fût étourdi par ses cris, et elle le cacha sous le gazon, là-bas, près du peuplier, afin qu'il ne criât plus. Je crois qu'elle a enterré mon esprit avec lui; car depuis ce moment je ne me reconnais plus. Mais voyez un peu, Jeanie, après que ma mère eut pris toute cette peine, le vieux boiteux ne montra plus son nez au logis. Ce n'est pas que je m'en soucie. J'ai mené une vie bien agréable depuis ce temps, courant, dansant, chantant la nuit comme le jour. Je ne rencontre pas un beau monsieur qui ne s'arrête pour me regarder, et il y en a plus d'un qui me donne une pièce de six pences, uniquement pour mes beaux yeux.

Ce récit, tout décousu qu'il était, fit entrevoir à Jeanie l'histoire de la pauvre Madge. Elle jugea qu'elle avait été courtisée par un amant riche dont sa mère avait favorisé les prétentions, malgré sa vieillesse et sa difformité; qu'elle avait été séduite par un autre; que sa mère, pour cacher sa honte, et ne pas mettre obstacle au mariage qu'elle avait eu vue, avait fait périr le fruit de cette intrigue; enfin que le dérangement de son esprit en avait été la suite. Telle était en effet, à peu de chose près, l'histoire de Madge Wildfire.

CHAPITRE XXXI.

> « Libres de tout danger, libres de toute crainte,
> » De la cour avec joie ils traversent l'enceinte. »
>
> CHRISTABELLE

Madge et Jeanie suivaient toujours le même sentier, et celle-ci ne vit pas sans un vrai contentement, derrière un bouquet d'arbres, un assez grand nombre de maisons qui probablement faisaient partie d'un village. Le chemin sur lequel elles étaient paraissait y conduire. Jeanie résolut donc de ne plus faire de questions à Madge tant qu'elle le suivrait, ayant observé qu'en lui parlant elle courait risque d'irriter son guide, ou de réveiller des soupçons auxquels les personnes dans la situation de Madge sont très-disposées.

Madge, n'étant point interrompue, poursuivit le babil sans suite que lui suggérait son imagination vagabonde. C'était dans cette disposition d'esprit qu'elle était plus communicative sur son histoire et celle des autres, que lorsqu'on cherchait à la faire parler par des interrogations directes ou d'adroites insinuations.

— Il est bien singulier, dit-elle, qu'il y ait des momens où je puis parler de mon enfant aussi tranquillement que si c'était celui d'un autre, et qu'il y en ait où mon cœur soit prêt à se fendre, seulement d'y penser. Avez-vous jamais eu un enfant, Jeanie ?

— Non, répondit celle-ci.

— Ah ! mais votre sœur en a eu un du moins, et je sais ce qu'il est devenu.

— Vous le savez ! s'écria Jeanie, oubliant qu'elle avait résolu de ne lui faire aucune question : au nom du ciel, au nom de ce que vous avez de plus cher, apprenez-moi ce qu'il est devenu !

Madge s'arrêta, la regarda fixement d'un air sérieux, puis partant d'un éclat de rire : — Ah, ah, ah ! s'écriat-elle, attrapez-moi, si vous le pouvez. On peut donc vous faire croire tout ce qu'on veut ! Comment saurais-je ce qu'est devenu l'enfant de votre sœur ? Les jeunes filles ne devraient jamais faire d'enfans jusqu'à leur mariage. Et puis toutes les commères arrivent, et se mettent à table comme si c'était le plus beau jour du monde. Elles vous disent que les enfans des jeunes filles sont heureux ; je sais que ce n'est pas vrai de celui de votre sœur et du mien. Mais il y aurait de tristes histoires à faire ; j'ai besoin de chanter un peu pour me remettre le cœur. Je veux chanter la chanson que le gentil Geordy fit pour moi dans le temps, lorsque j'allai avec lui à la fête de Lockington pour le voir jouer la comédie avec les autres acteurs. Il aurait bien mieux fait de m'épouser cette nuit-là, comme il l'avait promis. Mieux vaut se marier sur le fumier que sur la bruyère(1), dit le proverbe de l'Yorkshire : il peut aller loin et trouver pire. Mais chantons :

> Je suis Madge du hameau,
> Je suis Madge de la ville ;
> Malgré tous ses bijoux, la dame du château
> N'a pas un cœur aussi tranquille.

> Je suis la reine de mai,
> C'est moi qui conduis la danse ;
> Le *feu follet* n'est pas plus brillant et plus gai,
> Je vis d'amour et d'espérance.

— C'est de toutes mes chansons celle que j'aime le mieux, continua la folle, parce que c'est lui qui l'a faite, et je la chante souvent. C'est peut-être pour cela que les gens m'appellent Madge Wildfire. Je réponds à ce nom, quoique ce ne soit pas le mien, car à quoi bon se fâcher ?

— Mais vous ne devriez pas du moins chanter le jour du sabbat, dit Jeanie, qui, au milieu de son anxiété, ne pouvait s'empêcher d'être scandalisée de la conduite de sa compagne, surtout à l'approche du hameau.

— Ah ! c'est dimanche, dit Madge. Ma mère mène une telle vie, et fait si souvent de la nuit le jour, que, perdant le compte des jours de la semaine, on ne distingue plus le dimanche du samedi. D'ailleurs c'est votre *Whigerie* qui se scandalise ; en Angleterre, les gens chantent quand il leur plaît. Et puis, vous savez, vous êtes Christiana et je suis Merci ; elles s'en allaient en

---

(1) Il vaut mieux épouser une voisine qu'une étrangère. — Éd.

chantant (1). A ces mots, elle chanta une des stances de John Bunyan.

> Ah! plaignez moins le cœur humble et timide,
> Il ne craint plus les chutes de l'orgueil ;
> Le dieu du ciel lui servira de guide !
> Et du péché lui montrera l'écueil.
>
> .... (2).
>
> L'abondance est un vrai fardeau
> Dans ce triste pèlerinage ;
> Peu de chose ici bas, dans un monde nouveau
> Si le bonheur nous dédommage.

— Et savez-vous, Jeanie, qu'il y a beaucoup de vérité dans ce livre du *Voyage du Pèlerin*? L'enfant qui chante ainsi gardait les moutons de son père dans la vallée de l'Humiliation, et Grand-Cœur dit qu'il vivait plus heureux, qu'il avait dans son sein de l'herbe appelée *Calme du cœur* en plus grande abondance que ceux qui portent comme moi la soie et le velours et sont parés comme moi (3).

Jeanie Deans n'avait jamais lu l'allégorie pleine de charmes et d'imagination à laquelle Madge faisait allusion. Bunyan était, il est vrai, un rigide calviniste, mais il était aussi membre d'une congrégation d'*Anabaptistes*, de sorte que ses ouvrages ne trouvaient point

---

(1) L'allégorie de Bunyan est mêlée de chants qui sont le plus souvent des prières. — ÉD.

(2) L'auteur passe ici une strophe. — ÉD.

(3) « L'entendez-vous? dit le guide ; j'ose vous assurer que ce jeune garçon mène une vie plus joyeuse, et porte dans son sein beaucoup plus de cette herbe appelée calme du cœur (*heart ent*, espèce de pensée ou violette) que celui qui est vêtu de soie et de velours » — ÉD.

place parmi les livres théologiques de Deans. Madge, dans une époque de sa vie, avait connu apparemment cette production populaire, qui manque rarement de faire une impression profonde sur l'enfance et les gens du peuple.

— Je puis bien dire, continua-t-elle, que je sors de la ville de la destruction, car ma mère est mistress *OEil-de-Chauve-souris*, qui vit au coin de la rue du Mort; Frank Levitt et Tyburn Tom peuvent se comparer à *Mauvaise-Foi* et à *Crime* (1), qui arrivèrent au grand galop, terrassèrent le pèlerin avec une grosse massue, et lui volèrent une bourse d'argent qui était presque tout son avoir. C'est ce que Frank et Tom ont fait à plus d'un voyageur, et ils continueront. Mais allons à la maison de l'interprète (2), car je connais un homme qui en jouera le rôle parfaitement. Il a les yeux levés au ciel, le meilleur des livres à la main, et la loi de vérité gravée sur ses lèvres. Oh! si j'avais écouté ce qu'il me disait, je n'aurais jamais été la créature errante que je suis. Mais tout est fini. Allons; nous frapperons à la porte; le portier recevra Christiana, Merci restera dehors. Je me tiendrai sur la porte tremblante et pleurant. Alors, Christiana (c'est vous, Jeanie), Christiana intercédera pour moi; alors Merci (c'est moi), Merci s'évanouira; alors l'interprète (c'est M. Staunton lui-même) viendra me prendre par la main, moi la pauvre et coupable folle; il me donnera une grenade, un rayon de

---

(1) *Mister Bats'-eyes*, M. OEil-de-Chauve-souris; *Deadman*, Homme-Mort; *Mistrust*, méfiance; et *Guilty*, crime. — Éd.

(2) Christiana et Merci vont consulter un interprète qui leur explique des emblèmes mystiques et religieux. C'est Innocence qui leur ouvre la porte. — Éd.

miel et une fiole de liqueur pour me rappeler à la vie ;
alors les bons temps reviendront, et nous serons les plus
heureuses filles du monde (1).

Au milieu de cette confusion d'idées, Jeanie crut entrevoir dans Madge une intention d'aller chercher le pardon de quelqu'un qu'elle avait offensé, ce qui lui faisait espérer de pouvoir bientôt se trouver à même d'implorer pour elle la sauvegarde des lois. Jeanie résolut donc de se laisser guider par Madge, et d'agir selon les circonstances.

Elles étaient alors à peu de distance des maisons. C'était un de ces jolis villages si communs en Angleterre, où les maisons, au lieu d'être rangées à la suite les unes des autres, des deux côtés d'une route couverte de boue ou de poussière, se trouvent dispersées en groupes, entourées d'ormes, de chênes et d'arbres fruitiers, qui étant alors en pleine fleur, faisaient de cet endroit comme un bosquet enchanté. Au centre, on voyait l'église de la paroisse avec une tour gothique, et l'on entendait le son des cloches qui appelait les fidèles.

— Restons ici jusqu'à ce que tout le monde soit entré dans l'église, dit Madge, car tous les enfans courraient après moi en criant, et le bedeau serait assez brutal pour s'en prendre à nous. Ce n'est pas que j'aime les cris des enfans plus que lui, mais comment les empêcher ?

Jeanie consentit d'autant plus aisément à s'arrêter, que Madge lui avait dit que ce n'était pas dans ce vil-

---

(1) Madge raconte à peu près son histoire ou ses sensations, en empruntant les termes mêmes du récit de Bunyan. — Éd.

lage que les constables avaient conduit sa mère, et que les deux écuyers de grand chemin étaient allés d'un autre côté. Elle voyait que ses vêtemens avaient beaucoup souffert des événemens de la veille, d'une nuit passée sur la paille, et de la course qu'elle venait de faire à travers des buissons et des taillis fourrés; aussi elle eût bien voulu donner un air de propreté à ses ajustemens, afin de pouvoir intéresser davantage ceux à qui elle s'adresserait pour implorer leur protection.

Elles s'assirent donc au pied d'un chêne, au bord d'une fontaine, miroir ordinaire des jeunes Écossaises de la condition de Jeanie; et celle-ci, profitant de ce secours, s'occupa de mettre un peu d'ordre dans sa toilette; mais, quelque nécessaire que ce soin lui eût paru d'abord, elle ne tarda pas à regretter d'y avoir songé.

Madge avait une grande opinion de ses charmes, auxquels elle devait tous ses malheurs. Son esprit, semblable à une barque abandonnée sur un lac, se livrait toujours à la première impulsion qui l'agitait. Dès qu'elle vit Jeanie renouer ses cheveux, replacer son chapeau, secouer la poussière de ses souliers et de ses vêtemens, mettre un fichu blanc, et se laver les mains et la figure, le génie de l'imitation et de la coquetterie s'empara d'elle, et d'un petit paquet dont elle s'était aussi chargée elle tira les restes flétris de son ancienne élégance, commençant une toilette qui la rendit vingt fois plus ridicule qu'elle ne l'était auparavant.

Jeanie en gémissait tout bas, mais elle n'osa faire aucune observation; sur un chapeau de voyage qui lui couvrait la tête, Madge plaça une plume de paon et une vieille plume blanche cassée que le temps avait noircie. Elle attacha au bas de sa robe en forme de redingote une sorte de falbala de fleurs artificielles passées; un morceau de soie jaune, garni de clinquant, reste d'une robe qui avait rendu de longs services d'abord à une dame et ensuite à sa femme de chambre, fut jeté sur une de ses épaules, et ramené en avant, en forme de baudrier; une paire d'escarpins de satin, brodés, sales, à talons hauts, remplacèrent ses gros souliers d'usage. Elle avait coupé une branche de saule le matin, presque aussi longue qu'une canne à ligne. Elle se mit à la peler sérieusement, et la transforma en une baguette semblable à celle que le trésorier ou le grand intendant de la couronne porte dans les cérémonies publiques. Elle dit alors à Jeanie que, puisqu'elles avaient maintenant une mise aussi décente que pouvait l'avoir une jeune fille le dimanche matin, elle voulait la conduire à la maison de l'interprète.

Jeanie trouvait bien pénible d'être obligée de paraître en public avec une compagne si grotesquement affublée; mais nécessité n'a point de loi. Elle ne pouvait se séparer d'elle sans risquer d'avoir une querelle sérieuse, et la prudence le lui défendait.

Madge, au contraire, était enchantée d'elle-même, et sa vanité lui persuadait que personne au monde ne pouvait lui disputer de charmes et de parure. Elles entrèrent dans le village, et n'y rencontrèrent qu'une vieille femme presque aveugle, qui, voyant briller quelque chose sur les vêtemens de Madge, la salua avec autant de respect qu'elle en aurait montré à une duchesse. Cette marque de déférence mit le comble au ravissement de la pauvre insensée. Elle releva la tête encore plus haut, chercha à se donner des graces, et regarda Jeanie avec l'air de protection et d'importance d'une vieille dame qui va conduire une jeune provinciale dans le monde pour la première fois.

Jeanie la suivait patiemment, baissant les yeux, qu'elle levait seulement de temps à autre pour chercher quelqu'un dont elle pût implorer le secours ; mais tous les habitans étaient alors au service divin, ou enfermés dans leurs maisons. Elle tressaillit quand, après avoir monté deux ou trois marches, elle se trouva dans le cimetière, et qu'elle vit sa compagne s'avancer directement vers la porte de l'église. Jeanie n'avait nulle envie d'y entrer dans une telle compagnie, et, s'asseyant sur une pierre funéraire, elle lui dit d'un ton décidé : — Vous pouvez entrer dans l'église si vous le désirez, Madge ; mais je ne vous y suivrai pas : je vais vous attendre ici.

— M'attendre ici ! s'écria Madge en la saisissant par le bras ; croyez-vous donc, ingrate que vous êtes, que je souffrirai que vous restiez assise sur le tombeau de mon père ? Si vous ne me suivez pas, si vous ne venez pas avec moi écouter le ministre dans la maison de Dieu, je vous arracherai tous les haillons qui vous couvrent.

L'effet suivit de près la menace. Elle saisit le chapeau de Jeanie, le lui arracha de la tête, et le jeta sur un vieux saule aux branches duquel il s'accrocha à une hauteur trop considérable pour que celle-ci pût l'y reprendre. La première pensée de Jeanie fut de crier; mais réfléchissant que Madge, dans sa folie, pouvait lui donner quelque coup dangereux avant qu'on fût venu à son secours, quoiqu'elles fussent très-près de l'église, elle jugea plus prudent de l'y suivre, étant bien sûre que là elle trouverait le moyen de lui échapper, et qu'elle n'aurait plus rien à craindre de sa violence. Elle lui dit donc qu'elle consentait à l'accompagner. Madge la tenait toujours par le bras, mais ses idées avaient déjà pris un autre cours. Elle fit retourner Jeanie vers la pierre qu'elle venait de quitter, et lui montrant une inscription : — Lisez cela, lui disait-elle, lisez tout haut.

Jeanie obéit, et lut ce qui suit :

« CE MONUMENT FUT ÉRIGÉ A LA MÉMOIRE DE DONALD » MURDOCKSON, SOLDAT DU XXVI DU ROI, OU RÉGIMENT » CAMÉRONIEN, CHRÉTIEN SINCÈRE, BRAVE MILITAIRE » ET FIDÈLE SERVITEUR, PAR SON MAITRE RECONNAIS- » SANT, ROBERT STAUNTON. »

— Vous lisez bien, Jeanie ; c'est bien cela, dit Madge, dont la colère avait fait place à une profonde mélancolie ; et d'un air grave et tranquille qui ne lui était pas ordinaire, elle la conduisit à la porte de l'église.

Le bâtiment dans lequel Jeanie allait être introduite était une de ces églises gothiques dont on trouve un si grand nombre en Angleterre, et qui, de tous les édifices consacrés au culte chrétien, sont peut-être les plus propres à produire sur l'ame une impression de piété respectueuse. Cependant Jeanie, fidèle à ses principes presbytériens, ne serait pas entrée, en toute autre occasion, dans une église de la religion anglicane. Elle aurait cru voir à la porte la figure vénérable de son père étendre le bras pour l'arrêter, et lui défendre d'écouter des instructions qui ne partaient pas de la bonne source. Mais, dans la situation alarmante où elle se trouvait, elle regardait ce lieu comme un asile pour elle, de même que l'animal poursuivi par les chasseurs se réfugie quelquefois dans la demeure des hommes, ou dans les endroits les plus contraires à ses habitudes naturelles. Les sons profanes de l'orgue n'eurent même pas le pouvoir de l'arrêter.

Madge n'eut pas plus tôt mis le pied dans l'église, que, se voyant l'objet de l'attention générale, elle se livra de nouveau à toute l'extravagance qu'un accès momentané de mélancolie avait interrompue. Elle s'avança d'un pas léger vers le centre de l'église; la tête haute, traînant après elle Jeanie qu'elle tenait toujours par le bras. Celle-ci aurait bien désiré entrer dans un des bancs les plus voisins de la porte, et laisser Madge s'approcher seule des places d'honneur; mais elle ne pouvait le faire sans une résistance qui aurait causé du scandale et du tumulte dans la congrégation. Elle se laissa donc mener comme en triomphe par sa conductrice, qui marchait le sourire sur les lèvres, d'un pas délibéré, paraissant enchantée de voir tous les yeux fixés sur elle, distribuant à droite et à gauche des révérences ridicules et affectées, et traînant sa compagne, qui, rouge de honte, les yeux baissés, les cheveux épars, formait avec elle le contraste le plus frappant.

Enfin elle entra dans un banc, donnant en même temps un coup de pied sur les jambes de Jeanie, pour l'avertir de la suivre, et appuya sa tête sur ses mains pendant environ une minute comme pour se livrer au recueillement. Jeanie, pour qui cette dévotion mentale était toute nouvelle, au lieu de l'imiter, jeta autour d'elle des regards inquiets que ceux qui pouvaient la voir attribuaient assez naturellement à la folie. Chacun chercha à s'éloigner de ce couple extraordinaire; mais un vieillard qui se trouvait près de Madge ne fut point assez leste. Elle lui arracha des mains son rituel, et se mit à répondre aux prières d'un ton de voix qu'on distinguait au-dessus de toutes celles de la congrégation.

Jeanie, accablée de honte, n'osait plus lever les yeux pour chercher un protecteur. Elle pensa d'abord naturellement à l'ecclésiastique. C'était un homme d'un âge déjà avancé, dont l'air inspirait la confiance et le respect, et qui avait déjà rappelé à une attention décente les plus jeunes membres de la congrégation que l'extravagance de Madge Wildfire avait distraits du service divin. Jeanie résolut donc de s'adresser à lui quand l'office serait terminé.

Il est bien vrai que ses yeux étaient choqués de voir un prédicateur revêtu d'un surplis, abomination contre laquelle elle avait entendu son père déclamer tant de fois, mais dont elle n'avait jamais été témoin. Elle n'était pas moins contrariée du changement d'attitude qu'exigeaient certaines parties du rituel; et Madge, qui paraissait en bien connaître le cérémonial, prenait soin de l'en avertir avec un bruit et des gestes qui attiraient encore davantage sur elles l'attention générale. Elle crut pourtant que Dieu, voyant dans le fond des cœurs, lui pardonnerait de l'adorer avec des formes qui n'étaient pas celles de sa croyance. S'écartant donc de Madge autant qu'il lui était possible de le faire, elle donna toute son attention au service divin, et goûta un peu de calme, sa persécutrice ayant fini par s'endormir.

Quoique involontairement sa pensée se reportât quelquefois sur sa propre situation, elle fut comme forcée d'écouter attentivement un discours plein de sens, énergique et bien fait sur les doctrines pratiques du christianisme ; elle ne put même s'empêcher de l'approuver, quoique ce fût un discours écrit d'avance par le prédicateur, et débité avec un accent et des gestes bien différens de ceux de Boanerges Stormheaven, prédicateur favori de son père. L'air sérieux et attentif avec lequel Jeanie l'écoutait n'échappa point à l'ecclésiastique. L'entrée de Madge lui avait fait craindre quelque scandale ; pour y mettre ordre, il tournait souvent les yeux vers le banc où les deux jeunes filles étaient placées, et il reconnut bientôt que, malgré ses cheveux épars et ses regards inquiets, elle n'était pas dans une situation d'esprit semblable à celle de sa compagne. Quand le service fut terminé, il la vit jeter les yeux autour d'elle d'un air égaré, s'approcher de deux ou trois hommes âgés, comme pour leur parler, et reculer ensuite par timidité en voyant qu'ils semblaient la fuir. Il jugea qu'il y avait dans sa conduite quelque chose d'extraordinaire, et en homme bienfaisant, en digne ministre des autels, il résolut d'approfondir cette affaire.

CHAPITRE XXXII.

> » Or pour bedeau l'eglise avait un drôle
> » Grondeur, bourru, mais qui savait son rôle »
> Crabbe.

Tandis que M. Staunton, c'est ainsi que se nommait ce digne ecclésiastique, était allé ôter son surplis dans la sacristie, Jeanie en venait à une rupture ouverte avec Madge.

— Il faut que nous retournions sur-le-champ à la grange des Fous, lui dit Madge; il sera tard quand nous arriverons, et ma mère aura de l'humeur.

— Je ne retournerai pas avec vous, Madge, répondit Jeanie en lui offrant une guinée; il faut que je continue mon voyage.

— Comment, ingrate! s'écria Madge, quand je suis venue ici pour vous faire plaisir, vous m'exposerez à être grondée par ma mère ! Ah ! je vous réponds que vous me suivrez. Et en même temps elle la prit par le bras, et chercha à l'entraîner.

— Pour l'amour du ciel, secourez-moi, dit Jeanie à un homme qui était près d'elle, délivrez-moi de ses mains, elle est folle.

— Je le sais, répondit le rustre, et je crois bien que vous êtes deux oiseaux de même plumage. Mais n'importe. Allons ! Madge, laisse-la aller, si tu ne veux avoir une bonne taloche.

Toute la populace, tous les enfans, s'étaient assemblés autour d'elles. — Venez ! venez ! criaient-ils ; il va y avoir un combat entre Madge Wildfire et une autre folle de Bedlam ! On faisait cercle dans l'espoir de jouir de ce spectacle intéressant, quand on aperçut le chapeau galonné du bedeau, et chacun s'empressa de faire place à ce personnage important. Il s'adressa d'abord à Madge.

— Qu'est-ce qui te ramène ici, maudite coureuse ? As-tu encore quelque bâtard à porter à la porte d'un honnête homme ? T'imagines-tu que la paroisse se chargera de cette oie, qui est aussi folle que toi ? comme si nous ne payions pas déjà assez de taxes pour les pauvres ! Sors de la paroisse sur-le-champ, ou je t'en chasse avec le bâton ! Va retrouver ta voleuse de mère qui vient d'être mise en prison à Barkston.

Madge garda le silence un instant. Le bedeau lui avait fait trop souvent connaître sa puissance par des moyens peu aimables, pour qu'elle osât contester son autorité.

Enfin elle s'écria : — Quoi ! ma mère, ma pauvre vieille mère en prison à Barkston ! Tout cela à cause de vous, miss Jeanie Deans, mais vous me le paierez, aussi sûr que je me nomme Madge Wildfire; c'est-à-dire Murdockson. Bonté divine! dans mon trouble, j'oublie jusqu'à mon nom.

A ces mots, elle tourna les talons, et s'enfuit aussi vite que ses jambes purent la porter, pour éviter la poursuite de tous les enfans du village, qui couraient après elle en poussant de grands cris.

Jeanie la vit partir avec bien de la satisfaction, quoiqu'elle eût désiré pouvoir la récompenser de manière ou d'autre du service qu'elle lui avait rendu sans le vouloir.

S'adressant alors au bedeau, elle lui demanda s'il y avait dans le village une maison où elle pût être reçue en payant, et s'il lui serait permis de parler à l'ecclésiastique.

— Oui, oui, nous aurons soin de toi, répondit le fonctionnaire de l'église; et, si tu ne réponds pas comme il faut au recteur, nous épargnerons ton argent, et nous te logerons aux dépens de la paroisse, jeune femme.

— Et où m'allez-vous conduire? demanda Jeanie un peu alarmée.

— D'abord chez Sa Révérence, pour lui rendre compte de ce que tu es, et empêcher que tu ne tombes à la charge de la paroisse.

— Je ne veux être à la charge de personne; je ne manque de rien, et je ne demande qu'à continuer ma route en sûreté.

— C'est une autre affaire, si cela est vrai; au reste, j'avoue que vous n'avez pas un air aussi égaré que votre camarade. Vous seriez une assez belle fille, si vous étiez un peu plus requinquée. Mais, allons, venez voir le recteur, ne craignez rien, c'est un brave homme!

— Est-ce le ministre qui a prêché? demanda Jeanie.

— Le ministre (1)! Dieu te bénisse! Quelle presbytérienne es-tu donc? Je te dis que c'est un recteur, le recteur lui-même, et qui n'a pas son pareil dans le comté, ni dans les quatre comtés voisins. Allons, partons, partons, je n'ai pas de temps à perdre.

— Je ne demande pas mieux que de voir le ministre, répondit Jeanie; quoiqu'il ait lu son discours et porté le surplis, comme on l'appelle ici, je ne puis m'empêcher de reconnaître que ce doit être un bien digne homme, craignant Dieu, ayant prêché comme il vient de le faire.

La canaille, désappointée de ne pas trouver un sujet d'amusement dans cette rencontre, s'était dispersée pendant ce temps-là, et Jeanie, avec sa patience ordinaire, suivit son guide plus bourru et plus suffisant que brutal jusqu'au rectorat.

La maison cléricale était grande, belle et commode, car le bénéfice en était un très-lucratif. La présentation (2) en appartenait à une famille riche du pays, dont

---

(1) Dans la hiérarchie anglicane, le *recteur* ou *gouverneur* est le possesseur de tous les droits et biens du *patronage* (paroisse). Les presbytériens ne reconnaissent pas plus volontiers les recteurs que les évêques. — ÉD.

(2) *Advowson*, présentation à un bénéfice. Ce droit de *patronage* remonte à la fondation d'une église par le seigneur féodal. L'évêque ne saurait refuser le candidat présenté sans des raisons graves, dont les tribunaux ordinaires peuvent être juges. L'*advowson* est de trois sortes: *présentative* (présentatif), si le droit

le chef avait toujours soin de destiner un fils ou un neveu à l'Église, afin de pouvoir le lui donner, quand l'occasion s'en offrait. Le rectorat de Willingham était donc regardé comme un apanage direct et immédiat de Willingham-Hall, et les riches baronnets de ce domaine avaient ordinairement un fils, un frère ou un neveu, qui s'étaient occupés de rendre leur résidence non-seulement commode, mais encore magnifique.

Elle était située à quatre cents toises environ du village, et sur une élévation dont la pente douce était couverte de petits enclos disposés irrégulièrement, de manière que les vieux chênes et les ormeaux qui étaient plantés en haie se confondaient ensemble dans la perspective avec une ravissante variété; plus près de la maison, Jeanie et son guide entrèrent par une jolie grille dans une pelouse, peu large, il est vrai, mais bien tenue, et où croissaient çà et là de beaux marronniers et des bouleaux. La façade de la maison était irrégulière : une partie semblait très-ancienne, et avait été en effet la résidence du premier bénéficiaire dans le temps du catholicisme. Ses successeurs y avaient fait des additions considérables et des embellissemens, suivant le goût de chaque siècle, et sans trop respecter la symétrie ; mais ces irrégularités d'architecture étaient si bien graduées et si heureusement fondues, que loin d'être blessé de ce mélange de styles, l'œil ne pouvait qu'être charmé de la variété de l'ensemble ; des arbres fruitiers en espalier sur le mur du midi, des es-

---

de présentation appartient au seigneur temporel; *collative* (collatif), s'il appartient à l'évêque lui-même; et *donative* (donatif), s'il appartient au roi. — Éd.

caliers extérieurs, diverses entrées, les toits et les cheminées des différens siècles, contribuaient à rendre la façade, non pas précisément belle ni grande, mais bizarre, ou, pour emprunter à M. Price (1) le mot propre, —pittoresque. Les additions les plus considérables étaient celles du recteur actuel, homme à bouquins (2), comme le bedeau prit la peine d'en instruire Jeanie, sans doute pour lui inspirer plus de respect pour le personnage devant lequel elle allait paraître : — Il avait, lui dit-il, fait bâtir une bibliothèque, un salon et deux chambres à coucher. — Bien des gens auraient hésité à faire cette dépense, continua le fonctionnaire paroissial, attendu que ce bénéfice doit passer à qui sir Edmond voudra le donner; mais Sa Révérence a du bien à lui et n'a pas besoin de regarder les deux faces d'un penny.

Jeanie ne put s'empêcher de comparer le bel et grand édifice qu'elle avait sous les yeux aux misérables manses d'Écosse, où une suite d'héritiers avares, professant le plus grand dévouement au presbytérianisme, s'étudient à découvrir ce qui peut être économisé sur un bâtiment qui n'est qu'une résidence incommode pour le ministre actuel, et méprisent l'avantage d'une construction solide en maçonnerie; aussi, au bout de quarante ou cinquante ans, leurs descendans sont-ils forcés de refaire la même dépense, dont une honorable libéralité aurait affranchi le domaine pour plus d'un siècle.

Derrière la maison coulait une petite rivière avec une charmante bordure de saules et de peupliers; le bedeau dit à Jeanie qu'on y pêchait d'excellentes truites,

---

(1) Auteur d'un *Traité sur le pittoresque*. — Éd
(2) *A bookish man*. — Éd.

car la patience de l'étrangère et l'assurance qu'elle ne serait pas à la charge de la paroisse l'avaient rendu plus communicatif. — Oui, répéta-t-il, c'est bien, l'eau qui fournit les meilleures truites du Lincolnshire, car plus bas il n'y a plus moyen de pêcher à la ligne.

Au lieu de se présenter à l'entrée principale, il con-conduisit Jeanie à une petite porte communiquant à l'ancien bâtiment, qui était, en grande partie, occupé par les domestiques. Celui qui vint l'ouvrir portait une livrée écarlate, digne d'un riche fonctionnaire de l'Église.

— Bonjour, Thomas, dit le bedeau; et comment va le jeune M. Staunton?

— Tout doucement, M. Stubbs, tout doucement. Désirez-vous voir Sa Révérence?

— Oui, Thomas, oui. Dites-lui que je lui amène la jeune femme qui est venue ce matin à l'office avec la folle Madge Murdockson. Elle paraît bien tranquille pourtant, mais je ne lui ai pas fait de questions. Vous pouvez pourtant dire à Sa Révérence qu'elle paraît Écossaise, autant que j'en puis juger, et aussi pauvre que les marais de Holland (1).

Thomas honora Jeanie de ce regard que les domestiques des grands, spirituels ou temporels, se croient toujours le droit de jeter sur le pauvre, et la fit entrer, ainsi que M. Stubbs, en leur disant d'attendre qu'il eût informé son maître de leur visite.

La pièce où il les introduisit était une espèce de salle d'intendant, tapissée de deux ou trois cartes de comtés,

(1) Le comté de Lincoln forme trois divisions, celle de Lindsey, celle de Vresteven, et celle de Holland. — Ed.

et de trois ou quatre gravures représentant des personnes tenant au pays, telles que sir William Monson (1), James Jork, le maréchal de Lincoln et le fameux Peregrine, lord Willoughby, armé de pied en cap, et comme s'il prononçait les vers de la légende inscrits sous son portrait :

>Tenez ferme, braves piquiers,
>Archers, visez avec adresse.
>Nous repousserons ces guerriers,
>Je compte sur votre prouesse.
>Et vous, mes braves canonniers,
>J'en appelle à votre constance ;
>Imitez mes bons écuyers,
>Lord Willoughbie et sa vaillance.

Lorsqu'ils furent entrés dans l'appartement, Thomas ne manqua pas d'offrir et M. Stubbs d'accepter un morceau à manger et un coup à boire : il servit en conséquence les restes encore respectables d'un jambon, et un *whiskin* entier, c'est-à-dire un pot d'ale double.

Le bedeau s'occupa activement de ces comestibles, et nous devons même ajouter, à son honneur, qu'il invita Jeanie à prendre sa part de ce repas. L'offre n'était pas hors de saison, car elle n'avait rien mangé de la journée ; mais elle avait l'esprit trop inquiet pour sentir le besoin de prendre quelque nourriture, et d'ailleurs sa timidité ne lui aurait pas permis de se mettre à table avec deux hommes qu'elle ne connaissait pas, car Thomas avait été trop honnête pour ne pas tenir compagnie au bedeau. Le repas dura une bonne demi-heure, et peut-être se serait-il prolongé plus long-temps, si la sonnette

---

(1) Fameux amiral du temps d'Elisabeth. — Ed.

du révérend M. Staunton ne se fût fait entendre. Thomas se leva à ce signal, et ayant profité de cette occasion pour annoncer à son maître l'arrivée de M. Stubbs avec l'autre folle, comme il lui plut de désigner Jeanie, il reçut l'ordre de les faire entrer sur-le-champ.

Le bedeau se hâta d'avaler sa dernière bouchée de jambon, et se rinça la bouche avec ce qui restait encore du pot d'ale, après quoi il conduisit Jeanie par des passages qui communiquaient de l'ancien corps de logis aux bâtimens modernes, et la fit entrer dans une petite salle qui précédait la bibliothèque, et dont une porte vitrée s'ouvrait sur la pelouse.

— Restez ici, lui dit-il, jusqu'à ce que j'aie annoncé à Sa Révérence que vous attendez ses ordres.

A ces mots il entra dans la bibliothèque.

Jeanie ne cherchait pas à entendre leur conversation, mais elle n'en perdit pas un seul mot, car Stubbs avait laissé la porte entr'ouverte; il était resté près du seuil par respect, et Sa Révérence étant à l'autre bout de la salle, ils parlaient nécessairement assez haut.

— Vous m'amenez donc enfin cette jeune femme, dit M. Staunton; je croyais que vous seriez arrivé plus tôt. Vous savez que je n'aime pas faire attendre ceux que je crois devoir interroger.

— C'est que, n'en déplaise à Votre Révérence, la jeune femme n'avait encore rien pris de la journée, et M. Thomas lui a fait manger une bouchée et boire un coup.

— Thomas a bien fait. Et qu'est devenue l'autre, Madge Murdockson?

— Oh! elle a levé le pied. Elle est allée rejoindre sa mère, qui est dans l'embarras dans la paroisse voisine.

— Dans l'embarras! c'est-à-dire en prison, je suppose?

— Oui, s'il plait à Votre Révérence; oui, quelque chose comme cela.

— Malheureuse et incorrigible femme! dit le recteur. Et quelle espèce de personne est celle que vous m'amenez?

— Mais, Votre Révérence, elle a l'air assez tranquille, bien paisible, et puis elle dit qu'elle a assez d'argent pour sortir du comté!

— L'argent! ah! c'est toujours à quoi vous songez d'abord, Stubbs; mais il s'agit de savoir si elle a du bon sens, de l'intelligence? est-elle capable de prendre soin d'elle-même?

— Je ne saurais trop dire, à Votre Révérence, répliqua Stubbs, je crois bien qu'elle n'est pas née à Witt-Ham (1), car Gaffer Gibbs qui l'a regardée tout le temps du service, dit qu'elle ne pouvait prononcer une seule phrase comme un chrétien, quoique Madge Murdockson lui soufflât les mots; mais quant à savoir prendre soin d'elle-même, elle est Écossaise, et, Votre Révérence, on dit que les plus bornés de ce pays savent se tirer d'affaire; d'ailleurs elle est mise décemment; elle n'est pas couverte de fanfreluches comme l'autre.

— Allons, faites-la entrer, et restez en bas, M. Stubbs.

A l'instant où cette conversation finissait, on ouvrit

---

(1) Expression proverbiale et prêtant à équivoque, du comté de Lincoln, pour dire qu'une personne n'a pas beaucoup d'esprit (*).

* *Witt-ham* (esprit-ville); Wytham, ville du comté de Lincoln. L'équivoque, comme on voit, ne saurait subsister en français. — Éd.

la porte vitrée qui conduisait de la salle où se trouvait Jeanie dans le jardin. Un jeune homme pâle et paraissant malade, soutenu ou plutôt porté par deux domestiques, entra, et s'étendit sur un sopha qui était placé près de la porte de la bibliothèque. Dans le même moment Stubbs en sortait pour dire à Jeanie d'y entrer. Elle lui obéit en tremblant, car indépendamment de la situation nouvelle où elle se trouvait, il lui semblait que le succès de son voyage dépendait de l'entretien qu'elle allait avoir avec M. Staunton.

Il est vrai qu'il était difficile de concevoir sous quel prétexte on pourrait empêcher une personne qui voyageait à ses frais, qui ne demandait rien à personne, de continuer sa route. Mais sa dernière aventure ne lui avait que trop appris qu'il existait, à peu de distance, des gens qui désiraient mettre obstacle à son voyage, et qui avaient assez d'audace pour essayer une seconde fois d'y réussir. Elle sentait donc la nécessité d'avoir sur la route une protection qui pût la mettre à l'abri de leur scélératesse. Pendant que ces idées se présentaient à son esprit avec plus de rapidité que la plume ne peut les transmettre et que l'œil du lecteur ne peut les suivre, elle était déjà dans la bibliothèque du recteur de Willingham, dont les rayons offraient à ses yeux plus de livres qu'elle croyait qu'il n'en existait dans tout l'univers ; car elle regardait comme une grande collection ceux qui se trouvaient sur deux tablettes dans la chambre de son père, et que Deans disait être la fleur de toute la théologie. Des globes, des sphères, des télescopes et d'autres instrumens de physique inconnus à Jeanie, lui inspirèrent une admiration mêlée de crainte, car ils lui paraissaient devoir servir à des opérations magiques plutôt qu'à toute autre chose ; enfin, quelques animaux empaillés ajoutaient encore à l'impression que faisait sur elle la vue de cet appartement.

— Jeune femme, lui dit M. Staunton avec douceur, vous vous êtes présentée ce matin dans l'église d'une manière bien étrange, propre à troubler le service divin, et dans une compagnie qui, je dois le dire, ne prévient pas en votre faveur ; j'ai voulu vous interroger, afin de voir quelles mesures mon devoir exige que je prenne à votre égard ; je dois vous dire que je suis juge de paix, en même temps que recteur de cette paroisse : mais ne vous troublez pas, je n'ai pas dessein de vous troubler.

— Votre *Honneur* a bien de la bonté, répondit Jeanie d'un air timide ; car ses principes de presbytérianisme ne lui permettaient pas de lui donner le titre de Révérence.

— Eh bien, qui êtes-vous ? que faites-vous dans ce comté ? ignorez-vous qu'on n'y souffre pas de vagabondage ?

Ce terme injurieux rendit à Jeanie toute son énergie. — Je ne suis point une vagabonde, monsieur, répliqua-t-elle d'un ton ferme : je suis une honnête fille écossaise, voyageant pour mes affaires et à mes frais ; j'ai été assez malheureuse pour rencontrer hier soir mauvaise compagnie ; on m'a retenue toute la nuit, et cette pauvre créature, dont la tête est un peu légère, m'a fait sortir ce matin.

— Mauvaise compagnie ! oui sans doute, et je crains, jeune femme, que vous n'ayez pas pris assez de soins pour l'éviter.

— On m'a toujours appris à la fuir, monsieur ; mais

les gens dont je vous parle étaient des voleurs, et m'ont retenue de force.

— Des voleurs? dit M. Staunton : et que vous ont-ils pris?

— Pas la moindre chose, monsieur; ils ne m'ont fait d'autre mal que de me forcer à rester avec eux contre mon gré.

Le recteur lui demanda alors un détail circonstancié de cette aventure, et elle la lui conta avec la plus grande exactitude.

— Voilà une histoire bien extraordinaire, bien peu vraisemblable, jeune femme, dit-il alors : d'après votre récit, on a commis contre vous un acte de violence sans aucun motif apparent; au surplus, connaissez-vous les lois de ce pays? savez-vous que si vous formez une plainte à ce sujet, vous serez obligée de faire des poursuites?

Jeanie ne le comprenait point, et il fut obligé de lui expliquer qu'indépendamment de la perte soufferte par la personne qui a été volée ou injuriée de quelque manière que ce soit, les lois anglaises ont la bonté de la charger en outre de tout l'embarras et de tous les frais de la poursuite.

Elle lui répondit que l'affaire qui l'appelait à Londres ne lui permettait aucun délai, et que tout ce qu'elle pouvait désirer était que quelque ame compatissante voulût bien, par esprit de charité chrétienne, la faire conduire sans danger jusqu'à la première ville où elle pourrait louer des chevaux et un guide; que, quant à la poursuite des brigands qui l'avaient arrêtée, elle y pensait d'autant moins, qu'elle savait que son père ne trouverait pas bon qu'elle parût devant une cour de justice anglaise pour y prêter serment, le pays n'étant pas favorisé de la vraie croyance évangélique.

— Votre père est-il donc quaker? demanda M. Staunton.

— Non, Dieu merci, monsieur : il n'est ni hérétique ni schismatique ; et bien connu pour n'être pas tel.

— Et quel est son nom?

— David Deans, monsieur, nourrisseur de bétail à Saint-Léonard Crags près d'Édimbourg.

Un cri douloureux, qu'on entendit dans la pièce voisine, empêcha le recteur de lui répondre. — Bon Dieu! Malheureux enfant! s'écria-t-il; et, laissant Jeanie dans la bibliothèque, il en sortit précipitamment.

CHAPITRE XXXIII.

« Terribles passions qui déchirez mon cœur,
« Qui répandez sur moi la honte et la terreur !
« Que de crimes, hélas ! il faut cacher encore !
« Craignant ce que je sais comme ce que j'ignore,
« Les maux que j'ai soufferts, ceux que j'ai fait souffrir,
« M'entraînent tour à tour du crime au repentir. »

Coleridge.

Jeanie, restée seule dans la bibliothèque, employa le temps à réfléchir sur sa situation. Elle mourait d'impatience de se remettre en route ; mais elle était encore à portée de la vieille Meg et de ses affidés, de la violence desquels elle avait tout à craindre. En rapprochant la conversation qu'elle avait entendue la nuit précédente dans la grange des propos étranges et sans suite que Madge lui avait tenus dans la matinée, elle comprenait que la mère de celle-ci avait quelques motifs de vengeance pour mettre obstacle à son voyage si elle le pouvait. Or, de qui Jeanie pouvait-elle espérer secours et protection, si ce n'était de M. Staunton? Tout en lui, son visage et ses manières, semblait encourager cette espérance. Ses traits étaient beaux et prévenans, quoique exprimant une profonde mélancolie; son ton et son langage avaient quelque chose de doux et de consolant; comme il avait servi dans l'armée pendant une partie de sa jeunesse, il était resté dans son air cette franchise aisée, particulière à la profession des armes. C'était d'ailleurs un ministre de l'Évangile; et quoique, selon les opinions religieuses de Jeanie, ce fût dans la cour des gentils qu'il exerçait son ministère, quoiqu'il fût assez égaré pour porter un surplis, quoiqu'il lût le Livre Commun des prières (1), et écrivit jusqu'au dernier mot de son sermon avant de le débiter, quoique, du côté de la force des poumons et de la quintessence (2) de la doctrine, il fût bien inférieur à Boanerges Stormheaven, Jeanie ne put s'empêcher de croire qu'il devait être bien différent du desservant Kilstoup, et autres théologiens prélatistes du temps de la jeunesse de son père, qui avaient coutume de s'enivrer dans leur costume canonique, et lançaient les dragons après les Cameroniens fugitifs. Quelque chose semblait avoir troublé les gens de la maison; mais, comme elle ne pouvait supposer qu'on l'eût tout-à-fait oubliée, elle pensa qu'il était convenable qu'elle attendît dans l'appartement où elle était que quelqu'un vînt faire attention à elle.

(1) Le rituel anglican. — Éd.

(2) *Pith and marrow*, la *moelle* de la doctrine; expression du laugage presbytérien. — Éd.

La première personne qui entra fut, à son grand contentement, une personne de son sexe, une espèce de femme de charge d'un âge mûr. Jeanie lui expliqua sa situation en peu de mots, et réclama son assistance.

La dignité de la femme de charge ne lui permettait pas de montrer trop de familiarité à une personne qui était dans le rectorat pour une affaire de police et dont le caractère pouvait bien lui paraître douteux; mais elle fut polie, quoique réservée.

Elle lui apprit que son jeune maître avait eu le malheur de tomber de cheval il y avait peu de jours, et que cet accident lui occasionait de fréquentes faiblesses; qu'il venait d'en éprouver une qui avait alarmé toute la maison, et qu'il était impossible que Sa Révérence vît Jeanie avant quelque temps; mais qu'elle pouvait être sûre que le recteur ferait pour elle tout ce qui serait juste et convenable, dès qu'il pourrait s'occuper de son affaire. Elle conclut cette déclaration en offrant de conduire Jeanie dans une chambre où elle pourrait attendre le loisir de Sa Révérence.

Notre héroïne profita de cette occasion pour demander à changer et ajuster ses vêtemens.

La femme de charge, qui mettait la propreté au nombre des premières vertus d'une femme, entendit cette demande avec plaisir, et en prit une idée plus favorable de la jeune personne contre laquelle elle avait d'abord conçu quelque prévention; quand elle la revit une heure après, à peine put-elle reconnaître la voyageuse aux vêtemens sales et chiffonnés, dans la petite Écossaise propre, fraîche et de bonne mine, qu'elle avait devant les yeux. Flattée d'un changement qui lui plaisait, mistress Dalton l'engagea à dîner avec elle, et ne fut pas moins charmée de son maintien honnête et décent pendant le dîner.

— Sais-tu lire dans ce livre, jeune fille? lui dit mistress Dalton après le dîner en mettant la main sur une grande Bible.

— Je l'espère ainsi, madame, répondit Jeanie; mon père aurait préféré manquer de bien des choses plutôt que de souffrir que je manquasse de cette leçon.

— C'est faire son éloge, mon enfant. Il y a trop de gens qui ne voudraient pas se priver de leur part d'un pluvier de Leicester (ce qui n'est autre chose qu'un pouding) quand il ne s'agirait que de jeûner pendant trois heures pour mettre leurs pauvres enfans en état de lire la Bible d'un bout à l'autre. Mais prends le livre, ma fille, car j'ai les yeux bien fatigués, et lis au hasard, c'est le seul livre où tu ne puisses pas mal tomber (1).

Jeanie était d'abord tentée de choisir la parabole du bon Samaritain; mais elle se reprocha cette idée. Sa conscience lui dit que ce serait vouloir faire servir les saintes Écritures non pas à sa propre édification, mais à engager les autres à lui accorder les secours dont elle avait besoin. Elle lut donc un chapitre du prophète Isaïe; et, malgré son accent écossais, elle mit dans sa lecture tant d'onction et de ferveur, que mistress Dalton en fut enchantée.

(1) Telle est en effet la préoccupation des gens du peuple en Angleterre, parce qu'ils ne comprennent guère ce qu'ils lisent; mais, malgré les préjugés anti-papistes des anglicans comme des presbytériens, nous avons entendu des Anglais de bonne foi avouer que la Bible est un livre dangereux dans son intégrité, et qu'ils seraient au désespoir d'y laisser lire au hasard leurs enfans.

Éd.

— Ah! si toutes les Écossaises vous ressemblaient! lui dit-elle. Mais notre malheur a voulu qu'il ne nous vînt de ce pays que des diablesses incarnées plus méchantes les unes que les autres. Si vous connaissiez quelque brave fille comme vous, qui cherchât à se placer, eût une bonne réputation, ne voulût pas courir toutes les foires et les veillées, et consentît à porter tous les jours des bas et des souliers, je pourrais trouver à l'occuper ici. Auriez-vous une cousine, une sœur à qui cette place pourrait convenir?

Une pareille demande rouvrit toutes les blessures du cœur de Jeanie. Heureusement l'arrivée du même domestique qu'elle avait déjà vu la dispensa d'y répondre.

— Mon maître désire voir la jeune fille d'Écosse, dit-il en entrant.

— Rendez-vous auprès de Sa Révérence, ma chère enfant, dit mistress Dalton; contez-lui toute votre histoire, et ayez confiance en lui. En attendant je vais vous préparer du thé, avec un petit pain bien beurré; c'est ce que vous voyez rarement en Écosse.

— Mon maître attend! dit Thomas d'un ton d'impatience.

— Mon maître! combien de fois vous ai-je dit d'appeler M. Staunton Sa Révérence? Maître! on dirait que vous parlez d'un petit gentilhomme de campagne.

Thomas ne répondit rien; mais en se retirant il murmura entre ses dents: — Il y a plus d'un maître dans cette maison; et, à laisser faire mistress Dalton, nous y aurions bientôt une maîtresse aussi.

Il conduisit Jeanie par des corridors où elle n'avait point passé jusqu'alors, et la fit entrer dans une chambre où les volets fermés empêchaient le grand jour de pénétrer.

— Voici la jeune fille, monsieur, dit Thomas.

Une voix sortant d'un lit à rideaux, et qui n'était pas celle du recteur, répondit : — C'est bien ; retirez-vous, et soyez prêt à venir quand je sonnerai.

— Il y a ici quelque méprise, dit Jeanie étonnée de se trouver dans la chambre d'un malade ; le domestique m'a dit que le ministre...

— Ne vous inquiétez pas, dit le malade, il n'y a pas de méprise. Je connais vos affaires mieux que mon père, et je suis plus en état de vous servir. Ne perdons pas le temps, il est précieux. Ouvrez un de ces volets.

Jeanie lui obéit. Le malade tira un des rideaux de son lit, et Jeanie vit un jeune homme extrêmement pâle, la tête enveloppée de bandages, couvert d'une robe de chambre, et étendu sur le lit dans un état de grande faiblesse.

— Regardez-moi, Jeanie Deans, lui dit-il, me reconnaissez-vous ?

— Moi, monsieur ! lui dit-elle d'un ton de surprise ; non vraiment, je ne suis jamais venue dans ce pays.

— Mais je puis avoir été dans le vôtre. Regardez-moi bien ; je ne voudrais pas prononcer un nom que vous devez détester. Voyez, souvenez-vous !

Un souvenir terrible se présenta en ce moment à l'esprit de Jeanie, et le son de la voix du jeune homme changea ses doutes en certitude.

— Calmez-vous ! souvenez-vous de la butte de Muschat, et d'une nuit qu'il faisait clair de lune.

Jeanie se laissa tomber sur un fauteuil, et joignit les mains avec douleur.

— Oui, dit-il, me voici comme un serpent écrasé sous les pieds, frémissant de me trouver incapable de mouvement. Je suis ici quand je devrais être à Édimbourg, à Londres, remuant ciel et terre pour sauver une vie qui m'est plus chère que la mienne. Et comment est votre sœur? Juste ciel! condamnée à mort, je le sais. Pourquoi faut-il que ce malheureux cheval, qui m'a toujours conduit sans accident partout où m'appelaient des passions effrénées, m'ait presque tué pour la première fois que je faisais une course dont le but était louable! Mais il ne faut pas que je me livre à la violence : trop d'agitation me tuerait, et j'ai bien des choses à vous dire. Donnez-moi le cordial qui est sur cette table. Pourquoi tremblez-vous? Laissez, laissez! je n'en ai pas besoin.

Jeanie, quoique avec répugnance, lui présenta la tasse qu'il lui avait montrée, et ne put s'empêcher de lui dire :

— Il y a aussi un cordial pour l'ame, monsieur, si le coupable veut abandonner ses erreurs, et chercher le médecin des ames.

— Silence! et cependant je vous remercie. Mais dites-moi sans perdre de temps ce que vous faites en ce pays. Quoique j'aie été le plus cruel ennemi de votre sœur, je verserais tout mon sang pour elle, et je désire vous servir pour l'amour d'Effie. Personne ne peut vous donner de meilleurs avis que moi, puisque personne ne connaît si bien toutes les circonstances de cette affaire. Ainsi donc, parlez-moi sans crainte.

— Je ne crains rien, monsieur, répondit Jeanie en recueillant toutes ses forces; ma confiance est en Dieu; et, s'il lui plaît de sauver ma sœur, je ne demande qu'à être l'humble instrument de sa clémence. Quant à vos avis, monsieur, je dois vous dire franchement que je ne les suivrai qu'autant qu'ils me paraîtront conformes à la loi sur laquelle je dois m'appuyer.

— Au diable la puritaine! s'écria Georges Staunton; car c'est ainsi que nous devons le nommer à présent. — Je vous demande pardon, je suis naturellement impatient, et vous me faites bouillir le sang dans les veines. Quel mal trouvez-vous à me faire part des projets que vous pouvez avoir pour servir votre sœur? Vous pourrez toujours refuser de suivre mes conseils, si je vous en donne qui ne vous paraissent pas convenables. Vous voyez que je vous parle avec calme, quoique ce soit contre mon caractère; mais ne me mettez pas au désespoir, vous ne feriez que me rendre incapable de rien faire pour sauver Effie.

Il y avait dans les paroles et dans les regards de ce malheureux jeune homme une ardeur et une impétuosité qu'on voyait qu'il s'efforçait de contenir, et qui ressemblait à l'impatience d'un coursier fougueux qui se fatigue à ronger son frein. Après quelques instans de réflexion, Jeanie ne vit aucune raison pour ne pas lui dire ce qu'il désirait savoir, et pour ne pas écouter les conseils qu'il pourrait lui donner, sauf à ne pas les suivre, si elle les jugeait incompatibles avec son devoir. Elle lui conta donc le plus brièvement qu'elle le put les détails du jugement et de la condamnation de sa sœur, et de son voyage jusqu'à Newark. Il semblait être à la torture en l'écoutant. C'était le monarque mexicain sur son lit de charbons ardens; et cependant il concentrait en lui-même le sentiment de ses souffrances, et il n'interrompit son récit par aucune exclamation. Il sembla d'abord n'apprendre que la confirmation de ce qu'il savait déjà, et sa figure annonçait le remords plutôt que la surprise. Mais quand Jeanie en fut au détail de ce qui lui était arrivé la nuit précédente, il redoubla d'attention, montra le plus grand étonnement, et lui fit beaucoup de questions sur les deux hommes qui l'avaient arrêtée, et sur la conversation qu'elle avait entendue entre l'un d'eux et la vieille femme.

Quand Jeanie dit que celle-ci avait parlé de lui comme de son nourrisson : — Cela n'est que trop vrai, s'écria-t-il; et c'est sans doute dans son sein que j'ai puisé le germe fatal de vices qui avaient toujours été étrangers à ma famille : mais continuez.

Jeanie passa légèrement sur la conversation qu'elle avait eue avec Madge dans la matinée, ne sachant comment distinguer, dans tout ce que celle-ci lui avait dit, ce qui était vrai de ce qui n'était que l'effet d'un dérangement d'esprit.

Staunton resta quelques instants comme plongé dans de profondes réflexions, et il s'exprima ensuite avec plus de calme qu'on ne pouvait l'attendre de son caractère.

— Vous êtes aussi vertueuse que sensée, Jeanie, lui dit-il; et je vous dirai de mon histoire plus que je n'en ai jamais dit à personne. C'est un tissu de folies, de crimes et de malheurs. Mais faites bien attention; je veux avoir votre confiance en retour. Il faudra que vous suiviez mes avis dans cette affaire épineuse, c'est à cette condition que je vous parle.

— Je ferai tout ce que doit faire une sœur, une fille, une chrétienne; mais ne me confiez pas vos secrets. Il n'est pas bien que je reçoive votre confidence, ni que j'écoute une doctrine qui mène à l'erreur.

— Quelle fille simple! Regardez-moi bien. Je n'ai ni pieds fourchus, ni cornes à la tête, ni griffes au bout des doigts; et si je ne suis pas le diable en personne, quel intérêt puis-je avoir à détruire les espérances qui vous consolent? Écoutez-moi patiemment, et vous verrez que vous pouvez monter au septième ciel avec mes avis, sans vous en trouver d'une once plus chargée dans votre ascension.

Au risque de causer un peu de cet ennui que procurent ordinairement les explications, nous devons ici essayer de former un récit clair des révélations que le malade communiqua à Jeanie, avec des détails trop circonstanciés et trop souvent interrompus par son émotion pour que nous puissions transcrire ses propres termes. Il en tira, il est vrai, une partie d'un manuscrit qu'il avait préparé peut-être pour apprendre son histoire à sa famille après sa mort.

— Pour abréger mon récit, dit-il, cette misérable sorcière, cette Meg Murdockson, était femme d'un domestique favori de mon père. — Elle avait été ma nourrice, — son mari était mort, — elle demeurait dans une chaumière à deux pas d'ici; elle avait un fille, jeune, jolie alors, mais dont la tête était déjà légère. Elle voulait la marier avec un riche vieillard du voisinage; mais la jeune fille me préférait, et..... et, en un mot, je me conduisis avec elle comme..... oh! non, pas aussi cruellement qu'avec votre sœur; mais avec trop de cruauté encore. N'importe, la faiblesse de son esprit aurait dû lui servir de protection. Mon père, à cette époque, m'envoya sur le continent. Je dois lui rendre la justice de convenir que ce n'est pas sa faute si je suis devenu ce que je suis : il employa tous les moyens possibles pour me corriger. Quand je revins chez lui, la mère et la fille avaient été chassées du pays. Mon père avait découvert mon intrigue avec Madge : il me fit des reproches qui me déplurent ; et je quittai sa maison, décidé à n'y plus rentrer.

Maintenant, Jeanie, voici le secret qui va vous rendre maîtresse de ma vie, et non-seulement de ma vie, mais du bonheur d'un vieillard respectable, et de l'honneur d'une famille distinguée. J'aimais la mauvaise compagnie, mais mes funestes dispositions étaient d'une nature toute particulière. Je n'avais pas adopté l'esprit de rapine, d'intérêt et de licence qui animait la plupart de ceux dont je faisais ma société ; mais leur intrépidité, leur présence d'esprit, leur adresse me plaisaient, et j'aimais à partager leurs dangers. Avez-vous examiné ce rectorat, sa situation, ses environs, Jeanie ? N'est-ce pas une retraite bien agréable ?

— Certainement, répondit-elle, fort étonnée de le voir changer si brusquement de sujet de conversation.

— Eh bien ! je voudrais qu'il fût à cent mille pieds sous terre, avec les dîmes et les terres qui en dépendent ; sans ce maudit rectorat qu'on me destinait, il m'aurait été permis de suivre mon inclination ; j'aurais embrassé la profession des armes, et la moitié du courage dont j'ai fait preuve en suivant une carrière de vices et de crimes, aurait suffi pour m'assurer un rang honorable parmi mes concitoyens. Pourquoi ne passai-je pas chez l'étranger quand je quittai la maison paternelle ! ou plutôt pourquoi la quittai-je ? Mais j'en suis venu au point que je ne puis sans délire reporter mes yeux sur le passé, et que je ne puis envisager l'avenir sans désespoir.

Les chances d'une vie errante me conduisirent malheureusement en Écosse, et j'y menai une conduite plus répréhensible que par le passé. Ce fut à cette époque que je fis connaissance avec Wilson, homme remarquable par son sang-froid, son courage et sa résolution. Doué d'une force prodigieuse de corps, il n'avait pas moins de fermeté dans l'esprit, et une sorte d'éloquence naturelle le plaçait au-dessus de tous ses compagnons. Jusque-là j'avais été

> Un vrai désesperé plongé dans la licence ;
> Mais il restait encor des lueurs d'espérance.

Ce fut le malheur de cet homme et le mien que, malgré la différence que le rang et l'éducation mettaient entre nous, il obtint sur moi une influence que je ne puis m'expliquer qu'en songeant à la supériorité que le sang-froid acquiert toujours sur une ardeur trop bouillante. J'étais comme entraîné par un tourbillon ; je le suivais partout, et je prenais part à toutes ses entreprises, où il déployait autant de courage que d'adresse. Ce fut alors que je vis votre sœur dans ces réunions de jeunes gens qu'elle fréquentait à la dérobée ; — cependant Dieu sait que mon crime envers elle ne fut pas prémédité, et que j'avais ensuite dessein de le réparer, autant que le mariage pouvait le faire, dès que je serais libre de suivre un genre de vie plus convenable à ma naissance. Je faisais d'étranges rêves ! — Je me berçais de l'espoir de feindre de la conduire dans quelque obscure retraite, et de lui donner soudain un rang et une fortune inconnus à ses désirs. Je chargeai un ami d'ouvrir une négociation avec mon père pour en obtenir mon pardon ; mais on lui avait donné sur ma conduite des renseignemens qui en exagéraient encore l'infamie : il envoya à mon ami une somme qu'il le chargea de me remettre, en m'annonçant qu'il ne voulait plus me revoir, et qu'il me désavouait pour son fils. Je me livrai au désespoir; je m'enfonçai encore plus avant dans le désordre, et Wilson n'eut pas beaucoup de peine à me faire envisager comme de justes représailles le vol qu'il méditait sur un officier des douanes dans le comté de Fife.

Jusqu'alors j'avais encore gardé certaines mesures dans ma carrière criminelle; mais depuis ce temps je ne connus plus aucunes bornes, et je goûtais un plaisir farouche à me dégrader; je ne prenais point part au pillage, je l'abandonnais à mes camarades; je ne leur demandais que le poste le plus dangereux. Je me souviens que lorsque j'étais, l'épée nue à la main, gardant la porte de la maison dans laquelle la félonie (1) était commise, je ne pensais nullement à ma sûreté; je ne songeais qu'aux torts prétendus de ma famille, à ma soif impuissante de vengeance, et à l'impression que produirait sur les orgueilleux Willingham la nouvelle qu'un de leurs descendans, que l'héritier présomptif de tous leurs honneurs, avait été pendu par la main du bourreau pour avoir volé un commis des douanes. Nous fûmes arrêtés; je m'y attendais. Nous fûmes condamnés; je n'en fus pas plus étonné. — Mais la mort, à mesure qu'elle s'approchait de moi, m'apparaissait plus terrible, et le souvenir de l'état dans lequel je laissais votre sœur me détermina à faire un effort pour sauver ma vie.

(1) On appelle généralement *félonie* tout crime entraînant peine de mort; il s'agit ici de vol à main armée. — Ed.

J'ai oublié de vous dire que j'avais retrouvé à Édimbourg Meg Murdockson et sa fille. Meg avait suivi les camps dans sa jeunesse; et, sous prétexte d'un petit commerce, elle avait repris des habitudes de déprédation auxquelles elle n'était que trop familière.

Notre première entrevue fut orageuse; mais, grace à l'argent que je lui donnai, elle me pardonna, ou feignit de me pardonner l'outrage fait à sa fille. La malheureuse elle-même sembla à peine reconnaître son séducteur, encore moins se souvenir de mon crime envers elle. Son esprit est totalement dérangé, ce qui provient, selon sa mère, d'une réclusion à laquelle on l'avait condamnée; mais c'est bien moi qui en suis cause : — nouvelle pierre suspendue à mon cou pour m'entraîner au fond de l'abîme. Chaque mot, chaque regard de cette pauvre créature, l'aliénation de son esprit, ses souvenirs imparfaits, les allusions qu'elle faisait à des choses qu'elle disait avoir oubliées, étaient pour mon cœur autant de coups de poignard. Que dis-je! c'étaient des tenailles brûlantes dont il me fallait endurer les tortures. Mais je reviens au temps où j'étais en prison.

Je m'y trouvais d'autant plus malheureux, que l'époque des couches de votre sœur approchait. Je savais qu'elle vous craignait ainsi que votre père. Elle m'avait dit souvent qu'elle aimerait mieux périr mille fois que de vous faire l'aveu de sa situation humiliante. Je savais que la vieille Murdockson était une infernale sorcière, mais je croyais qu'elle m'aimait, et qu'avec de l'argent je pouvais compter sur sa fidélité; elle m'avait procuré une lime pour Wilson, et une scie pour moi; elle promit volontiers de prendre soin d'Effie, et je savais qu'elle avait les connaissances nécessaires pour l'aider dans son indisposition. Je lui remis l'argent que m'avait envoyé mon père. Il fut convenu qu'elle recevrait Effie chez elle, et qu'elle l'y garderait jusqu'à ce que je me fusse évadé de prison. Je recommandai la vieille sorcière à Effie, dans une lettre qui lui resta. Je me souviens que je tâchais de jouer le rôle de Macheath (1) condamné à mort, joyeux et hardi scélérat qui joue le tout pour le tout.... Telle était ma misérable ambition! Cependant j'avais résolu de changer de vie, si j'échappais heureusement au gibet. Il me restait quelque argent ; j'avais formé le projet de passer avec elle aux Indes occidentales, après l'avoir épousée; et là j'espérais, de manière ou d'autre, pourvoir à nos besoins.

Notre tentative pour nous sauver de prison ne réussit point, par l'obstination de Wilson, qui voulut absolument passer le premier. Vous savez avec quel courage et quel désintéressement il se sacrifia pour faciliter ma fuite de l'église de la Tolbooth; on en parla dans toute l'Écosse, et ceux même qui condamnaient le plus sévèrement sa vie désordonnée et criminelle vantèrent l'héroïsme de son amitié. J'ai bien des vices, mais l'ingratitude et la lâcheté n'en ont jamais fait partie. Je ne songeai plus qu'à ne pas être en arrière de générosité: je m'occupais des moyens de sauver Wilson, et même le salut de votre sœur, pendant quelque temps, ne tint que le second rang dans mes pensées.

Je n'oubliai pourtant pas Effie, mais les limiers de la justice étaient si ardens à ma poursuite que je n'osais

(1) Macheath est le héros de l'*Opéra du Gueux*, par Gay : une espèce de Cartouche content de son état, donnant à ses vices une prétention d'aimable gaieté, à son intempérance un air d'héroïsme, et à son libertinage une teinte de sentiment. — Ed.

pas me montrer dans mes anciens lieux de refuge : la vieille Murdockson, à qui je donnai un rendez-vous, m'informa que votre sœur était heureusement accouchée d'un fils. Je recommandai à la vieille de tranquilliser sa malade, et de ne la laisser manquer de rien, quelque argent qu'il pût m'en coûter : puis je me retirai dans ces repaires où les hommes du métier désespéré que faisait Wilson se cachaient eux et leur contrebande. Des cœurs qui désobéirent à la fois aux lois divines et humaines ne sont pas toujours insensibles aux traits de courage et de générosité. On nous assura que la populace d'Édimbourg, vivement touchée de la dure situation de Wilson et de son dévouement, seconderait tout mouvement qui aurait pour but de le délivrer même au pied du gibet.

Dès que je m'en déclarai le chef, je ne manquai pas d'hommes qui s'engagèrent à y prendre part.

— Je ne doute pas que je n'eusse réussi à arracher Wilson à la corde qui le menaçait, continua Georges Staunton avec un feu qui semblait encore un reste de celui qui l'avait animé dans son audacieux projet ; — mais entre autres précautions, les magistrats en avaient pris une, suggérée, nous apprit-on depuis, par le malheureux Porteous, qui déconcerta nos mesures. Ce fut d'avancer d'une demi-heure l'instant de l'exécution. La crainte d'être remarqués par les officiers de police à qui la plupart de nous n'étaient que trop connus, nous avait décidés à ne paraître sur la place de Grass-Market qu'au dernier moment, et quand nous y arrivâmes, tout était terminé. Je m'élançai pourtant sur l'échafaud; je coupai de ma propre main la corde où était suspendu le malheureux Wilson, mais il était trop tard, ce généreux et hardi criminel n'existait plus, et il ne nous restait désormais que la vengeance — une vengeance, pensais-je, doublement réclamée de celui à qui Wilson avait sauvé la vie et la liberté, au lieu de se sauver lui-même.

— O monsieur, dit Jeanie : et aviez-vous oublié ce passage de l'Écriture : C'est à moi qu'appartient la vengeance, dit le Seigneur.

— L'Écriture! il y avait plus de cinq ans que je n'avais ouvert une Bible.

— Grand Dieu! s'écria Jeanie; et le fils d'un ministre!

— Il est naturel que vous pensiez ainsi, Jeanie; ne m'interrompez pas, les instans sont précieux. L'insensé Porteous, après avoir fait tirer sur le peuple, quand cela n'était plus nécessaire, devint l'objet de sa haine pour avoir fait plus que son devoir, comme il l'était de la mienne pour l'avoir trop bien rempli. J'étais sans nouvelles d'Effie, et, au risque de ma vie, j'entrai dans Édimbourg, et je me rendis chez la vieille Murdockson dans l'espoir d'y trouver mon épouse future et mon fils.

Elle me dit qu'Effie, ayant appris le peu de succès de la tentative faite pour sauver Wilson, et les recherches actives qu'on dirigeait contre moi, avait été attaquée d'une fièvre avec transport au cerveau, et qu'ayant été obligée de quitter un moment la maison, elle n'y avait trouvé à son retour ni elle ni son fils. Je l'accablai de reproches qu'elle écouta avec un calme désespérant, car c'est un de ces caractères qui tantôt se livrent à tous les excès de l'emportement, et tantôt ne vous opposent qu'une tranquillité imperturbable. Je la menaçai de la justice; elle me répondit que je devais la craindre plus qu'elle. Elle avait raison. Je lui parlai de vengeance;

elle me conseilla de redouter la sienne. Enfin, au désespoir, je la quittai; je sortis d'Édimbourg; je chargeai un de mes camarades de s'informer si Effie n'avait pas reparu à Saint-Léonard. Mais avant que j'eusse reçu sa réponse, un des limiers de la justice avait trouvé mes traces, et je me vis forcé de fuir dans une retraite plus éloignée. Un émissaire dévoué vint enfin m'informer que Porteous venait d'être condamné, et que votre sœur était en prison.

Autant la première de ces nouvelles me causait de plaisir, autant j'étais désespéré de l'autre. Je retournai chez la vieille Meg pour lui faire de nouveaux reproches. Je ne pouvais lui supposer d'autre motif, pour avoir abandonné Effie, que le désir de s'approprier l'argent que je lui avais remis. Votre récit jette un nouveau jour sur ses intentions, et je vois qu'elle voulait se venger du séducteur de sa fille, de celui à qui elle attribuait toutes ses infortunes. Juste ciel! pourquoi n'a-t-elle pas fait tomber sa vengeance sur le coupable? pourquoi ne m'a-t-elle pas livré à la corde du gibet.

— Mais, dit Jeanie, qui, pendant ce long récit, avait assez de sang-froid et de discernement pour avoir toujours les yeux ouverts sur ce qui pouvait jeter du jour sur les infortunes de sa sœur, quel compte vous rendit cette misérable de ma sœur et de son enfant?

— Elle ne voulut m'en rendre aucun. Elle me dit qu'Effie s'était enfuie un soir, au clair de la lune, avec son enfant dans ses bras, et qu'elle l'avait sans doute jeté dans le North-Loch, ou dans les carrières qui sont au voisinage d'Édimbourg, — ce dont, ajouta-t-elle, cette Effie est bien capable.

— Et qui vous fait croire qu'elle ne disait pas la vérité? lui demanda Jeanie en tremblant.

— C'est que je vis Madge à cette seconde visite, et que je compris à ses discours que sa mère avait enlevé ou fait périr l'enfant, pendant la maladie de votre sœur. Il est vrai que ses propos sont toujours si décousus, qu'on ne peut y ajouter entièrement foi; mais le caractère altier de sa mère prouve suffisamment qu'elle en est capable.

— Et cela se trouve conforme à ce que dit ma sœur, ajouta Jeanie.

— Une chose dont j'étais certain, c'était qu'Effie ne pouvait être coupable de cet acte de barbarie : mais comment pouvais-je la justifier? je tournais toutes mes pensées sur les moyens de la sauver. Je dissimulai mon ressentiment contre la vieille Murdockson : ma vie était entre ses mains, je m'en souciais peu; mais de ma vie dépendait celle de votre sœur. Je me contraignis, je parus avoir confiance en elle, et en ce qui me concernait personnellement elle me donna des preuves d'une fidélité extraordinaire. Je ne savais trop d'abord quelles mesures prendre pour sauver Effie ; mais la fureur qui sembla animer tout le peuple d'Édimbourg lorsqu'on apprit le sursis accordé à Porteous, me fit concevoir le projet hardi de forcer la prison, d'arracher votre sœur innocente à l'injustice d'une loi sanguinaire, et d'assurer la punition du misérable qui avait ajouté de nouvelles tortures aux derniers momens de Wilson, comme si c'eût été un malheureux captif au milieu d'une troupe de sauvages cannibales. Je parcourus les groupes dans le moment de la fermentation, d'autres amis de Wilson en firent autant; tout fut organisé, et je fus choisi pour chef de l'entreprise. Je ne me suis jamais repenti, je ne me repens pas encore de ce que je fis en cette occasion.

— Puisse le ciel vous pardonner, s'écria Jeanie, et vous inspirer de meilleurs sentimens !

— Soit, répliqua Staunton, s'il est vrai que je sois dans l'erreur. Mais j'avoue que, quoique disposé à coopérer à ce que je regardais comme un acte de justice, j'aurais désiré qu'on eût choisi un autre chef, parce que je prévoyais que les devoirs que j'aurais à remplir en cette qualité m'empêcheraient de m'occuper des moyens de pourvoir à la sûreté d'Effie. Je la vis pourtant un moment, mais sans pouvoir la décider à me suivre. Un de mes compagnons que j'avais chargé de veiller sur elle, lui fit de nouvelles instances, quand nous eûmes quitté la prison ; mais tout fut inutile, et il fut obligé de songer à sa propre sûreté. Tel fut au moins le récit qu'il me fit quand je le revis ensuite ; mais peut-être fut-il moins pressant que je ne l'aurais été, si je fusse resté près d'elle.

— Effie a bien fait, s'écria Jeanie, et je l'en aime davantage.

— Et pourquoi cela ?

— Vous ne comprendriez pas mes raisons, monsieur, quand je pourrais vous les expliquer clairement, répondit-elle avec calme ; ceux qui ont soif du sang de leurs ennemis ne savent ce que c'est que la résignation à la Providence.

— Mon espoir fut ainsi trompé une seconde fois, continua Staunton. Je pensai alors à sauver Effie par sa sœur. Vous ne pouvez avoir oublié tout ce que je fis pour vous y déterminer. Je ne vous blâme pas de votre refus ; je sais qu'il avait pour cause vos principes, et non une coupable indifférence; mais il me mit au désespoir, parce qu'il ne me restait aucun moyen de venir à son secours. On me cherchait partout, je ne pouvais espérer d'échapper long-temps; je quittai l'Écosse, je vins ici, je me jetai aux pieds de mon père, et mon désespoir obtint de lui un pardon qu'il est si difficile à un père de refuser au fils le plus coupable. J'y attendais dans des angoisses inexprimables le résultat du procès.

— Sans rien faire pour la sauver! dit Jeanie.

— Jusqu'au dernier moment je me flattais d'une issue plus favorable; enfin j'appris la fatale nouvelle il y a deux jours. Ma résolution fut prise sur-le-champ, je je montai à cheval dans le dessein de me rendre à Londres en toute diligence, et de composer avec sir Robert Walpole en lui offrant, pour prix de la vie de votre sœur, de livrer entre ses mains Georges Robertson, le complice de Wilson, le chef de l'insurrection qui avait forcé la prison d'Édimbourg et mis à mort le capitaine Porteous.

— Et comment cela pouvait-il sauver ma sœur? demanda Jeanie avec surprise.

— J'aurais fait mon marché en conséquence. Les reines aiment la vengeance tout autant que leurs sujets. C'est un poison qui flatte tous les goûts, depuis celui du prince jusqu'à celui du dernier paysan. Me refuser la vie d'une obscure villageoise! non, non. Je demanderais le plus précieux des joyaux de la couronne royale, que je l'obtiendrais pour porter au pied du trône la tête d'un chef de révoltés. Aucun de mes autres plans ne m'avait réussi, mais celui-ci était immanquable. Le ciel est juste, il ne voulut pas que je pusse m'honorer de ce dévouement volontaire. Je n'avais pas fait dix milles, que mon cheval, qui jamais n'avait trébuché sur les rochers, au milieu des précipices, s'abattit sous moi sur une route excellente, comme s'il eût été frappé d'un boulet de canon; ma tête porta contre le pavé, et je fus ramené chez mon père, presque sans connaissance, et dans l'état où vous me voyez.

Thomas ouvrit précipitamment la porte en ce moment : — Monsieur, lui dit-il, Sa Révérence est sur l'escalier, et sera ici dans un instant.

— Mon père! s'écria Staunton. Pour l'amour du ciel! Jeanie, cachez-vous dans ce cabinet.

— Me cacher! répondit Jeanie; non, monsieur; je ne suis pas venue ici dans de mauvaises intentions, et je ne dois pas me cacher aux yeux du maître de la maison.

— Mais, grand Dieu! s'écria Staunton, faites donc attention...

Avant qu'il eût fini sa phrase, son père était déjà dans sa chambre.

CHAPITRE XXXIV.

» A l'honneur, au devoir, à l'amour paternel,
» Va-t-il sacrifier un penchant criminel? »

CRABBE.

JEANIE se leva, et fit tranquillement sa révérence quand le recteur entra dans la chambre de son fils. Il montra la plus grande surprise en le trouvant dans une telle compagnie.

— Je m'aperçois, madame, que j'ai commis une méprise. J'aurais dû laisser à ce jeune homme le soin de vous interroger ; car il paraît que ce n'est pas d'aujourd'hui que vous vous connaissez.

— Si je suis ici, répondit Jeanie, ce n'est pas moi qui l'ai cherché. Ce domestique est venu me dire que son maître me demandait, et j'ai cru que ce maître était vous.

— Allons, pensa Thomas ; c'est sur mes oreilles que tout va tomber. Pour peu qu'elle ait de bon sens, — est-ce qu'elle ne pouvait pas trouver une autre réponse ?

— Georges, dit M. Staunton, si vous êtes encore ce que vous avez toujours été,... sans respect pour vous-même, vous auriez pu du moins, respectant votre père, ne pas choisir sa maison pour le théâtre d'une telle scène.

— Sur ma vie, sur mon ame, mon père, dit Georges en se mettant sur son séant...

— Votre vie, monsieur !... Quelle a été votre vie jusqu'ici ? Votre ame ! Quel égard avez-vous jamais montré pour elle ? Portez la réforme dans l'une et dans l'autre avant d'oser les offrir en garantie de votre conduite.

— Vous vous trompez, monsieur, répondit Georges. Je puis avoir donné dans bien des travers, je mérite vos reproches ; mais en ce moment vous me faites injure, je vous le jure sur mon honneur.

— Votre honneur ! répéta son père en jetant sur lui un regard de mépris ; — et se tournant du côté de Jeanie : Quant à vous, jeune femme, lui dit-il, je ne demande ni n'attends de vous aucune explication ; mais, comme père, et comme ministre de la religion, je vous ordonne de sortir de cette maison. Si votre histoire romanesque n'a pas été un prétexte pour vous y introduire, ce qu'il m'est permis de soupçonner d'après la compagnie dans laquelle je vous ai vue, vous trouverez à deux milles d'ici un juge-de-paix auquel vous pourrez faire votre plainte plus convenablement qu'à moi.

— Cela ne sera pas, s'écria Georges Staunton en se levant. Monsieur, vous avez toujours été bon et humain, que ce ne soit pas moi qui vous rende cruel et implacable. — Renvoyez ce coquin curieux (montrant Thomas), et emportez toute votre essence de corne de cerf, ou votre meilleure recette contre l'évanouissement, et je vous expliquerai en deux mots la seule liaison qui existe entre cette jeune femme et moi. Il ne faut pas qu'elle perde sa réputation pour moi ; je n'ai déjà attiré que trop de malheurs sur sa famille, et je sais trop bien quelles sont les suites d'une réputation perdue.

— Sortez, Thomas, dit le recteur au valet — Et quand celui-ci eut obéi, il ferma la porte avec soin.

— Eh bien, monsieur, ajouta-t-il d'un ton sévère, quelles nouvelles preuves de votre infamie avez-vous à me donner ?

Son fils s'apprêtait à lui répondre, mais c'était là un de ces momens où ceux qui comme Jeanie Deans possèdent l'avantage d'un courage décidé et d'un caractère égal, peuvent exercer un véritable ascendant sur des esprits plus impétueux, mais moins fermes.

— Monsieur, dit-elle à M. Staunton père, vous avez sans contredit le droit de demander à votre fils compte de sa conduite ; mais, quant à moi, je ne suis qu'une voyageuse, et je n'en ai aucun à vous rendre, parce que je ne vous dois rien, si ce n'est le repas que j'ai pris ici, et que ni pauvre ni riche ne refuse en Écosse, repas d'ailleurs que j'offrirais de payer, si je ne craignais de vous faire un affront, car je ne connais pas les usages de ce pays.

— Tout cela est fort bien, jeune femme, reprit le recteur un peu surpris de ce langage, et ne sachant s'il devait l'attribuer à la simplicité ou à l'impertinence, tout cela est fort bien ; mais venons-en au fait. Pourquoi fermez-vous la bouche de ce jeune homme ? Pourquoi l'empêchez-vous d'expliquer à son père, à son meilleur ami, des circonstances qui paraissent suspectes, puisqu'il prétend pouvoir les expliquer.

— Il peut vous dire tout ce qu'il voudra de ses propres affaires, répondit Jeanie avec assurance; mais je ne vois pas quel droit il peut avoir de parler de celles de ma famille sans mon consentement? et comme elle n'est pas ici pour s'expliquer, je vous prie, en son nom, de ne faire à M. Georges Rob......, je veux dire à M. Staunton ou n'importe son nom, aucune question sur moi ni sur les miens, parce qu'il ne se conduira ni en chrétien, ni en homme d'honneur, s'il y répond contre mon gré.

— Voilà la chose la plus extraordinaire que j'aie entendue de ma vie, dit le recteur en détournant les yeux de Jeanie, qui le regardait d'un air assuré, mais modeste, pour les porter sur son fils: — Et qu'avez-vous à dire, monsieur? lui demanda-t-il.

— Que je me suis trop avancé, monsieur: bien certainement je n'ai pas le droit de parler des affaires de la famille de cette jeune personne sans son consentement.

— Fort bien! dit le père en les regardant tour à tour d'un air de surprise; je crains que cette affaire ne soit une des fautes les plus honteuses dont vous vous soyez rendu coupable, et j'exige que vous m'expliquiez ce mystère.

— Je vous ai déjà dit, monsieur, répliqua son fils d'un air d'humeur, que je n'ai pas le droit de parler des affaires de la famille de cette jeune femme sans son consentement.

— Et je n'ai point de mystère à vous expliquer, monsieur, ajouta Jeanie; tout ce que je vous demande comme à un ministre de l'Évangile, comme à un homme de bien, c'est de me faire conduire en sûreté jusqu'à la première auberge sur la grande route de Londres.

— Je veillerai à votre sûreté, s'écria Georges ; vous n'avez pas besoin d'autre protection que la mienne.

— Osez-vous parler ainsi en ma présence ! s'écria le recteur d'un ton irrité. Peut-être avez-vous l'intention de remplir jusqu'au bord la coupe de la désobéissance et du libertinage, en contractant un mariage obscur et honteux ? mais prenez bien garde à ce que vous ferez ; je vous en avertis.

— Si vous craignez que ce ne soit avec moi, dit Jeanie, vous pouvez être bien tranquille. Vous me donneriez toute la terre qui est entre les deux extrémités d'un arc-en-ciel, que je ne voudrais pas épouser votre fils.

— Il y a quelque chose de fort singulier dans tout ceci ! dit le recteur ; suivez-moi, jeune femme.

— Écoutez-moi d'abord, Jeanie, s'écria Georges ; je n'ai qu'un mot à vous dire. Je me fie entièrement à votre prudence ; dites à mon père tout ce que vous jugerez convenable ; mais quoi que vous jugiez à propos de lui dire, il n'en apprendra de moi ni plus ni moins.

Son père lui lança un regard d'indignation qui se changea en pitié quand il le vit retomber sur son lit, épuisé de la fatigue que cette scène lui avait occasionée. Il sortit de la chambre, et Jeanie le suivit. Elle était sur le seuil de la porte lorsque Georges Staunton se leva et prononça le mot : *souvenez-vous* (1)! du même ton que

(1) Ce fut au moment de mettre la tête sur le billot fatal que Charles Ier adressa ce mot, *remember!* à l'évêque Juxon qui l'as-

Charles Ier sur l'échafaud. M. Staunton le père conduisit Jeanie dans un cabinet dont il ferma la porte.

— Jeune femme, lui dit-il, il y a dans votre air et dans votre visage quelque chose qui annonce le bon sens, la candeur, l'innocence même, si je ne me trompe pas; et, s'il en est autrement, vous êtes l'hypocrite la plus consommée que j'aie jamais vue. Je ne vous demande pas de me révéler des secrets que vous voulez cacher, surtout ceux qui concernent mon fils; sa conduite ne me permet pas d'espérer que j'en apprenne jamais rien qui puisse me donner quelque satisfaction. Mais si vous êtes telle que j'aime à le supposer, croyez-moi, quelles que soient les malheureuses circonstances qui vous ont fait contracter des liaisons avec Georges Staunton, vous ne pouvez assez vous hâter de les rompre.

— Je ne sais trop si je vous comprends bien, monsieur, mais je puis vous assurer que je l'ai vu aujourd'hui pour la seconde fois de ma vie, et la première je n'ai point passé avec lui plus d'un quart d'heure; ces deux entrevues me portent à désirer bien vivement de ne le revoir jamais.

— Ainsi donc, votre dessein bien réel est de quitter ce comté et de vous rendre à Londres?

— Bien certainement, monsieur. Il y va de la vie, et si j'étais sûre de ne pas faire de mauvaise rencontre en route...

— J'ai fait prendre des informations sur les gens

---

sistait dans ses derniers momens. Ce mot donna lieu à de singulières interprétations : les uns voulaient que ce fût une menace, les autres une recommandation de pardon adressée à son fils.

Ed.

dont vous m'avez parlé. Ils paraissent avoir quitté leur lieu de rendez-vous, mais ils peuvent être cachés dans les environs; et, comme vous prétendez avoir des raisons particulières pour les craindre, je vous confierai à un homme sûr, qui vous conduira jusqu'à Stamford; là vous pourrez prendre la voiture qui va de cette ville à Londres.

— Ah! une voiture n'est pas faite pour des gens de ma sorte, dit Jeanie, ne connaissant pas les diligences, qui n'étaient encore en usage, à cette époque, que dans le voisinage de la métropole.

M. Staunton lui expliqua en peu de mots que cette manière de voyager serait plus prompte, plus sûre et moins chère que toute autre, et Jeanie lui témoigna sa reconnaissance d'un air si sincère, qu'il lui demanda si elle avait suffisamment d'argent pour son voyage, et lui offrit même d'y suppléer. Elle le remercia, et lui dit qu'elle n'en manquait point. Il est vrai qu'elle avait économisé sa bourse avec le plus grand soin. Cette réponse servit à éloigner quelques doutes que M. Staunton conservait encore assez naturellement, et il fut convaincu que, si elle cherchait à le tromper sur quelque point, du moins l'argent n'entrait pour rien dans ses projets. Il lui demanda ensuite dans quel quartier de Londres elle comptait aller.

— Chez une de mes cousines, monsieur, mistress Glass, marchande de tabac, à l'enseigne du Chardon, quelque part dans la ville.

Jeanie prononça ces mots avec une satisfaction intérieure, comptant bien que des relations si respectables lui donneraient quelque importance aux yeux du recteur. Elle fut donc bien surprise quand il lui dit:

— Et n'avez-vous pas une adresse plus précise, ma pauvre fille? n'avez-vous réellement pas d'autre connaissance à Londres?

— Je dois voir aussi le duc d'Argyle, monsieur; peut-être pensez-vous que je ferais mieux d'aller d'abord chez lui? Sa Grace me ferait sans doute conduire, par quelqu'un de ses gens, à la boutique de ma cousine.

— Vous connaissez donc quelqu'un des gens du duc d'Argyle?

— Non, monsieur.

— Il faut qu'il y ait quelque chose de dérangé dans son esprit! pensa le recteur. Cependant elle parle sensément, il n'y a pas de reproche à lui faire; elle ne manque pas d'argent, elle en refuse même; je n'ai donc aucun droit de mettre obstacle à son départ. Comme j'ignore la cause de votre voyage, lui dit-il, et que je ne vous la demande même pas, je ne puis vous donner d'avis sur ce que vous aurez à faire; mais la maîtresse de l'auberge où la voiture de Stamford s'arrête, est une femme respectable; je loge chez elle quand je vais à Londres, et je vous donnerai pour elle un mot de recommandation.

Jeanie le remercia en lui faisant une de ses plus belles révérences, et lui dit qu'avec sa recommandation et celle de mistress Bickerton, maîtresse de l'auberge des Sept-Étoiles à York, elle ne pouvait manquer d'être bien reçue à Londres?

— Je présume, lui dit-il, que vous désirez partir sur-le-champ?

— Si j'étais dans une auberge, monsieur, dans un endroit où je pusse m'arrêter, je ne voyagerais pas le saint jour de dimanche; mais j'espère que, dans les circonstances où je suis, Dieu ne s'en trouvera point offensé.

— Vous pouvez passer avec mistress Dalton le reste de la journée ; mais songez que je ne veux pas que vous revoyiez mon fils. Quels que puissent être vos embarras, ce n'est pas à un jeune homme comme lui qu'une jeune personne de votre âge doit demander des conseils.

— Votre Honneur a bien raison. Je vous ai déjà dit que c'était sans le savoir que je me suis trouvée près de lui tout à l'heure. A Dieu ne plaise que je lui souhaite aucun mal! mais tout ce que je désire, c'est de ne jamais le revoir.

— Comme vous semblez une jeune femme d'un caractère sérieux, dit le recteur, vous pourrez assister aux prières du soir que nous faisons en famille.

— Je vous remercie, monsieur, mais je doute que je puisse y être édifiée.

— Quoi! si jeune encore, seriez-vous assez malheureuse pour avoir déjà perdu le goût des exercices religieux!

— Dieu m'en préserve, monsieur ; mais j'ai été élevée dans la foi des restes souffrans de l'église presbytérienne, et je ne crois pas pouvoir assister aux cérémonies d'un culte contre lequel mon père et tant de saints martyrs ont rendu témoignage.

—Fort bien, fort bien, mon enfant, dit le recteur en souriant ; je suis ami de la liberté de conscience. Vous devriez pourtant songer que la grace divine est une source inépuisable qui ne coule pas seulement en Écosse ; comme elle est aussi essentielle à nos besoins spirituels que l'eau à nos besoins terrestres, ses sources, différentes en qualité, mais également efficaces en vertu, se rencontrent abondamment dans toute la chrétienté.

— Les eaux peuvent se ressembler, répondit Jeanie, mais la bénédiction n'est pas répandue sur toutes : il fallait les eaux du Jourdain pour guérir la lèpre du Syrien Naaman ; seules elles étaient sanctifiées pour sa cure, vainement se serait-il baigné dans le Pharphar et l'Abana, fleuves de Damas.

— Sans entrer dans de longs détails sur le mérite de nos Églises, dit le recteur, je me bornerai à tâcher de vous convaincre qu'on pratique dans la nôtre la charité chrétienne, et que nous cherchons à assister nos frères dans leurs besoins.

Il fit venir alors mistress Dalton, lui recommanda de prendre soin de Jeanie, et assura celle-ci que, le lendemain à la première heure, elle aurait un cheval et un guide sûr pour la conduire à Stamford. Il lui fit alors ses adieux d'un air de dignité affable, et lui souhaita une pleine réussite dans l'objet de son voyage, ne pouvant douter, ajouta-t-il, d'après les sentimens qu'elle avait montrés dans sa conversation, que le but n'en fût louable.

La femme de charge reconduisit Jeanie dans son appartement. Mais celle-ci n'était pas destinée à passer la soirée sans nouvelles importunités de la part du jeune Staunton. Le fidèle Thomas étant venu sous quelque prétexte dans la chambre de mistress Dalton, glissa adroitement dans la main de Jeanie un papier qui l'informait que son jeune maître désirait la voir, et que toutes les mesures avaient été prises pour que leur conversation ne pût être interrompue.

— Apprenez à votre jeune maître, dit tout haut Jeanie sans s'inquiéter des signes par lesquels Thomas cherchait à lui faire comprendre qu'il ne fallait pas mettre mistress Dalton dans le secret de cette correspondance ; apprenez à votre jeune maître que j'ai promis à son digne père de ne pas le revoir, et que je tiendrai ma promesse.

— Thomas, dit mistress Dalton, d'après la livrée que vous portez et la maison dans laquelle vous servez, je croyais que vous auriez un emploi plus honorable que celui de porter des billets de M. Georges aux jeunes filles que le hasard amène chez son père.

— Quant à cela, mistress Dalton, je suis payé pour faire ce qu'on m'ordonne, et je n'ai pas le droit de refuser d'obéir aux ordres de mon jeune maître, quand bien même il aurait quelque petite fantaisie. Au surplus quel mal y a-t-il ? je vous le demande, quel mal y a-t-il ?

— Songez pourtant bien à l'avis que je vous donne, Thomas ; si je vous y reprends jamais, Sa Révérence en sera informée, et vous n'embarrasserez pas long-temps sa maison.

Thomas se retira d'un air confus et mécontent, et le reste de la soirée s'écoula sans aucun événement qui mérite d'être rapporté.

Après les périls et les fatigues de la journée précédente, Jeanie passa la nuit dans un excellent lit, et la satisfaction d'avoir rempli tous ses devoirs lui procura un sommeil si paisible, qu'elle ne s'éveilla que lorsque mistress Dalton vint l'avertir le lendemain à six heures que le guide et le cheval qui lui avaient été promis étaient prêts et l'attendaient. Elle se leva promptement, prononça une courte mais fervente prière, et après avoir accepté un déjeuner que la bonne femme de charge lui avait préparé, elle prit le chemin de Stamford, en croupe derrière un vigoureux paysan portant à sa ceinture deux pistolets, destinés à la défendre en cas d'attaque.

Ils marchèrent en silence pendant environ un mille, suivant une route de traverse qui rejoignait à peu de distance le grand chemin, un peu au-delà de Grantham.

— Ne vous nommez-vous pas Jeanie Deans ? lui dit alors son conducteur.

— Oui, répondit Jeanie surprise de cette demande, en éprouvant déjà un mouvement d'inquiétude.

— C'est que j'ai un chiffon de papier à vous remettre, lui dit son guide. C'est de mon jeune maître, à ce que je puis juger. Dame ! tout ce qui habite Willingham est obligé de lui obéir, par crainte ou par amitié, car au bout du compte il sera un jour maître de la terre.

En même temps il lui passa par-dessus l'épaule une lettre qui était sous enveloppe et soigneusement cachetée.

Jeanie l'ouvrit aussitôt, et lut ce qui suit :

« Vous refusez de me voir. Sans doute vous redoutez mon caractère; mais puisque je me suis peint à vous tel que je suis, vous devez au moins m'accorder le mérite de la sincérité, et convenir que je ne suis pas un hypocrite. Cependant vous refusez de me voir ! Cette conduite peut être naturelle, mais est-elle sage ? Je vous ai exprimé le désir que j'avais de prévenir le malheur de votre sœur aux dépens de ma vie, de mon honneur, de celui de ma famille ; vous me regardez sans doute comme indigne de sacrifier pour elle ce qui me reste de vie et d'honneur. Mais si l'offre de ce sacrifice ne peut être faite par moi, la victime n'en est pas moins prête. Il y a peut-être quelque justice dans le décret du ciel qui ne me permet pas de paraître le faire volontairement. Allez donc trouver le duc d'Argyle, et quand vous aurez échoué auprès de lui, dites que vous avez le moyen de livrer à la justice le chef des conspirateurs qui ont fait périr Porteous. Dût-il être sourd à toute autre prière, il vous écoutera quand vous lui parlerez ainsi. Demandez la grace de votre sœur, faites vos conditions, elles ne dépenderont que de vous. Vous savez où l'on peut me trouver. Soyez bien assurée que je ne disparaîtrai pas comme à la butte de Muschat. Semblable au lièvre, je serai pris au gîte d'où je suis parti dans le matin de ma vie.

« Je vous le répète, faites vos conditions. Ce n'est pas assez de la vie de votre sœur; demandez une récompense pour vous, une place avec d'honorables revenus pour Butler, demandez tout ce que vous voudrez; on vous accordera tout pour pouvoir faire monter sur l'échafaud un homme qui mérite bien d'y figurer, un homme déjà vieux dans la carrière du crime, mais qui, après une vie cruellement agitée, n'aspire qu'après le repos et le dernier sommeil. »

Cette lettre extraordinaire était signée des initiales G. S.

Jeanie la lut plusieurs fois avec grande attention, ce qui lui fut d'autant plus facile que le cheval, gravissant alors une montagne assez escarpée, n'allait qu'au petit pas.

Déchirant ensuite cette lettre en aussi petits morceaux qu'il lui fut possible, elle les dispersa peu à peu sur la route, pour qu'une pièce si dangereuse pour celui qui l'avait écrite ne pût jamais tomber entre les mains de personne.

La question de savoir si, à la dernière extrémité, elle

avait le droit de sauver la vie de sa sœur en sacrifiant celle d'un homme qui, quoique coupable envers le gouvernement, ne lui avait fait à elle personnellement aucun mal, fut ensuite le sujet de ses réflexions. Dans un sens, il semblait qu'en dénonçant Staunton, qui était la seule cause des fautes et des malheurs de sa sœur, elle ne commettait qu'un acte de justice, un acte qui pouvait passer pour un décret équitable de la Providence. Mais Jeanie, suivant les principes rigoureux de morale dans lesquels elle avait été élevée, avait à considérer l'action dont il s'agissait, non-seulement sous un point de vue général, mais relativement à ses propres principes et à sa conscience. Quel droit avait-elle de sacrifier la vie de Staunton pour sauver celle d'Effie ; de vendre le sang de l'un pour épargner celui de l'autre? Son crime. Ce crime pour lequel il était proscrit par la loi, était un crime contre l'ordre public, mais ce n'en était pas un contre elle. Il n'avait aucun rapport ni aux malheurs ni à la condamnation d'Effie.

Quoique l'esprit de Jeanie se révoltât toutes les fois que l'idée de la mort de Porteous se présentait à son imagination, cependant elle ne pouvait regarder cet attentat comme un meurtre qui doit armer contre l'assassin tous ceux qui peuvent connaître sa retraite. Ce crime était accompagné de circonstances qui, sans lui ôter son caractère de violence, en diminuaient au moins l'horreur aux yeux des gens de la condition de Jeanie. Les rigueurs employées ou proposées par le gouvernement contre la ville d'Édimbourg, l'ancienne métropole de l'Écosse, la mesure impopulaire et peu sage de forcer le clergé à proclamer en chaire la récompense offerte aux dénonciateurs du coupable, n'avaient fait qu'irriter le peuple, et le meurtre de Porteous s'associait en quelque sorte dans son esprit à l'idée de son ancienne indépendance. Il était hors de doute que quiconque dénoncerait un des complices de cet acte de violence serait regardé par la populace comme coupable de trahison envers son pays. Jeanie joignait au rigorisme presbytérien une sorte d'esprit national, et n'aurait voulu pour rien au monde acquérir parmi ses concitoyens la honteuse célébrité du perfide Monteith et de quelques autres qui, ayant trahi la cause de leur patrie, sont voués à l'exécration du peuple et des paysans de génération en génération. Et cependant, quand il ne fallait une seconde fois qu'un mot pour sauver la vie de sa sœur, c'était un effort bien pénible pour le cœur aimant de Jeanie que de se décider à ne pas le prononcer.

— Que le Seigneur daigne m'inspirer ce que je dois faire, et m'en donner le courage ! pensa-t-elle. Il semble que ce soit sa volonté de me soumettre à des épreuves qui sont au-dessus de mes forces.

Cependant son conducteur, ennuyé du silence, devenait plus communicatif. C'était un paysan qui ne manquait pas de bon sens, mais qui, n'ayant ni plus de délicatesse ni plus de prudence que ses pareils n'en ont ordinairement, choisit pour sujet de conversation, suivant l'usage assez ordinaire des gens de sa condition, les affaires de la famille Willingham, et Jeanie en apprit quelques particularités que nous croyons devoir faire connaître à nos lecteurs.

Le père de Georges Staunton avait été militaire. Pendant qu'il servait dans les Indes occidentales, il avait épousé la fille d'un riche colon dont il n'avait eu qu'un seul enfant, le malheureux jeune homme dont nous avons déjà tant de fois parlé. Il passa ses premières années près d'une mère trop tendre, qui ne le contrariait jamais, entouré d'esclaves qui se faisaient une étude d'obéir à ses moindres caprices et de satisfaire toutes ses fantaisies. Son père était un homme de mérite et de sens ; il voyait avec peine l'indulgence excessive de son épouse pour leur enfant ; mais les devoirs de son état le retenaient souvent hors de chez lui ; mistress Staunton, belle et volontaire, était d'une santé faible, et il était difficile pour un homme tendre et paisible de la contrarier dans son excessive indulgence pour un fils unique. Tout ce qu'il fit même pour balancer les funestes effets du système de sa femme ne fit que les rendre plus pernicieux. Georges, forcé de se contraindre un peu en présence de son père, s'en dédommageait en se donnant une triple licence quand il était absent. Ce fut ainsi que, dès son enfance, il contracta l'habitude de regarder son père comme un censeur rigide dont il désirait secouer le joug aussitôt qu'il lui serait possible de le faire.

Il n'avait encore que dix ans, et déjà il portait dans son cœur le germe des vices qui s'y développèrent plus tard, lorsqu'il perdit sa mère, et que son père désolé retourna en Angleterre. Pour mettre le comble à son imprudence et à son indulgence inexcusable, mistress Staunton avait laissé une partie considérable de sa fortune à la libre disposition de son fils, et Georges connut bientôt son indépendance et les moyens d'en abuser. Voulant corriger les vices de son éducation, son père l'avait placé dans un pensionnat bien réglé ; mais quoiqu'il montrât quelque facilité à apprendre, sa conduite désordonnée devint bientôt insupportable à ses maîtres. Il trouva le moyen de contracter des dettes (ce qui n'est que trop facile à tout jeune homme qui a des espérances de fortune), et avec l'argent qu'il se procura il fut à même d'anticiper dès son jeune âge sur les folies et les excès d'un âge plus mûr : aussi fut-il rendu à son père, déjà corrompu et capable d'en corrompre cent autres par son exemple.

M. Staunton, à qui la mort de sa femme avait laissé une mélancolie que la conduite de son fils n'était pas de nature à dissiper, était entré dans les ordres; et son frère sir William Staunton lui fit passer le bénéfice de Willingham, héréditaire dans la famille. Le revenu était un objet important pour lui, car il n'avait que la fortune d'un cadet de famille, et celle de sa femme se réduisait pour lui à bien peu de chose. Il voulut que son fils habitât avec lui dans le rectorat, mais il trouva bientôt que ses désordres étaient intolérables : et comme les jeunes gens du rang de Georges ne purent long-temps souffrir l'insolence du jeune créole, qui était fier d'être plus riche qu'eux, il prit le goût de la mauvaise société, qui est plus funeste — que la mort sous le fouet et la pendaison (1). — Son père lui fit faire un voyage sur le continent; il en revint pire encore. Ce n'était pas qu'il fût dénué de toutes bonnes qualités. Il avait de l'esprit, un bon cœur, une générosité sans bornes, et des manières qui auraient pu le rendre agréable dans la société, s'il fût resté sous une salutaire tutèle. Mais tout cela ne lui servit à rien. Il était si souvent dans les maisons de jeu, dans les courses de chevaux (2), dans les amphi-

---

(1) Citation de Shakspeare. — Éd.

(2) *The turf*, le gazon, la pelouse. C'est ainsi que les Anglais désignent la manie des courses et des paris, du lieu où la course se fait : *the turf*. — Éd.

théâtres de combats de coqs, et tous les autres rendez-vous plus funestes encore de la folie et du libertinage, que la fortune de sa mère fut épuisée avant sa vingt-unième année : il se trouva bientôt endetté et dans le besoin. L'histoire de sa première jeunesse peut se conclure en empruntant les expressions avec lesquelles notre Juvénal anglais (1) décrit un semblable caractère :

« Obstiné dans la carrière où il s'était jeté, il crut les « reproches injustes et la vérité trop sévère. La maladie « de son ame était parvenue à sa crise; il dédaigna d'a- « bord le toit paternel, et puis l'abjura; et, quand il se « fit vagabond, il se fit gloire de sa honte, en disant : Je « serai libre. »

— Et cependant c'est bien dommage, dit l'honnête paysan, car M. Georges est généreux comme un prince, sa main est toujours ouverte, et, tant qu'il a eu quelque chose, il n'a jamais laissé manquer personne.

Cette vertu, si l'on peut donner ce nom à une profusion sans sagesse, est ce qui frappe davantage les yeux du pauvre, et ceux qui en profitent sont assez portés à la regarder comme un manteau qui couvre bien des fautes.

Jeanie fut rendue à Stamford assez à temps pour prendre place dans la diligence qui allait partir, et elle arriva à Londres dans la soirée du second jour après son départ. Grace à la recommandation de M. Staunton, elle fut parfaitement reçue dans l'auberge où la voiture s'arrêtait, et le correspondant de mistress Bickerton lui apprit la demeure de mistress Glass, sa cousine, qui l'accueillit avec une affectueuse hospitalité.

(1) Crabbe. — ED.

CHAPITRE XXXV.

» Oui, je m'appelle Argyle, et vous êtes surpris
» De me voir à la cour rester toujours le même. »

Ballade

Peu de noms dans l'histoire d'Écosse, à l'époque dont nous parlons, méritent une mention plus honorable que celui de John, duc d'Argyle et de Greenwich. Ses talens, comme homme d'état et comme militaire, étaient universellement reconnus. Il n'était pas sans ambition, mais sans avoir les vices qui l'accompagnent, sans cette coupable propension qui excite souvent les hommes puissans, dans une position particulière comme la sienne, à saisir tous les moyens de s'élever, au risque de troubler la paix d'un royaume.

Pope l'a célébré comme étant né

— Pour tenir dans ses mains les foudres de l'etat, —
Et craint egalement aux conseils, au combat.

Il n'avait pas les vices ordinaires aux politiques, la dissimulation et la fausseté, ni ceux qu'on remarque souvent dans les guerriers, l'esprit de désordre et la soif des honneurs.

L'Écosse, sa terre natale, se trouvait en ce moment dans une situation incertaine et précaire. Elle était unie à l'Angleterre, mais ce lien n'avait pas eu le temps de prendre de la consistance. L'irritation produite par d'anciens outrages subsistait encore, et le mécontentement jaloux des Écossais d'une part, la hauteur méprisante des Anglais de l'autre, occasionaient souvent des querelles dont il était à craindre que les suites ne rompissent l'union des deux nations, si nécessaire à l'une et à l'autre. L'Écosse avait en outre le désavantage d'être divisée en factions intestines qui n'attendaient qu'un signal pour en venir aux mains.

Dans de telles circonstances, un homme du rang du duc d'Argyle, doué des mêmes talens, mais qui n'aurait pas eu les mêmes principes, aurait pu songer à s'élever très-haut en excitant un mouvement, et en cherchant à le diriger. Il tint une conduite plus sûre et plus honorable.

Supérieur à toutes les petitesses des partis, il appuya toujours les mesures qui avaient pour base la justice et la modération, soit qu'elles fussent proposées par le ministère, soit qu'elles fussent demandées par l'opposition. Ses talens militaires, à une époque mémorable, en 1715, avaient rendu à la maison d'Hanovre des services peut-être trop grands pour qu'on pût les reconnaître ou les récompenser. Après l'insurrection qui avait eu lieu cette année en Écosse, il avait employé tout son crédit pour obtenir quelque indulgence en faveur des malheureux seigneurs de ce pays, qu'un sentiment de loyauté (1) mal dirigé avait égarés, et il en fut récompensé par l'estime et l'amour de tous ses compatriotes. On supposait qu'une popularité obtenue chez une nation guerrière et mécontente n'était pas vue sans inquiétude à la cour, où l'on pardonne difficilement le pouvoir de devenir dangereux, même à ceux qui sont le plus éloignés de vouloir en faire usage. La manière indépendante et un peu fière avec laquelle le duc d'Argyle s'exprimait dans le parlement et agissait en public n'était pas faite d'ailleurs pour lui concilier les bonnes graces de la couronne. Il était donc toujours respecté, souvent employé; mais il n'avait jamais été le favori ni de Georges II, ni de son épouse, ni de ses ministres. On l'avait même, à différentes époques, regardé comme en disgrace complète, quoiqu'on ne pût jamais le considérer comme membre décidé du parti de l'opposition. Il n'en était devenu que plus cher à l'Écosse, parce que c'était ordinairement en soutenant les intérêts de son pays qu'il encourait le déplaisir de son souverain.

Après l'émeute qui se termina par la mort de Porteous, l'éloquence énergique avec laquelle il s'opposa aux mesures de rigueur que le ministère proposa au parlement contre la ville d'Édimbourg excita en sa faveur dans cette capitale un nouvel élan de reconnaissance publique, d'autant plus qu'on assurait que la reine Caroline s'était crue personnellement offensée de son intervention. Nous avons déjà cité la réponse hardie qu'on lui attribue à ce sujet, et l'on conserve encore quelques passages des discours qu'il prononça dans

---

(1) *Loyalty*, royalisme. — Éd

le parlement à cette occasion. Il rétorqua contre le chancelier, lord Hardwicke, l'imputation que celui-ci lui avait faite de se conduire en cette affaire plutôt en partie qu'en juge. — J'en appelle à la chambre, dit Argyle; qu'elle examine toute ma vie, toutes mes actions, soit en campagne, soit dans le cabinet, y trouvera-t-on une tache qui puisse ternir mon honneur? Je me suis montré ami zélé de mon pays et sujet fidèle de mon roi; je suis prêt à le faire encore sans m'inquiéter un instant du sourire d'affection ou de mépris des courtisans. J'ai éprouvé la faveur et la disgrace de la cour, j'attends l'une et l'autre avec indifférence. J'ai donné mes raisons pour m'opposer au bill qu'on nous présente; j'ai prouvé qu'il est contraire au traité d'union qui lie les deux couronnes, — à la liberté de l'Écosse, et par suite même à celle de l'Angleterre, à l'intérêt général, au bon sens, à la justice. Faudra-t-il que la métropole de l'Écosse, la capitale d'une nation indépendante, une cité honorée par la résidence d'une longue suite de monarques, soit dépouillée de ses droits, de ses honneurs, de ses privilèges, de sa garde et de ses portes, pour punir la faute de quelques factieux obscurs et ignorés? Faudra-t-il qu'un Écossais voie de sang-froid une pareille injustice? Je me glorifie, milords, de m'opposer à de tels projets; c'est avec orgueil que je prends la défense de mon pays, qu'on veut soumettre à une humiliation si peu méritée.

D'autres orateurs, soit anglais soit écossais, parlèrent dans le même sens; le bill ne fut adopté qu'après avoir été dépouillé de ses dispositions les plus rigoureuses, et ce qu'il contint de plus remarquable fut une amende prononcée contre la ville d'Édimbourg au profit de la veuve de Porteous ; de manière, comme on le remarqua dans le temps, que des débats si animés n'aboutirent qu'à faire la fortune d'une ancienne cuisinière, car telle avait été la condition de cette femme avant son mariage.

La reine ne pardonna pas facilement au duc d'Argyle la part qu'il avait prise à cette discussion. Il vit qu'il était reçu avec froideur à la cour, s'abstint d'y paraître, et fut de nouveau regardé comme disgracié. Il était nécessaire de mettre ces circonstances sous les yeux du lecteur, parce qu'elles servent à lier ce qui précède avec ce qui va suivre.

Le duc était seul dans son cabinet, quand son valet de chambre vint lui dire qu'une jeune villageoise écossaise insistait pour lui parler.

— Une villageoise et une Écossaise ! dit le duc ; et quelle affaire peut amener la folle à Londres ? quelque amoureux *pressé* et embarqué ; quelques fonds perdus dans les spéculations de la mer du Sud ; et il n'y a que Mac-Calummore qui puisse arranger des choses si importantes. La popularité a bien ses inconvéniens. N'importe, Archibald, faites entrer notre compatriote ; il n'est pas poli de faire attendre.

Archibald introduisit une jeune fille de taille moyenne, dont l'air modeste était aussi expressif qu'agréable ; quoique son teint fût un peu bruni par le soleil. Elle était vêtue du plaid écossais, qui couvrait sa tête en partie, et qui retombait sur ses épaules ; de beaux cheveux blonds flottaient sans art sur son front et sur son plaid, et sa physionomie annonçait le respect que lui inspiraient le rang et la présence du duc, quoiqu'on n'y aperçût aucune trace de crainte ni de mauvaise honte.

Tout son ajustement était celui que portent ordinairement les jeunes villageoises d'Écosse, et ne se distinguait que par cette propreté qui est si souvent réunie à la pureté de cœur dont elle est l'emblème.

Elle s'arrêta à la porte, et fit une grande révérence en croisant les mains sur sa poitrine, sans prononcer un seul mot. Le duc s'avança vers elle; et, si elle admira la richesse de ses habits ornés de toutes les décorations qui lui avaient été accordées et qu'il avait si bien méritées, elle ne fut pas moins frappée de l'air de bonté qui régnait dans tous ses traits. Le duc, de son côté, ne remarqua pas sans quelque plaisir la modestie et la simplicité du costume et des manières de son humble compatriote.

— Est-ce à moi que vous voulez parler, ma bonne fille? lui dit le duc, ou est-ce la duchesse que vous désirez voir?

— C'est à Votre Honneur, milord ...., je veux dire à Votre Grace, que j'ai affaire.

— Et de quoi s'agit-il, ma chère enfant? lui dit le duc du ton le plus doux et le plus encourageant.

Jeanie jeta un regard timide sur le valet de chambre.

— Retirez-vous, Archibald, lui dit le duc, et attendez dans l'antichambre.

Le domestique étant sorti, — Eh bien! ma bonne fille, dit le duc, asseyez-vous, reprenez haleine, et contez-moi votre affaire. Je vois à vos vêtemens que vous arrivez de notre pauvre vieille Écosse. Êtes-vous venue ici à travers les rues avec votre plaid?

— Non, monsieur....., non, Votre Grace. Une de mes parentes m'a conduite dans une de ces voitures qu'on trouve dans les rues. C'est une femme fort honnête, ajouta-t-elle, prenant du courage et de l'assurance en voyant la complaisance avec laquelle le duc l'écoutait, et vous la connaissez, c'est mistress Glass, à l'enseigne du Chardon.

— Ma digne marchande de tabac? dit le duc en souriant. J'achète souvent moi-même mon tabac chez elle pour causer un instant avec une compatriote. Mais votre affaire, mon enfant, votre affaire : vous savez que le temps et la marée n'attendent personne.

— Votre Honneur saura donc..... Pardon, milord, c'est Votre Grace que je veux dire.....

Il est bon de remarquer ici que mistress Glass avait très-fortement recommandé à Jeanie de donner au duc le titre dû à son rang, ce qui était dans l'opinion de la bonne femme une chose de la plus haute importance, et les derniers mots qu'elle dit à Jeanie quand elle descendit de voiture furent : — N'oubliez pas de dire Votre Grace! Or Jeanie, qui de sa vie n'avait parlé à un personnage plus grand que le laird Dumbiedikes, éprouvait quelque difficulté à se conformer à un cérémonial tout nouveau pour elle.

Le duc vit son embarras : — Ne vous inquiétez pas de Ma Grace, ma bonne fille, lui dit-il avec son affabilité ordinaire ; contez-moi votre affaire tout simplement, et prouvez que vous avez dans la bouche une langue écossaise.

— Je vous remercie, monsieur. Je vous dirai donc que je suis la sœur de cette pauvre malheureuse jeune fille, Effie Deans, qui a été condamnée à mort à Édimbourg.

— Ah! ah! dit le duc, je connais cette fâcheuse histoire; Duncan Forbes (1) en a parlé l'autre jour en dînant chez moi.

— Je suis venue d'Écosse, monsieur, pour voir ce qu'on pourrait faire pour obtenir sa grace ou son pardon, ou quelque chose de semblable.

— Hélas ! ma pauvre enfant, vous avez fait inutilement un voyage bien long et bien pénible. Je sais que le rapport de l'affaire a été fait au conseil, et que l'exécution a été ordonnée.

— Mais, monsieur, on m'a assuré que le roi peut toujours faire grace si c'est son bon plaisir.

— Cela est très-vrai ; mais cela ne dépend que du roi. Le crime pour lequel elle a été condamnée est devenu trop fréquent. Tous les gens du roi en Écosse pensent qu'il est nécessaire de faire un exemple. Ensuite les désordres qui viennent d'avoir lieu à Édimbourg ont indisposé le gouvernement contre la ville et même contre la nation, et au lieu de songer à accorder des graces, on ne pense qu'à employer des mesures de sévérité. Qu'avez-vous à dire en faveur de votre sœur, ma pauvre enfant? quel crédit avez-vous? sur quels amis comptez-vous à la cour?

— Je ne compte que sur Dieu et sur Votre Grace, dit Jeanie ne perdant pas courage.

— Hélas! ma bonne fille, il n'existe peut-être personne qui ait en ce moment moins de crédit auprès du roi et des ministres. Il est cruel pour les hommes qui se trouvent dans ma situation de voir que le public leur suppose une influence qu'ils n'ont point, et qu'on at-

---

(1) Le même que Saddletree avait mentionné à David Deans, et devenu avocat-général. — Éd.

tend d'eux des secours qu'ils n'ont pas le pouvoir d'accorder. Mais au moins tout le monde peut être franc et sincère. Ce serait rendre votre position encore plus fâcheuse que de vous faire concevoir des espérances qui ne pourraient se réaliser. Je n'ai aucun moyen de changer le sort de votre sœur. Il faut qu'elle meure.

— Il faut que nous mourions tous, monsieur, reprit Jeanie, c'est la punition du péché de notre premier père; mais nous ne devons pas nous chasser les uns les autres de ce monde, c'est ce que Votre Honneur sait mieux que moi.

— Ma bonne fille, lui dit le duc avec douceur, chacun est toujours porté à blâmer la loi qui le condamne. Mais vous paraissez avoir été trop bien élevée pour ne pas savoir que, d'après les lois de Dieu comme d'après celles des hommes, tout meurtrier doit mourir.

— Mais Effie, monsieur! mais ma pauvre sœur! dit Jeanie avec agitation, on n'a point prouvé le meurtre dont on l'accuse, elle ne l'a point commis; et si elle est innocente et que la loi la condamne, qui est-ce qui est le meurtrier!

— Je ne suis pas homme de loi, et j'avoue que les dispositions de la loi qui la condamne me paraissent bien sévères.

— Mais au moins vous êtes un de ceux qui les font, répondit Jeanie, et par conséquent vous devez avoir de l'autorité sur elles.

— Non pas comme individu, ma bonne fille; je n'ai qu'une voix au milieu de beaucoup d'autres, et je ne puis vous servir. Je n'ai pas en ce moment assez de crédit auprès du souverain (je veux bien qu'on le sache) pour pouvoir lui demander la plus légère faveur.

— Mais qui a pu vous déterminer à vous adresser à moi?

— Vous-même, monsieur.

— Moi! jamais je ne vous ai vue.

— Cela est vrai, monsieur; mais tout le monde sait que le duc d'Argyle est l'ami de son pays; qu'il parle et qu'il combat pour la justice. Vous êtes un des justes d'Israël; ceux qui se trouvent injuriés peuvent se réfugier sous votre ombre, et vous ne voudrez pas laisser répandre le sang d'une malheureuse fille de votre pays, qui est innocente, si vous pouvez l'empêcher. — D'ailleurs, j'avais encore une autre raison pour m'adresser à vous.

— Et quelle est-elle?

— J'ai appris de mon père que la famille de Votre Honneur... c'est-à dire, votre respectable grand'père, a eu l'honneur de périr sur un échafaud dans le temps des persécutions; et mon père a été aussi honoré de pouvoir rendre témoignage en prison et au pilori, comme on le voit dans les livres de Peter Walker le colporteur, que Votre Honneur connaît, j'en suis sûre, car il fréquente surtout l'ouest de l'Écosse. Et puis, monsieur, quelqu'un qui prend intérêt à moi m'a aussi engagée à vous voir, parce que son grand'père a eu le bonheur de rendre service au vôtre; vous verrez tout cela dans ces papiers.

En même temps elle lui remit un paquet que le duc ouvrit sur-le-champ, et où il lut d'un air de surprise: Rôle des hommes servant dans la compagnie de ce saint homme le capitaine Salathiel Bangtext. — Obadias Muggleton; Mépris-du-Péché, Double-Knock; Ferme dans la Foi, Gipps; Tourne-à-Droite, Thwack-Away.

—Que diable est ceci? une liste du Parlement, Loué-Soit-Dieu-Barebone, (1) ou de l'armée évangélique du Vieux Olivier, — à en juger par son nom le dernier devait être fort sur l'exercice; — mais qu'est-ce que tout cela signifie, ma fille?

— C'était cet autre papier, monsieur, dit Jeanie, un peu confuse de sa méprise.

— Oh! c'est l'écriture de mon malheureux aïeul, je la reconnais. Voyons : — A tous ceux qui sont attachés à la maison d'Argyle, ces présentes sont pour attester que Benjamin Butler, dragon dans le régiment de Monk, m'a sauvé la vie en me défendant contre quatre soldats anglais qui voulaient me massacrer. Privé en ce moment de tout moyen de lui prouver ma reconnaissance, je lui donne ce certificat, espérant qu'il pourra lui être utile ou à quelqu'un des siens pendant ces temps de troubles. Je conjure mes parens, mes amis, mes partisans dans les basses et dans les hautes terres d'Écosse d'assister et protéger ledit Benjamin Butler, ses parens et sa famille en toute occasion; et d'acquitter, par tous les moyens possibles, la dette de reconnaissance que j'ai contractée envers lui. En foi de quoi j'ai signé les présentes.

LORN.

— Voilà une forte recommandation. Ce Benjamin

---

(1) Nous avons déjà, tome Ier, page 116, expliqué la mode de ces prénoms significatifs, et cité ceux des frères Barebone. Le parlement que Cromwell convoqua de sa propre autorité fut appelé le parlement Barebone (parlement os sec), du nom de Praise-God Barebone, sellier de Londres, qui en était l'orateur le plus ennuyeux. — ÉD.

Butler était sans doute votre aïeul, car vous êtes trop jeune pour pouvoir être sa fille.

— Il ne m'était rien, monsieur ; mais c'était le grand-père d'un... du fils d'un voisin... d'un jeune homme qui me veut sincèrement du bien. Et elle fit une révérence en baissant les yeux et en rougissant un peu.

— J'entends, j'entends, dit le duc, une affaire d'amour. Ainsi Benjamin Butler est l'aïeul du jeune homme que vous devez épouser ?

— Que *je devais* épouser, monsieur, dit Jeanie en soupirant, mais cette malheureuse affaire de ma pauvre sœur...

— Quoi ! interrompit le duc, vous aurait-il abandonnée pour cela ?

— Oh ! non, monsieur, il serait bien le dernier à abandonner un ami dans le malheur. Mais je dois penser à lui autant qu'à moi. — Il est dans les ordres, monsieur, et il ne doit pas épouser une femme qui aura une telle tache dans sa famille.

—Vous êtes une jeune fille bien extraordinaire ! Vous pensez donc à tous les autres avant de songer à vous ? Et êtes-vous réellement venue à pied d'Édimbourg, dans l'espoir incertain de sauver la vie de votre sœur ?

— Pas tout-à-fait à pied, monsieur, répondit Jeanie ; j'ai eu de temps en temps une place dans un chariot, j'étais à cheval depuis Ferry-Bridge, et pris la voiture...

— Fort bien, fort bien ! dit le duc ; mais quelle raison avez-vous pour croire votre sœur innocente ?

— D'abord, monsieur, elle me l'a assuré. Et ensuite rien ne prouve qu'elle soit coupable, vous le verrez en lisant ces papiers.

Elle lui remit alors copie de toutes les pièces du procès d'Effie. Butler se les était procurées par le moyen de Saddletree, immédiatement après le départ de Jeanie, et les lui avait envoyées chez mistress Glass, dont le vieux Deans lui avait donné l'adresse, de manière qu'elle les y avait trouvées en arrivant.

Le duc parcourut ces pièces rapidement, mais avec attention, faisant des marques au crayon en divers endroits. Quand il eut fini sa lecture, il leva les yeux sur Jeanie, qui ne perdait pas un seul de ses gestes; il semblait vouloir lui parler, mais il examina de nouveau différens passages, comme s'il eût craint de donner une opinion trop précipitée : il fit tout cela en beaucoup moins de temps qu'il n'en aurait fallu à un homme d'un talent ordinaire; mais le duc avait ce coup d'œil sûr et pénétrant qui démêle à l'instant la vérité, et qui saisit sur-le-champ tout ce qui peut mener à la découvrir.

— Jeune fille, lui dit-il après quelques momens de réflexion, la condamnation de votre sœur doit certainement être regardée comme bien rigoureuse.

— Que le ciel vous bénisse! s'écria Jeanie; c'est là une parole de consolation.

— Il semble contraire au génie des lois anglaises, continua le duc, de trouver la conviction où la preuve n'existe point, et de punir de mort un crime qui, malgré tout ce qu'a dit le ministère public, peut n'avoir jamais été commis.

— Que Dieu vous récompense, monsieur, dit Jeanie en se levant toute tremblante, les mains tendues vers le ciel et les yeux en larmes.

— Mais pourtant, ma pauvre fille, ajouta-t-il, quel bien vous fera mon opinion, à moins que je ne puisse la faire partager à ceux dont dépend la vie de votre sœur? D'ailleurs, comme je vous l'ai déjà dit, je ne suis point homme de loi, et il faut que je consulte à ce sujet quelques-uns de nos jurisconsultes écossais.

— Oh! monsieur, s'écria Jeanie; il est impossible que ce qui vous paraît raisonnable ne le leur paraisse point aussi!

—Je ne sais trop. Vous connaissez le vieux proverbe de notre pays : — Chacun serre sa ceinture à sa manière. — Mais je ne veux pas que vous ayez eu confiance en moi tout-à-fait inutilement. Laissez-moi tous ces papiers, et vous aurez de mes nouvelles demain ou après-demain. Ayez soin de ne pas sortir de chez mistress Glass, et soyez prête à venir me trouver à l'instant où je vous ferai avertir. Il ne sera pas nécessaire de donner à mistress Glass la peine de vous accompagner. — Surtout ne manquez pas de vous habiller exactement comme vous l'êtes en ce moment.

— J'aurais bien mis un chapeau, monsieur, dit Jeanie, mais vous savez que ce n'est pas l'usage en Écosse avant qu'on soit mariée; j'ai pensé d'ailleurs qu'à tant de milles du pays, le cœur de Votre Grace s'échaufferait à la vue du tartan,... elle regardait l'étoffe de son plaid en parlant ainsi.

— Et vous avez bien pensé. Le cœur de Mac-Callummore aura cessé de battre, quand il ne s'échauffera plus en voyant le tartan écossais. Adieu, mon enfant. Songez à être prête quand je vous enverrai chercher.

— Ah! ne craignez rien, monsieur, je ne suis pas venue ici pour m'amuser, et puis qu'est-ce qu'il peut y avoir d'amusant dans ce désert de maisons noires? cela ne vaut pas nos montagnes. Mais, monsieur, me permettrez-vous de vous dire... si Votre Grace à la bonté de parler à quelqu'un d'un rang bien au-dessus du sien... j'ai peut-être tort de parler ainsi, car vous pourriez penser que je crois qu'il y a autant de différence de vous à lui, que de la pauvre Jeanie Deans de Saint-Léonard à vous. Mais enfin, monsieur, ne vous laissez pas rebuter par une réponse un peu brusque.

— Soyez tranquille, répondit le duc en riant; une réponse brusque ne m'a jamais beaucoup inquiété. Ne vous flattez pas trop cependant; je ferai de mon mieux; mais Dieu tient dans sa main le cœur des rois.

Jeanie fit une révérence et se retira. Elle fut reconduite jusqu'à son fiacre par le valet de chambre du duc avec un respect que son humble costume n'exigeait point, mais que cet homme croyait sans doute devoir au long entretien que son maître avait daigné lui accorder.

FIN DU TOME SECOND DE LA SECONDE SÉRIE DES CONTES
DE MON HÔTE.

OEUVRES COMPLÈTES

DE

SIR WALTER SCOTT.

Cette édition sera précédée d'une notice historique et littéraire sur l'auteur et ses écrits. Elle formera soixante-douze volumes in-dix-huit, imprimés en caractères neufs de la fonderie de Firmin Didot, sur papier jésus vélin-superfin satiné; ornés de 72 *gravures en taille-douce* d'après les dessins d'Alex. Desenne; de 72 *vues* ou *vignettes* d'après les dessins de Finden, Heath, Westall, Alfred et Tony Johannot, etc., exécutées par les meilleurs artistes français et anglais; de 30 *cartes géographiques* destinées spécialement à chaque ouvrage; d'une *carte générale de l'Écosse*, et d'un *fac-simile* d'une lettre de Sir Walter Scott, adressée à M. Defauconpret, traducteur de ses œuvres.

CONDITIONS DE LA SOUSCRIPTION.

Les 72 volumes in-18 paraîtront par livraisons de 3 volumes de mois en mois; chaque volume sera orné d'une *gravure en taille-douce* et d'un titre gravé, avec une *vue* ou *vignette*, et chaque livraison sera accompagnée d'une ou deux *cartes géographiques*.

Les *planches* seront réunies en un cahier séparé formant *atlas*.

Le prix de la livraison, pour les souscripteurs, est de 12 fr. et de 25 fr. avec les gravures avant la lettre.

Depuis la publication de la 3e livraison, les prix sont portés à 15 fr. et à 30 fr.

ON NE PAIE RIEN D'AVANCE.

Pour être souscripteur il suffit de se faire inscrire à Paris

Chez les Éditeurs :

A. SAUTELET ET Cᵒ.	CHARLES GOSSELIN, LIBRAIRE
LIBRAIRES,	DE S. A. R. M. LE DUC DE BORDEAUX,
Place de la Bourse.	Rue St.-Germain-des-Prés, n. 9.

www.ingramcontent.com/pod-product-compliance
Lightning Source LLC
Chambersburg PA
CBHW071534160426
43196CB00010B/1767